微课版

实践应用型学前教育专业精品教材

幼儿园教育活动设计与指导

主　编　许琼华
副主编　罗运龙　林洁怡　王红莉
参　编　邓诚恩　黄碧凡　黄秋金

中国人民大学出版社
·北京·

图书在版编目（CIP）数据

幼儿园教育活动设计与指导 / 许琼华主编. -- 北京 : 中国人民大学出版社，2024.12

实践应用型学前教育专业精品教材

ISBN 978-7-300-32605-4

Ⅰ. ①幼… Ⅱ. ①许… Ⅲ. ①幼儿园－教学活动－教学设计－幼儿师范学校－教材 Ⅳ. ① G612

中国国家版本馆 CIP 数据核字（2024）第 045952 号

实践应用型学前教育专业精品教材

幼儿园教育活动设计与指导

主　编　许琼华

副主编　罗运龙　林洁怡　王红莉

参　编　邓诚恩　黄碧凡　黄秋金

Youeryuan Jiaoyu Huodong Sheji yu Zhidao

出版发行	中国人民大学出版社		
社　　址	北京中关村大街 31 号	**邮政编码**	100080
电　　话	010－62511242（总编室）		010－62511770（质管部）
	010－82501766（邮购部）		010－62514148（门市部）
	010－62515195（发行公司）		010－62515275（盗版举报）
网　　址	http://www.crup.com.cn		
经　　销	新华书店		
印　　刷	北京昌联印刷有限公司		
开　　本	787 mm × 1092 mm　1/16	**版　　次**	2024 年 12 月第 1 版
印　　张	14.75	**印　　次**	2024 年 12 月第 1 次印刷
字　　数	339 000	**定　　价**	49.00 元

前言

教育活动的计划与实施是幼儿园教师重要的专业能力之一，要求教师能制订适宜的教育活动计划并组织实施，支持和促进幼儿主动学习。“幼儿园教育活动设计与指导”是学前教育专业（群）一门主干课程，它融学前教育理论与学前教育实践为一体，是学生成为一名合格幼儿园教师必修的教法课，也是保证学生能较快适应岗位要求、实现零距离上岗的关键课程之一。编写本教材旨在使学生在掌握幼儿园教育活动设计与指导专业知识的基础上，能初步设计、组织及评价幼儿园教育活动，以锻炼实践能力，增强专业认同感，培养关爱幼儿、热爱幼儿教育事业的情感。本教材既可作为学前教育专业学生的学习用书，也可作为学前教育工作者及幼儿园教师在职培训的参考用书。

本教材包括绪论和五大模块，首先阐述幼儿园教育活动设计与指导基本理论，分析幼儿园教育活动的内涵与类型，介绍幼儿园教育活动设计的原则、活动方案的内容以及活动的指导策略；然后重点论述健康、语言、社会、科学（包含科学探究和数学认知）、艺术（包含音乐和美术）五大领域教育活动设计与指导，使学生理解五大领域教育活动的内涵与意义，掌握其目标、内容、途径及方法，初步学会撰写规范的活动计划，设计和组织幼儿园教育活动，并初步做出评价。

本教材主要有以下特色：

1. 岗课证融合，科学引领。紧跟幼儿园教育改革步伐，以《幼儿园工作规程》《幼儿园教育指导纲要（试行）》《3～6岁儿童学习与发展指南》为指引，密切结合《教师教育课程标准（试行）》和幼儿园教师资格考试《保教知识与能力》大纲，并根据学前教育专业人才培养目标要求、对应岗位能力及职业资格标准，选取和组织编排教材内容，为学生适岗和考证奠定基础。教材整合五大领域教育，减少内容的重复和割裂，符合幼儿园课程整合性的特点。

2. 凸显实践，可操作性强。按照幼儿园教育工作过程的要求，在保证基本理论介绍的前提下选编丰富的案例，每个项目均有“情景导入”固定栏目，引导学生在实际情景中学习相关知识，训练教育教学技能。因此，在运用本教材教学的过程中，在保证基本理论学习之外，还应结合优质幼儿活动案例，引导学生分析和评价；并安排学生到幼儿园实地观摩幼儿活动、观察和记录幼儿活动过程，使学生进一步理解幼儿年龄特征及学习方式与特点，本着以学定教的原则设计与组织适宜的活动，理论联系实践，开展模拟教学和现场教学。

3. 学生为本，自主学习。以职业院校学生学情为依据，注重学生职业能力培养、职业素质养成；文字简洁、图表辅助、突出重点，清晰呈现教学方法、步骤指导，方便学生操作练习，帮助学生实现知识的转化；打造立体化教材，提供思维导图、案例、知识链接和同步练习等各种资源，满足学生互动学习、移动学习需求，促进学生自主学习、自我实训。

本教材是泉州幼儿师范高等专科学校“首批国家级职业教育教师教学创新团队立项建设”项目的成果之一。教材编写工作采用集体讨论、分模块项目编写的方式，由泉州幼儿师范高等专科学校与泉州幼儿师范高等专科学校附属东海湾实验幼儿园以及晋江市灵源街道灵水中心幼儿园共同开发，由许琼华担任主编，罗运龙、林洁怡、王红莉担任副主编，邓诚恩、黄碧凡、黄秋金参与编写。本教材还联合开发了课程大纲、课件、微课、案例及习题等各种课程资源，详见中国人民大学出版社网站。

教材中引用了有关专家、学者的研究成果和一线教师的案例等资料，除了所列参考文献以外，未能详尽之处敬请谅解，在此一并表示衷心的感谢。感谢中国人民大学出版社的编辑为本教材的顺利出版付出的大量心血和辛勤劳动。由于学术水平和能力有限，错误和疏漏肯定在所难免，恳请各位同行和广大读者批评指正，以便今后不断修改完善。

编者

目录

模块四 科学教育

项目一

绪　论

学习目标

1. 了解幼儿园教育活动的内涵与类型，掌握幼儿园教育活动设计的原则、活动方案的内容以及幼儿园教育活动的指导策略。

2. 尝试设计幼儿园教育活动方案，能评价幼儿园教学活动与区域活动。

3. 乐于开展幼儿园教育活动，树立以幼儿为本、以学定教的观念。

思维导图

- 绪　论
  - 幼儿园教育活动概述
    - 幼儿园教育活动的内涵
    - 幼儿园教育活动的类型
  - 幼儿园教育活动设计与指导概述
    - 幼儿园教育活动设计的原则
    - 幼儿园教育活动方案的内容
    - 幼儿园教育活动的指导策略
  - 幼儿园教育活动评价
    - 幼儿园教育活动评价的理念
    - 幼儿园教育活动评价的类型

学习建议

1. 阅读《幼儿园工作规程》、《幼儿园教育指导纲要（试行）》（以下简称《纲要》）、《3～6岁儿童学习与发展指南》(以下简称《指南》)，领会幼儿园教育活动相关内容。

2. 查阅幼儿园教育活动方案并观看幼儿园教育活动视频，理论联系实践，体会幼儿园教育活动设计与指导以及评价的策略。

情景导入

一位幼儿教师有这样的困惑：现在实行幼儿教育课程改革，似乎孩子的教育全部改称“活动”了，幼儿园还能不能上课呢？幼儿园里有各种活动，现在都流行主题活动，还要不要开展领域活动呢？

任务一 幼儿园教育活动概述

一、幼儿园教育活动的内涵

幼儿园教育活动是一种有目的、有计划的活动，有广义和狭义之分。广义的幼儿园教育活动是指幼儿保教人员为实现幼儿园的培养目标，在幼儿园开展的一切教育活动的总和，包括生活活动、游戏活动、教学活动、交往活动、体育活动等。狭义的幼儿园教育活动是指幼儿教师在一定时间内专门组织的教育教学活动。本书阐释的主要是狭义的幼儿园教育活动的设计与指导。

二、幼儿园教育活动的类型

（一）按活动内容及组织划分

微课

1. 领域活动

幼儿园教育活动可分为健康、语言、社会、科学、艺术五大领域，也可做其他不同的划分。各领域活动内容相互渗透，从不同的角度促进幼儿情感、态度、能力、知识、技能等方面的发展。

2. 整合性活动

整合性活动是指将各领域内容相结合，以主题或项目的方式呈现出来的活动类型。整合性活动包括主题活动和项目活动，二者的区别在于，前者更强调由教师预成活动，后者更强调活动的生成性。

（1）主题活动。所谓“主题”，是一个超越了学科和内容领域的统合概念。主题活动又称“综合主题活动”，指在一段时间内教师以幼儿发展所需要的某个核心知识经验为中心来组织的教育教学活动，即围绕一个幼儿感兴趣的“问题”，以主题的形式将幼儿园各领域中相互联系的内容有机地结合在一起，让幼儿在主题活动中获得较为完整的经验。它有以下特点：打破学科界限，围绕一个“中心”（“问题”）来组织；从幼儿兴趣、需要出发选择主题；注重知识之间的横向联系；活动形式多样（如集体、小组、个别活动）。

（2）项目活动。“项目活动”来自瑞吉欧教育体系。所谓“项目活动”，是指一群幼儿像研究人员一样，围绕生活中感兴趣的“课题”（“主题”）或某个待解决的“问题”进行探讨，以小组合作形式发现知识、理解意义、建构认识。其突出特征是弹性计划：每个项目研究什么、怎么开展、何时结束，都无法事先规定，它完全依赖于幼儿与教师之间的互动、沟通与交流。如在“超级市场”这个项目中，幼儿在一段时间内，通过直接观察超市、向相关人员询问或向专家咨询问题、收集相关物品等活动亲自探索超市，还利用各种不同形式如绘画、讨论、泥塑、游戏等表达他们对观察到的事物所产生的想法、记忆、想象及领悟。项目活动强调教师的任务在于利用环境为幼儿创造学习机会，帮助幼儿选择活动的材料，教师是活动的合作者、参与者；同时，项目活动还需要家长的参与以及社区的理解和支持。

（二）按活动实施途径划分

1. 教学活动

教学活动一般是集体开展的，也称为集体教学活动，俗称“上课”，是指教师有目的、有计划地组织的，班级所有幼儿都参加的教育活动。按照不同的标准，教学活动可划分为不同的类别，如教师预成的教育活动和随机生成的教育活动，单独的一节“课”和围绕一个主题展开的系列活动，全班一起进行的教育活动和分小组同时进行的教育活动。[①] 其优点有：高效、经济、公平；对幼儿学习和发展引领性强；系统性强，能够形成学习共同体，有利于培养幼儿的集体感。然而，按照统一的大纲、统一的要求组织教学，难免会与幼儿的兴趣、需求不完全吻合，导致幼儿机械、被动地学习，使其主体性难以发挥，个体差异难以受到关注，发展需要难以得到充分满足。

2. 区域活动

区域活动也称活动区活动，活动区是指根据活动内容的类别对空间进行划分后的区域。一般来说，每个班级活动室都可根据空间大小和课程需要，分隔成若干个小型的功能区角，有时这些区角会延伸到走廊、大厅和户外等公共区域，可由多个班级幼儿共享。有条件的幼儿园还会根据课程的特色，将某个功能区扩展为专门的功能室，除了班级每天进行的区角活动外，还会组织各班幼儿轮流到功能室去活动。有的幼儿园会把功能交叉的活动区合并，有的会把某种功能区的材料分散到其他区域。但无论如何安排空间，不外乎四大类型的功能区域，即表现性活动区、探索性活动区、运动性活动区、欣赏性活动区，这些功能涵盖了幼儿发展的五大领域。[②] 董旭花把活动区分为创造性区域和自主性学习区域两大类，前者又分为角色区、建构区、表演区；后者又分为生活操作区、美工区、益智区、科学区等。也有的幼儿园按照学科领域来命名，将活动区划分为语言区、阅读区、音乐区、美工区、科学探索区、益智区等。

（三）按活动组织形式划分

1. 集体活动

人们一般习惯于把全班活动称为集体活动。所谓“集体活动”，指全班幼儿在同一时间内做基本相同的事情，活动过程一般是在教师的组织和直接指导下进行。集体教学这种组织形式不是所有的情况下都适合，有一定的适用范围。适合与否，应当根据课程目标、内容以及幼儿学习该内容的特点来确定。如当全体幼儿都对某个学习内容感兴趣，该内容的学习也不需要有过多的直接操作（如讲故事）时，集体教学的优越性才能凸显出来。

2. 小组活动

小组活动包括教师有计划地安排的活动和幼儿自发的活动。小组活动的最大特点是

---

① 冯晓霞．在集体教学活动中使用《指南》// 李季湄，冯晓霞．《3～6岁儿童学习与发展指南》解读．北京：人民教育出版社，2013．

② 华爱华．通过活动区游戏来实施《指南》// 李季湄，冯晓霞．《3～6岁儿童学习与发展指南》解读．北京：人民教育出版社，2013．

知识链接 1-1

小组活动的方式

为幼儿提供与同伴、教师交谈、讨论、合作和分享经验的机会，更容易让幼儿主动积极地操作材料，按自己的速度和方式去完成活动任务。

3. 个别活动

个别活动可以是由一个教师对一两个幼儿进行指导，也可以是幼儿的自发、自由活动。教师的指导一般在幼儿自选活动时间进行，教师作为同伴参与到幼儿的活动中去，与个别幼儿互动，或是针对个别幼儿的特殊情况进行专门辅导。

不同的教育活动组织形式有不同的适用范围，其自身也有不同的教育价值，不能简单地认为哪种形式好、哪种形式差，而应该根据课程目标、内容和材料等具体情况进行选择。多数幼儿园的问题在于经常采用集体活动的形式，因此需要强调集体活动与小组和个别活动相结合。

（四）按活动发起者划分

1. 预设性活动

预设性活动主要是由教师发起的。教师事先周密计划，确定目标，选择内容，采取一定方式和手段最终达成活动目标。其最大的优点在于，由于目的性较强，教师相对容易把握。如果活动设计得比较好的话，教育目标较易落实，能够保证幼儿的基本发展，尤其是必要的知识和技能方面的基本发展。其最大的问题在于，活动设计与幼儿的兴趣、需要（尤其是即时的兴趣、需要）可能不那么吻合，拘泥于预定的、具体的教育目标，过于强调其确定性、准确性，容易造成教育过程“走过场”“有教无学”的情况，既不利于幼儿主体性的发挥和发展，也不利于教师的专业成长。

2. 生成性活动

生成性活动的主要发起者是幼儿，它是基于幼儿的兴趣、需要和生活中突发的有教育意义的事件而随机生成的活动。教师通过对幼儿需要和感兴趣的事物的价值判断，不断调整活动，使幼儿更加有效地学习，因此这实际上也是一个动态的师幼共同学习、共同建构的过程。它既不是教师预先设计好的、在教育过程中不可改变的僵死的计划，也不是幼儿无目的的、随意的、自发的活动。生成性活动的最大优点在于，它能够调动幼儿学习的积极性，让幼儿学得更生动、更有效，有利于发挥和发展他们的主体性，培养创新人才；同时，它对教师的潜能也是一个巨大的挑战，有利于激发他们创造的热情，促进其专业成长。生成性活动的问题主要在于实施的困难，因为它对教师全面素质的要求很高，如果是为生成而生成，会使活动流于形式。

在考虑教育活动方案时，教师不妨多几种假设、多几种活动发展的可能性，以便在实施过程中能够对幼儿的不同反应有所应对。当发现幼儿真正感兴趣而且有价值的内容时，可以大胆打破原来的计划，调整教育活动的内容。当发现原定的活动时间、进度不符合实际情况时，不要拘泥于原定计划，应顺应活动的自然发展，因势利导。教师还要经常对实际进行的教育活动的目标、内容结构进行反思，如果发现明显的缺陷，应该及时调整。

任务二　幼儿园教育活动设计与指导概述

一、幼儿园教育活动设计的原则

（一）启蒙性

幼儿园教育活动的启蒙性是由幼儿园教育的性质、任务决定的。幼儿园教育是基础教育的重要组成部分，承担着为幼儿后续学习和终身发展奠定良好素质基础的任务。幼儿园教育活动的启蒙性也是幼儿身心发展规律和学习特点的必然要求。幼儿园教育内容是全面的、启蒙性的，即幼儿学习的是最基本、最重要的内容，方式方法必须符合幼儿身心发展水平和年龄特征，即以游戏为基本活动，同时注重活动形式的多样性。如幼儿科学教育应是科学启蒙教育；幼儿艺术教育应克服过分强调技能技巧和标准化要求的偏向。

（二）生活化

生活化强调幼儿园教育活动要基于幼儿的生活经验，与幼儿生活相联系。陶行知指出："生活教育是给生活以教育，用生活来教育，为生活向前向上的需要而教育。"用这句话形容幼儿园教育活动的生活化尤为贴切。幼儿思维具有具体性和形象性的特征，因此符合幼儿需要和幼儿感兴趣的往往就是他们可以直接感知、真正在生活中所接触的事物。幼儿园教育活动应具有明显的生活化特征，具体表现为教育内容要来自幼儿生活，活动设计要基于幼儿的生活经验，活动实施要贯穿于幼儿的日常生活，最终解决幼儿生活中遇到的问题。

（三）适宜性

适宜性即以学定教、因人施教。由于幼儿身心发展的规律和认知特点，如活泼好动、注意力集中时间较短、情绪与兴趣多变，幼儿园教育活动不像中小学那么强调系统性与逻辑性。在活动设计和实施中，教师要灵活运用各种组织形式和适宜的教育方式。活动组织应当灵活地运用集体、小组和个别活动等形式，为每个幼儿提供充分参与的机会，满足幼儿多方面发展的需要，使不同水平的幼儿都能得到发展。教师在组织活动时，要给幼儿留有足够的空间，充分尊重幼儿的探究欲望和兴趣、需要，不拘泥于预成的安排，从活动目标、活动内容、活动形式等方面适时调整、灵活安排，以真正满足幼儿身心发展和学习的需要。

（四）整合性

幼儿园教育活动设计的整合性强调目标及内容的整合。幼儿生活的世界是一个整体，幼儿的发展也是一个整体，幼儿学习具有整合性的特点。为了方便实施，幼儿园教育活动被人为地划分为几大领域。因此，在幼儿园教育活动设计和指导中，教师要注重领域之间、目标之间的相互渗透和整合，促进幼儿身心全面协调发展，而不应片面追求某一方面或几方面的发展。在组织实施具体领域活动时，除了突出该领域活动的核心价值外，还要充分挖掘活动的价值，有机渗透其他领域的教育。如科学活动“好吃的水果”，其主要目标是观察水果的特征、比较水果的不同，此外还可以渗透健康领域的内容，如不同水果对健康的作用。

（五）游戏化

幼儿园教育活动设计的游戏化强调以游戏精神引领活动，以游戏为幼儿园活动的基本形式。陈鹤琴先生曾说过：“小孩子生来是好动的，是以游戏为生命的。”幼儿的学习是以直接经验为基础，在游戏和日常生活中进行的。游戏符合幼儿的年龄特征，是幼儿期的基本活动，也是幼儿喜欢的活动形式，对幼儿发展具有不可替代的价值。幼儿园教育活动设计和指导要借助一定的游戏，或者创设游戏情境，寓教于乐，激发和维持幼儿参与活动的兴趣，为幼儿提供更多操作探索、交流合作、表达表现的机会，支持和促进幼儿主动学习，使幼儿在玩中学、学中玩。

二、幼儿园教育活动方案的内容

微课

知识链接 1-2

活动目标制定的要求

（一）设计意图

设计意图主要阐明为什么设计、怎么设计活动。

（二）活动名称

活动名称要体现活动主题，包括年龄班、活动领域（类型）与具体内容。活动名称要明确具体，简洁有趣。

（三）活动目标

活动目标是指一次或几次教育活动所期望取得的效果。目标是活动实施和评价的依据，它影响着教育内容、方法、形式，因此确定适宜的活动目标尤为关键。

（四）活动准备

活动准备是活动实施的前提，包括物质材料准备、幼儿经验准备、环境空间准备。

基于幼儿思维直观性、具体性的特点，教师在活动前要准备丰富、多样、充足的物质材料，并发动家长、幼儿参与准备，这也有助于加强家园联系。

活动前要了解幼儿是否已经具备与活动主题相关的知识、技能或能力，可有针对性地丰富幼儿的知识经验。

环境空间准备也会影响活动效果，活动前要决定是在室内还是在室外开展活动、场地怎样布置、幼儿桌椅摆放是否有利于幼儿的操作及幼儿间的讨论交流等。

（五）活动过程

1. 开始部分

开始部分即导入部分，这一部分在于激发幼儿参与活动的动机，引起幼儿的活动兴趣。导入方式有多种，如游戏、谈话、故事、提问、出示材料、演示等。导入要简短、有趣、切合主题，时间不宜太长。

2. 基本部分

基本部分即展开部分，这是活动过程的重点设计环节，要考虑以下几点：

（1）活动大体分为哪几个步骤？每个步骤的时间大体怎样分配？

（2）每个步骤必须完成哪些内容、达成哪项目标？采用什么方式方法？

（3）哪个步骤是重点，哪个步骤是难点？怎样突出重点、突破难点？

（4）步骤之间怎样衔接过渡？

（5）对于活动中幼儿可能出现的反应，教师如何恰当应对？

3. 结束部分

结束部分起巩固、拓展的作用，主要考虑以哪种方式结束活动，既要使这次活动圆满地结束，又要保持幼儿对该主题的兴趣。有人形容一个活动结束不应是画上句号，而是省略号。活动结束方式也有多种，如游戏、表演、操作后开放性结束、总结、留下悬念、自然结束等。

（六）活动延伸

教师要清楚地介绍延伸的内容及指导要点，设计一些与本次活动主题相关的辅助活动，将活动内容延伸到区域活动、其他活动或家庭中，并渗透到幼儿一日生活中，使幼儿掌握的知识技能、形成的学习品质等得到不断强化。

案例分享 1-1

中班科学活动：睡莲花开

三、幼儿园教育活动的指导策略

（一）观察了解

幼儿园教育活动指导要建立在观察了解幼儿的基础上。教师在活动中要加强观察、耐心倾听（有时需要询问或追问），关注幼儿在活动中的表现和反应，敏锐地察觉不同幼儿的需要，及时以适当的方式应答，形成合作探究式的师生互动。观察了解的内容主要包括：幼儿学习的情况，如幼儿是怎么学习的、学到了什么，幼儿与材料如何互动、对材料的运用是否充分、有没有创造性运用，幼儿的学习有没有遇到什么困难、出现什么问题；幼儿在学习过程中的情绪表现，如兴奋或平静、从容或焦虑、专注或散漫……教师通过观察这些外部表现，可以推知幼儿的内部心理过程（如思维、情感、兴趣等）。

（二）充分活动

一般来说，一次活动的时间在 15 ～ 30 分钟，依不同年龄而定（如果幼儿兴趣高也可适当延长）。在这有限的时间内，教师应给予幼儿充分的活动机会，通过提出有质量的问题，引发幼儿的感知、操作、探索、思考和表达等活动。教师要大胆放手，凡是幼儿能观察到的就让他们自己观察，凡是幼儿能说的就让他们自己说，凡是幼儿能做的就让他们自己去做，要让幼儿自己探索、思考、发现。

要给幼儿足够的操作时间和操作次数。因为幼儿对材料的感知、操作有一个由表及里、由无目的到有目的的过程，所以重复的操作是必要的，但要避免简单的重复，应该在教师的问题指导下，更加明确和深入地进行探索。

要给幼儿足够的思考时间，具体表现为教师提问后要有一定的等待时间，留出幼儿思考的余地。幼儿在表达的过程中，往往思考还在进行，因此教师要给予幼儿充分的表达时间，以及表达过程中的思考时间。此外，还要给予幼儿充分的讨论、交流时间，让幼儿相互交流、相互启发。

（三）有效回应

案例分享 1-2

有效回应

教师在观察与倾听的基础上，要多提开放性的问题，不限定幼儿的回答，鼓励幼儿寻求多种答案。对幼儿所表现出来的行为、语言等反应要进行专业分析与判断，做出及时、专业的回应。现场回应是建构有效的师幼互动的重要途径之一，回应的恰切性、适时性直接影响师幼互动的质量。按照瑞吉欧教育体系中关于师幼互动的“抛接球”隐喻，教师的现场回应指的是教师要接住幼儿丢过来的“球”，并以一种让幼儿想继续与教师玩的方式把“球”抛回给幼儿。回应的方式有顺应法、提升法、反问法、随机法、简约法、留疑法、淡化法、专业法、迂回法等。[①]

（四）适当参与

在观察的基础上，教师可以适当参与幼儿的活动，使幼儿产生亲切感，形成共同学习的气氛。教师还可以为幼儿提供必要的帮助。但是，教师的参与不是代替幼儿学习，而是在幼儿的水平上参与活动，教师要避免以自己的语言或行为取代幼儿的表述和探索过程。教师通过直接参与、与幼儿共同解决问题，了解幼儿学习的情况，分享幼儿成功的乐趣，找出幼儿学习的困难，并通过启发性的问题和提示给幼儿有效的帮助。教师既要让幼儿主动活动，但又不能放任自流，仍要体现教师的主导作用，以保证所有幼儿都能在自己原有水平上获得发展。

（五）合理评价

合理运用评价手段是一种重要的指导方式，它既可以对幼儿的学习结果做出总结，又可以对幼儿行为进行强化。教师的评价有多种方式，包括语言评价和非语言评价（如眼神、动作及语气等）。教师要将这两种评价方式结合，多开展积极、正面的评价，即肯定和强化幼儿在活动中的好的行为，对于幼儿积极参与活动、专心探索、积极思考、勇于表达等表现以及创造性的行为应给予充分的鼓励，让幼儿体验到发现和成功的快乐，而不是简单地以幼儿是否答对、是否遵守常规等作为评价的主要标准。

---

① 吴振东．幼儿教师教学基本策略．2 版．福州：福建教育出版社，2019：108－128．

任务三 幼儿园教育活动评价

一、幼儿园教育活动评价的理念

（一）评价目的——促进发展

幼儿园教育活动俗称“观课评课”，评价的目的是促进幼儿的成长及教师的专业发展。一方面，通过评价，了解幼儿的发展需要，从而提供更加适宜的帮助和指导；全面了解幼儿的发展状况，防止片面性，尤其要避免只重知识和技能，忽略情感、社会性和实际能力的倾向；承认和关注幼儿的个体差异，避免用单一的标准评价不同的幼儿，在幼儿面前慎用横向的比较；以发展的眼光看待幼儿，既要了解幼儿现有水平，更要关注其发展的速度、特点和倾向等。另一方面，在教学活动中，教师通过反思、自评以及同行与专家评价，发扬优点，找出不足或差距，有利于教师改进教学，提高教学质量，提升反思能力，从而促进教师的专业发展。

（二）评价功能——改进教学

幼儿园教育活动评价的功能是发现问题，改进教学，提高教育教学质量。评价者按预先设定的评价目标，依靠大量的教学信息，通过信息反馈，调节、控制和改进教师的教学活动，使之尽快地达到目标要求。评价不是静态的，而是动态的，要对教师的教育教学活动进行持续诊断，通过评价及时发现与预定目标之间的差距和教学活动中存在的问题，明确努力方向，从而不断提升教学效果。

（三）评价内容——重视教与学

幼儿园教育活动评价的内容既要重视教师的教，更要重视幼儿的学。从以往幼儿教师课后的自评和其他教师的评价来看，更多的是肯定教师教学中的优点，再指出教师教学中存在的问题，并提出自己的看法和建议，而对幼儿在活动中的表现轻描淡写，只是做出幼儿积极参与之类的评价，也是为了印证教师教学效果好。如果是定量评价，幼儿表现的权重一般低于 20%。其原因是评价观念没有更新。如前所述，幼儿园教育活动评价的落脚点应该是幼儿的学习、变化和成长历程，要关注幼儿在活动中知识经验的获得以及情感、社会性和实际能力的发展。

知识链接 1-3

评价的理念

（四）评价方式——多样化

幼儿园教育活动评价应自然地伴随着整个教育过程进行，综合采用多种评价方法。除了运用表格打分的定量评价外，还要运用观察记录、学习故事等定性评价的方法。此外，还要将形成性评价与终结性评价结合起来。

（五）评价主体——多主体

幼儿园教育活动评价的主体应该多样化，管理人员、教师、幼儿及家长均是幼儿园教育活动的参与者，因此评价过程应是各方共同参与、相互支持与合作的过程。只有将涉及幼儿的所有人（包括幼儿自己）的意见、观点都加以综合，评价才能真正反映教师教学的得失和幼儿的发展情况。通过各方的对话，也能促进他们的共同成长。

微课

知识链接 1–4
幼儿园集中教育活动评价表

案例分享 1–3
幼儿园区域活动评价

二、幼儿园教育活动评价的类型

（一）教学活动评价

实践中，在进行教学活动评价前，应先进行活动观摩。活动观摩是教学活动评价和学习借鉴的基础。

幼儿园教育活动评价可参考福建省教育厅制定的幼儿园集中教育活动评价表、幼儿园区域活动评价表。在评价中要注意以下几点：

（1）突出各领域的核心价值，明确评价是为了诊断和改进教育行为，促进幼儿的学习与发展。

（2）除了考察“教的任务”是否完成，还应该特别关注“学的效果”如何。衡量教学是否有效的指标是“儿童学习了什么”“儿童发展了什么”。

（3）作为集中活动，还要从教学的有效性和高效性角度进行评价。

（二）区域活动评价

区域活动评价包括静态和动态两种。静态描述评价的对象主要是区域活动中的环境、材料；动态描述评价的对象主要包括区域活动中教师的观察指导以及幼儿的表现，重点是幼儿参与的兴趣、积极性、主动性，以及观察、操作、探究的独立性、计划性、有序性、坚持性、合作性等。

项目小结

本项目取狭义的幼儿园教育活动，按照不同标准将其划分为不同类型，各类型之间也有交叉，如领域活动可以是教学活动，也可以是区域活动；领域教学活动可以集体开展，也可以分小组开展；教学活动主要是预设性活动，项目活动多是生成性活动。幼儿园教育活动设计遵循启蒙性、生活化、适宜性、整合性及游戏化原则，活动方案包括设计意图、活动名称、活动目标、活动准备、活动过程及活动延伸等内容。幼儿园教育活动评价要以幼儿为本、突出评价的发展性功能，要学会评价教学活动与区域活动。

同步练习

一、简答题

1. 简述幼儿园教育活动的内涵。
2. 画出幼儿园教育活动类型的思维导图。
3. 举例说明幼儿园教育活动设计的原则。
4. 简述幼儿园教育活动方案的内容。

二、实践题

1. 观看幼儿园五大领域教学活动视频，写出评议意见。
2. 结合见（实）习经验与指导老师共同分析幼儿园教育活动的优缺点。

三、在线测试

模块一

健康教育

项目二

幼儿园健康教育活动概述

学习目标

1. 阐述幼儿园健康教育活动的内涵与意义。
2. 理解幼儿园健康教育活动的总目标、阶段目标，能撰写规范的健康教育活动目标。
3. 了解开展幼儿园健康教育活动的途径，能运用幼儿园健康教育活动的多种方法。
4. 树立幼儿园健康教育活动的新观念，增强专业认同感。

思维导图

- 幼儿园健康教育活动概述
  - 认识幼儿园健康教育活动
    - 幼儿园健康教育活动的内涵
    - 幼儿园健康教育活动的意义
  - 幼儿园健康教育活动的目标与内容
    - 幼儿园健康教育活动的目标
    - 幼儿园健康教育活动的内容
  - 幼儿园健康教育活动的途径与方法
    - 幼儿园健康教育活动的途径
    - 幼儿园健康教育活动的方法

学习建议

1. 阅读《纲要》《指南》，领会幼儿园健康教育活动相关内容。

2. 查阅幼儿园健康教育活动方案并观看幼儿园健康教育活动视频，理论联系实践，体会幼儿园健康教育活动设计与指导以及评价的策略。

情景导入

实习前，同学们在交流一些困惑。A 同学说："我不知道健康活动要给幼儿教些什么、怎么教。"B 同学说："找老师拿教案，幼儿园有现成的教案可以用。"C 同学说："不用找老师拿，自己写个教案就好，幼儿园健康教育不就是让孩子们知道怎样保证自己不生病吗？"

任务一 认识幼儿园健康教育活动

一、幼儿园健康教育活动的内涵

健康是指人在身体、心理和社会适应方面的良好状态。对幼儿来说，身体健康是指幼儿各个器官与系统发育正常，具有一定的抵御疾病的能力。身体健康是幼儿健康的基础。心理健康是指幼儿心理发展达到相应年龄组儿童的正常水平，表现为人格发展正常，性格开朗，情绪稳定，没有心理卫生问题。社会适应方面的健康则是指幼儿自我意识发展正常，乐于与人交往，具有初步的规则意识和互助、合作、分享的品质，对环境有较好的适应能力。

幼儿园健康教育活动是指根据幼儿身心发展的特点，提高幼儿健康认识，改善幼儿健康态度，培养幼儿健康行为，保持和促进幼儿健康的系统的教育活动。具体来说，第一，幼儿园健康教育活动是一个有目的、有计划的系统的教育过程，是幼儿园教育的重要领域；第二，幼儿园健康教育活动的核心是调动幼儿自我保健的主体意识，让幼儿自觉自愿地开展自我保健；第三，确保幼儿园健康教育活动有效性的前提条件是尊重幼儿身心发展的特点；第四，幼儿园健康教育活动的具体任务是提高幼儿健康认识，改善幼儿健康态度，培养幼儿健康行为，认识、态度和行为是幼儿园健康教育活动的三个着力点，其中培养幼儿健康行为是主要任务；第五，幼儿园健康教育活动的终极目标是促进幼儿的全面健康发展。

二、幼儿园健康教育活动的意义

（一）幼儿园健康教育活动是幼儿身心健康的重要保障

幼儿园必须把保护幼儿的生命和促进幼儿的健康放在工作的首位。幼儿身体各器官、系统尚未发育完善，自我保护意识、对疾病的抵抗能力、对环境的适应能力较弱，容易受到伤害，同时幼儿心理发展迅速，易受多种因素影响，因此，幼儿需要成人的精心养育和帮助，以保障幼儿的身心健康。

（二）幼儿园健康教育活动是幼儿今后健康与生活的坚实基础

幼儿期的健康是人一生健康的基石，幼儿园健康教育既能够提高幼儿的生命质量，又能为人一生的健康奠定基础。因此，对幼儿开展健康教育，帮助幼儿养成健康的生活方式和行为方式，对于提升人一生的生命质量和生活品质发挥着不可或缺的作用。

知识链接 2-1

幼儿园健康教育活动的特点

（三）幼儿园健康教育活动是幼儿全面素质教育的前提和基础

身心健康是幼儿全面、健康、和谐发展的基本前提，是幼儿智力发展、品德发展和审美发展的物质基础。幼儿园健康教育活动在促进幼儿身心健康发展的同时，还能促进幼儿其他方面的发展，如幼儿学习体操，不仅能锻炼身体，还能学习怎样与同伴相处、欣赏美的音乐和美的动作等，这些都有利于幼儿素质的全面发展。

任务二 幼儿园健康教育活动的目标与内容

一、幼儿园健康教育活动的目标

（一）总目标

促进幼儿身心健康发展既是幼儿园健康教育活动的根本目的，也是幼儿园健康教育活动的总目标。《纲要》提出幼儿健康领域的总目标如下：

（1）身体健康，在集体生活中情绪安定、愉快。

（2）生活、卫生习惯良好，有基本的生活自理能力。

（3）知道必要的安全保健常识，学习保护自己。

（4）喜欢参加体育活动，动作协调、灵活。

上述关于幼儿健康领域总目标的表述表明了这样的发展方向：第一，身心和谐发展。第二，保护与锻炼并重。第三，注重健康行为的养成。健康行为的养成是幼儿园健康教育活动的核心目标。

（二）阶段目标

《指南》对不同年龄阶段幼儿的健康提出了相应的要求，其中身心状况方面的目标如表 2－1 至表 2－3 所示，动作发展方面的目标如表 2－4 至表 2－6 所示，生活习惯与生活能力方面的目标如表 2－7 至表 2－9 所示。

表 2－1　目标 1　具有健康的体态

3～4 岁	4～5 岁	5～6 岁
1. 身高和体重适宜。参考标准： 男孩： 身高：94.9～111.7cm 体重：12.7～21.2kg 女孩： 身高：94.1～111.3cm 体重：12.3～21.5kg 2. 在提醒下能自然坐直、站直。	1. 身高和体重适宜。参考标准： 男孩： 身高：100.7～119.2cm 体重：14.1～24.2kg 女孩： 身高：99.9～118.9cm 体重：13.7～24.9kg 2. 在提醒下能保持正确的站、坐和行走姿势。	1. 身高和体重适宜。参考标准： 男孩： 身高：106.1～125.8cm 体重：15.9～27.1kg 女孩： 身高：104.9～125.4cm 体重：15.3～27.8kg 2. 经常保持正确的站、坐和行走姿势。

注：身高和体重数据来自《2006 年世界卫生组织儿童生长标准》的参考数据。

表 2－2 目标 2 情绪安定愉快

3～4 岁	4～5 岁	5～6 岁
1. 情绪比较稳定，很少因一点小事哭闹不止 2. 有比较强烈的情绪反应时，能在成人的安抚下逐渐平静下来	1. 经常保持愉快的情绪，不高兴时能较快缓解 2. 有比较强烈情绪反应时，能在成人提醒下逐渐平静下来 3. 愿意把自己的情绪告诉亲近的人，一起分享快乐或求得安慰	1. 经常保持愉快的情绪，知道引起自己某种情绪的原因，并努力缓解 2. 表达情绪的方式比较适度，不乱发脾气 3. 能随着活动的需要转换情绪和注意

表 2－3 目标 3 具有一定的适应能力

3～4 岁	4～5 岁	5～6 岁
1. 能在较热或较冷的户外环境中活动 2. 换新环境时情绪能较快稳定，睡眠、饮食基本正常 3. 在成人帮助下能较快适应集体生活	1. 能在较热或较冷的户外环境中连续活动半小时左右 2. 换新环境时较少出现身体不适 3. 能较快适应人际环境中发生的变化，如换了新老师能较快适应	1. 能在较热或较冷的户外环境中连续活动半小时以上 2. 天气变化时较少感冒，能适应车、船等交通工具造成的轻微颠簸 3. 能较快融入新的人际关系环境，如换了新的幼儿园或班级能较快适应

表 2－4 目标 1 具有一定的平衡能力，动作协调、灵敏

3～4 岁	4～5 岁	5～6 岁
1. 能沿地面直线或在较窄的低矮物体上走一段距离 2. 能双脚灵活交替上下楼梯 3. 能身体平稳地双脚连续向前跳 4. 分散跑时能躲避他人的碰撞 5. 能双手向上抛球	1. 能在较窄的低矮物体上平稳地走一段距离 2. 能以匍匐、膝盖悬空等多种方式钻爬 3. 能助跑跨跳过一定距离，或助跑跨跳过一定高度的物体 4. 能与他人玩追逐、躲闪跑的游戏 5. 能连续自抛自接球	1. 能在斜坡、荡桥和有一定间隔的物体上较平稳地行走 2. 能以手脚并用的方式安全地爬攀登架、网等 3. 能连续跳绳 4. 能躲避他人滚过来的球或扔过来的沙包 5. 能连续拍球

表 2－5 目标 2 具有一定的力量和耐力

3～4 岁	4～5 岁	5～6 岁
1. 能双手抓杠悬空吊起 10 秒左右 2. 能单手将沙包向前投掷 2m 左右 3. 能单脚连续向前跳 2m 左右 4. 能快跑 15m 左右 5. 能行走 1km 左右（途中可适当停歇）	1. 能双手抓杠悬空吊起 15 秒左右 2. 能单手将沙包向前投掷 4m 左右 3. 能单脚连续向前跳 5m 左右 4. 能快跑 20m 左右 5. 能连续行走 1.5km 左右（途中可适当停歇）	1. 能双手抓杠悬空吊起 20 秒左右 2. 能单手将沙包向前投掷 5m 左右 3. 能单脚连续向前跳 8m 左右 4. 能快跑 25m 左右 5. 能连续行走 1.5km 以上（途中可适当停歇）

表 2－6 目标 3 手的动作灵活协调

3～4岁	4～5岁	5～6岁
1. 能用笔涂涂画画 2. 能熟练地用勺子吃饭 3. 能用剪刀沿直线剪，边线基本吻合	1. 能沿边线较直地画出简单图形，或能边线基本对齐地折纸 2. 会用筷子吃饭 3. 能沿轮廓线剪出由直线构成的简单图形，边线吻合	1. 能根据需要画出图形，线条基本平滑 2. 能熟练使用筷子 3. 能沿轮廓线剪出由曲线构成的简单图形，边线吻合且平滑 4. 能使用简单的劳动工具或用具

表 2－7 目标 1 具有良好的生活与卫生习惯

3～4岁	4～5岁	5～6岁
1. 在提醒下，按时睡觉和起床，并能坚持午睡 2. 喜欢参加体育活动 3. 在引导下，不偏食、挑食，喜欢吃瓜果、蔬菜等新鲜食品 4. 愿意饮用白开水，不贪喝饮料 5. 不用脏手揉眼睛，连续看电视等不超过 15 分钟 6. 在提醒下，每天早晚刷牙、饭前便后洗手	1. 每天按时睡觉和起床，并能坚持午睡 2. 喜欢参加体育活动 3. 不偏食、挑食，不暴饮暴食，喜欢吃瓜果、蔬菜等新鲜食品 4. 常喝白开水，不贪喝饮料 5. 知道保护眼睛，不在光线过强或过暗的地方看书，连续看电视等不超过 20 分钟 6. 每天早晚刷牙、饭前便后洗手，方法基本正确	1. 养成每天按时睡觉和起床的习惯 2. 能主动参加体育活动 3. 吃东西时细嚼慢咽 4. 主动饮用白开水，不贪喝饮料 5. 主动保护眼睛，不在光线过强或过暗的地方看书，连续看电视等不超过 30 分钟 6. 每天早晚主动刷牙，饭前便后主动洗手，方法正确

表 2－8 目标 2 具有基本的生活自理能力

3～4岁	4～5岁	5～6岁
1. 在帮助下能穿脱衣服或鞋袜 2. 能将玩具和图书放回原处	1. 能自己穿脱衣服、鞋袜，扣纽扣 2. 能整理自己的物品	1. 能知道根据冷热增减衣服 2. 会自己系鞋带 3. 能按类别整理好自己的物品

表 2－9 目标 3 具备基本的安全知识和自我保护能力

3～4岁	4～5岁	5～6岁
1. 不吃陌生人给的东西，不跟陌生人走 2. 在提醒下能注意安全，不做危险的事 3. 在公共场所走失时，能向警察或有关人员说出自己和家长的名字、电话号码等简单信息	1. 知道在公共场合不远离成人的视线单独活动 2. 认识常见的安全标志，能遵守安全规则 3. 运动时能主动躲避危险 4. 知道简单的求助方式	1. 未经大人允许不给陌生人开门 2. 能自觉遵守基本的安全规则和交通规则 3. 运动时能注意安全，不给他人造成危险 4. 知道一些基本的防灾知识

（三）活动目标

活动目标需要根据幼儿园健康领域教育总目标和年龄阶段目标，结合健康教育活动的内在特点，并依据本班幼儿身心发展特点及认知规律制定。

案例分享 2-1

中班健康教育活动：今天，你喝牛奶了吗

二、幼儿园健康教育活动的内容

幼儿园健康教育活动的内容如表 2－10 所示。

表 2－10　幼儿园健康教育活动的内容

类别	具体内容
生活卫生习惯	1. 洗手、刷牙的基本方法 2. 穿脱衣服、整理衣服的习惯 3. 手帕或纸巾的使用 4. 坐、站、行、睡姿势正确 5. 按时排便，饭前便后会洗手 6. 良好的作息习惯 7. 整理活动用具，保持玩具清洁 8. 关心周围环境的卫生，不随地乱扔纸屑，会收拾玩具
饮食营养	1. 进餐时情绪愉快，愿意独立进餐 2. 认识常见食物，知道基本的平衡膳食知识，学习合理配膳 3. 养成不挑食、不偏食，少吃零食，主动饮水等良好饮食习惯 4. 按时按量进餐，保持餐具清洁，进餐习惯良好
身体认识与保护	1. 身体外形及五官的认识与保护 2. 换牙与护牙的基本常识 3. 合理用眼的基本常识 4. 保护嗓子的基本常识 5. 常见疾病的预防常识
安全自护	1. 了解及遵守日常生活中的安全常识与规则，过马路、乘坐交通工具、玩大型运动器械时能注意安全 2. 认识有关的安全标志，遵守交通规则，初步形成自我保护意识 3. 了解应对意外事故（如火灾、雷击、地震、台风等）的常识，具有基本的求生技能 4. 不轻信陌生人，不吃陌生人给的东西，不跟陌生人走
心理健康	1. 愿意在托儿所或幼儿园与同伴共同生活、友好相处（如懂得分享、合作、互助等） 2. 情绪愉快，知道快乐有益于健康，能表达和调节自己的情绪 3. 培养正确的性别认同和性别角色意识 4. 预防幼儿心理障碍和行为异常
身体锻炼	1. 走、跑、跳、投、平衡、钻、爬、攀登等身体基本动作技能训练 2. 平衡、协调、灵敏、柔韧、力量、速度等身体素质练习 3. 集合、分散、整齐队列、变换队形队列、徒手操、轻器械操等基本体操活动 4. 利用各种器械进行身体锻炼

任务三 幼儿园健康教育活动的途径与方法

一、幼儿园健康教育活动的途径

（一）专门性的健康教育活动

1. 教学活动（正式的、教师预定的健康活动）

健康教学活动包括身心保健教学活动、体育教学活动和其他健康教学活动。集中教学活动主要起到梳理、提升幼儿经验的作用。

2. 区域活动（非正式的、幼儿自主选择的健康活动）

区域活动也是进行健康教育的重要途径。幼儿可以根据自己的需要和兴趣选择自己喜欢的区域，进行个性化发展。如某幼儿园将户外运动区分为六大区域（综合体能区、自然野趣区、篮球区、攀爬区、车区、钻爬区），在活动内容上兼顾走、跑、跳跃、投掷、钻爬、平衡、攀登、悬垂等基本动作技能；在室内创设生活区让幼儿学会扣纽扣、穿衣服、洗手，创设安全区让幼儿学会自我保护、遵守交通规则等。

（二）渗透性的健康教育活动

渗透性的健康教育活动包括主题活动、游戏活动、其他领域活动、幼儿日常生活、环境创设活动和家园共育。

在选择幼儿园健康教育活动途径时，要对幼儿已有经验和经验类型进行分析。苏联学者乌索娃认为，幼儿所掌握的知识可分为两类：一类是比较简单的知识技能（简单经验），无须专门教学，在日常的生活、游戏和劳动中即可获得；另一类是比较复杂的知识技能（复杂经验），必须进行专门的教学幼儿方可掌握。幼儿园集体教学就是有目的、有计划地将幼儿的简单经验提升为关键的、可以建构的复杂经验的过程。幼儿若能通过其他途径获得简单经验，就没有必要组织教学活动。

二、幼儿园健康教育活动的方法

（一）讲解演示法

案例分享 2-2

消化系统的讲解

讲解演示法是指借助直观的实物、模型、图片、幻灯片等具体而形象地向幼儿呈现事物的方法。例如，教师向幼儿讲解演示洗手、刷牙的步骤。教师在运用讲解演示法时应注意演示要正确、优美，讲解和演示的结合要合理，讲解时语言要清楚、正确且通俗易懂，具有启发性，突出重点和难点，内容少而精。

（二）示范法

示范法就是以正确的行为或动作为范例，使幼儿看到行为或动作的形象、要领及完成的先后顺序等，进而学习示范者的行为和动作。根据不同的分类标准，示范可分为完整示范和分解示范、个人示范和集体示范、正面示范和侧面示范、镜面示范和背面示范、动作示范和活动方法示范等。教师应根据活动需要，采用适当的示范方法。

（三）练习法

练习法是指幼儿不断重复已经学过的技能或动作，以加深对某个技能或动作的理解和掌握。良好行为习惯的养成和基本动作技能的掌握都需要幼儿在教师和家长的具体指导下反复练习。例如，盥洗的基本顺序、衣服的穿脱与整理等生活技能，以及肩上投掷、立定跳远与幼儿早操的操节等动作技能，都需要幼儿通过练习来掌握。练习法有重复练习法、变化练习法、条件练习法、完整练习法和分解练习法等五种。教师应根据目标任务灵活采取具体的练习方法，练习时要注意突出重点，并可适当增加条件和加大难度来维持幼儿兴趣。

微课

（四）感知体验法

感知体验法是指引导幼儿运用视、听、嗅、品尝、触摸等不同感觉器官认识事物，帮助幼儿获得关于身心健康的直接的感性经验。感知体验有助于幼儿理解知识、技能，刺激其求知欲，培养他们关注自身健康、关注周围生活环境的意识和态度。例如，在进行身体生长教育时，教师可以每隔一段时间让幼儿站在固定的地方测量身高，让幼儿看到线性的长度在增加，也可以每隔一段时间让幼儿躺在一张大纸上画出轮廓，让幼儿看到平面面积的扩大，这样有助于幼儿理解什么是长高和长大。

（五）游戏法

游戏法是指以游戏为手段来开展健康教育活动的方法。它是把幼儿园健康教育活动的目标、内容、要求、任务隐藏并融入各种游戏之中，让幼儿在愉快的游戏过程中掌握知识、习得技能的一种教学方法。游戏法符合幼儿园教学的特点及幼儿的发展水平，是最常用、最有效的一种教学策略，其实质是让幼儿成为学习的主体和发展的主体。

（六）比赛法

比赛法是指在规定的比赛条件下，让幼儿充分运用已掌握的各种动作技能，互相竞赛决出胜负的一种方法。它和游戏法有相似之处，主要区别在于比赛法具有更严格的规则和更多的“竞争”因素。运用比赛法时应注意目的明确，要求具体，规则严格，讲评公正，发展幼儿的竞争意识、合作意识和意志品质。在体育活动中运用比赛法时，由于其对幼儿规则意识和体能要求较高，因而一般在中、大班采用。

（七）情境表演法

情境表演法是指就特定的生活情境加以表现，然后引导幼儿思考分析情境中涉及的身心保健教育问题的方法。情境表演的主题来源于幼儿的现实生活，能激发幼儿的兴趣，因此能较好地帮助幼儿认识生活中可能遇到的问题和冲突，了解并学习合乎健康要求的行为。

（八）讨论评议法

讨论评议法是指在身心健康教育过程中，通过提出问题、发表意见、共同交流，最终取得较一致的认识的方法。围绕活动主题，配合观察认识模型、挂图、实物、录像或幻灯等手段，引导幼儿思考、发表意见、表达自己的感受，有助于幼儿积极主动地掌握知识技能，但是此方法需要幼儿具备一定的知识经验，因此更多在中、大班采用。例如，在中班活动“冷饮少吃身体好”中，教师就常见的冷饮有哪些、多吃冷饮有哪些害处等问题引导幼儿讨论。

（九）作品感染法

作品感染法是指利用幼儿喜爱的文学艺术作品（主要是故事、儿歌、绘本等）潜移默化地影响幼儿，使之养成正确行为习惯的方法。例如，儿歌《穿衣歌》、木偶表演《小羊请客》、故事《大公鸡和漏嘴巴》《逃家小兔》、绘本《眼镜公主》等，对培养幼儿正确的行为习惯具有很好的教育效果。

除了以上几种常用的活动方法外，幼儿园健康教育活动的方法还有参观法、口头提示法和具体帮助法等。

项目小结

幼儿园健康教育活动是指根据幼儿身心发展的特点，提高幼儿健康认识，改善幼儿健康态度，培养幼儿健康行为，保持和促进幼儿健康的系统的教育活动。

幼儿园健康教育活动的目标包括总目标、阶段目标和活动目标，内容主要包括生活卫生习惯、饮食营养、身体认识与保护、安全自护、心理健康、身体锻炼等六个方面。

幼儿园健康教育活动的实施途径可分为两种：一种是专门性的健康教育活动，包括正式的、教师预定的教学活动和非正式的、幼儿自主选择的区域活动；另一种是渗透性的健康教育活动，包括主题活动、游戏活动、其他领域活动、幼儿日常生活、环境创设活动和家园共育。幼儿园健康教育活动的主要方法有：讲解演示法、示范法、练习法、感知体验法、游戏法、比赛法、情境表演法、讨论评议法、作品感染法等。

同步练习

一、简答题

1. 简述幼儿园健康教育活动的总目标。
2. 举例说明幼儿园健康教育活动的阶段目标。
3. 简述幼儿园健康教育的途径。
4. 简述幼儿园健康教育活动的常用方法，并指出运用要点。

二、实践题

1. 到幼儿园见习，观察和体验幼儿园的一日生活各环节，思考教师是如何通过幼儿一日生活各环节渗透健康教育的。

2. 设计大班健康教育活动“明亮的眼睛”的活动目标和活动内容。

3. 设计中班体育活动“抢垫子”的活动目标和活动内容。

三、在线测试

项目三

幼儿身心保健教育活动设计与指导

学习目标

1. 阐述幼儿身心保健教育活动的设计和指导要点。

2. 能设计和撰写幼儿身心保健教育活动方案，能组织和指导幼儿身心保健教育活动，并能初步做出评价。

3. 对开展幼儿身心保健教育活动有信心，树立以幼儿为本、以学定教的观念。

思维导图

- 幼儿身心保健教育活动设计与指导
  - 幼儿身体保健教育活动设计与指导
    - 幼儿身体保健教育活动概述
    - 幼儿身体保健教育活动的设计
    - 幼儿身体保健教育活动的组织与指导
  - 幼儿心理健康教育活动设计与指导
    - 幼儿心理健康教育活动概述
    - 幼儿心理健康教育活动的模式

学习建议

1. 利用见（实）习的机会，观摩或组织幼儿身心保健教育活动，研讨和反思活动设计与指导。

2. 查阅幼儿身心保健教育活动方案并观看幼儿身心保健教育活动视频，理论联系实践，体会幼儿身心保健教育活动设计与指导以及评价的策略。

情景导入

雯雯是本学期新转来的幼儿，聪明乖巧，各方面能力都非常强，在以前的幼儿园经常受到老师的表扬。有一天，雯雯和小强玩五子棋，第一局雯雯败在了小强的手下，只见雯雯兴奋的小脸瞬间转阴，眼里噙满了泪水，并大声喊着：“这盘不算！咱们再来一盘！”第二次对弈小强仍然棋高一着，结果雯雯伸出手一把横扫过棋盘，搅乱了整个棋局，哭喊道：“不玩了！不玩了！”

任务一　幼儿身体保健教育活动设计与指导

一、幼儿身体保健教育活动概述

（一）幼儿身体保健教育活动的内涵

幼儿身体保健教育活动是指以生活卫生习惯、饮食营养、身体认识与保护、安全自护为主要内容，以保持和增进幼儿身体健康为目的的教学活动。

（二）幼儿身体保健教育活动的类型

1. 生活卫生习惯教育活动

帮助幼儿获得日常生活所必需的基本生活知识和卫生知识，培养幼儿良好的生活卫生习惯和初步的生活自理能力，提高幼儿自我保健的意识和能力，使幼儿逐步学会以健康的方式生活。

2. 饮食营养教育活动

培养幼儿良好的饮食习惯，帮助幼儿获得日常生活中常见食物的名称、种类、营养成分的相关知识，使幼儿逐步养成均衡膳食的好习惯。

3. 身体认识与保护教育活动

帮助幼儿正确地认识自己的身体、身体的主要器官及其功能，初步掌握保护身体的知识和方法；初步认识疾病对身体及其发育的消极影响，逐步形成进行疾病预防与治疗的积极态度和行为。

4. 安全自护教育活动

帮助幼儿获得和掌握日常生活中最基本的安全知识和技能，使幼儿逐步懂得爱护自己，不断增强幼儿自我保护的意识和能力。

二、幼儿身体保健教育活动的设计

幼儿身体保健教育活动的设计遵循以下步骤：确定活动目标—选择活动内容—做好活动准备—设计活动过程。

案例分享 3-1

大班健康教育活动：合理配餐

三、幼儿身体保健教育活动的组织与指导

幼儿身体保健教育活动的过程如表 3－1 所示。活动各环节有不同的方法。在活动过程中，教师要根据不同年龄阶段幼儿的特点进行适当的指导。

表3－1　幼儿身体保健教育活动的过程

环节	方法	说明	举例	注意事项
导入	直观导入	利用直观材料（图片、实物、模型、录像、展览会等）导入	中班“我的牙齿白花花”活动，教师在活动开始时出示牙膏、牙刷	1. 考虑幼儿年龄特点和生活实际进行导入。一般小班多采用直观导入，中、大班多采用设疑或作品等方式导入 2. 导入时间宜短，切勿拖拉 3. 导入不宜将幼儿的情绪调动得过高。若幼儿过于兴奋，在接下来的环节中情绪容易低迷
	设疑导入	通过设置悬念、提问等手段导入	“如果眼睛生病了，看不见了，我们的生活会怎么样？”	
	经验导入	以幼儿的已有经验导入	“前几天排练‘六一’节目，午觉没睡够，大家感觉怎么样？”	
	作品导入	运用文艺作品如谜语、诗歌、故事、歌曲等导入	中班“我的牙齿白花花”活动，教师采用谜语“健康卫士穿白衣，上下两排真争气。中午饭菜它磨碎，早晚用刷把澡洗”导入	
	游戏导入	通过设置一些游戏要素，如神秘性、惊异性导入	教师在口袋里放入几种水果，请幼儿伸手摸口袋里的水果并猜出水果的名称	
	情景导入	通过设置现实性情境或表演性情境导入	小班“安安全全滑滑梯”活动，组织幼儿观看大班哥哥、姐姐玩滑梯	
体验理解	认知参与式理解	提出问题引发幼儿思考和讨论，让幼儿通过认知参与获得情感认识	“为什么小熊会得高度近视，生活中他可能做了哪些伤害眼睛的事情？”“为什么样样东西都要吃？”	根据活动内容巧妙提出问题，组织幼儿讨论和思考，使幼儿产生共鸣
	层层递进式理解	由浅入深、由表及里地引导幼儿理解	中班“可爱的小脚丫”活动，先引导幼儿观察自己的小脚丫，进而观察比较别人的脚，得出一般性结论	根据认知特点和内容的逻辑关系，由浅入深、由表及里
	操作活动式理解	布置操作任务，让幼儿亲自尝试	大班“明亮的眼睛”活动，教师组织幼儿带上眼罩，体验看不见的感觉，让幼儿知道眼睛的重要性，从而产生保护眼睛的自觉意识	以体验理解为目的设计操作任务。操作后注意引导幼儿谈谈感受
方法学习	交流讨论式学习	交流讨论某一情境中的行为要求，通过梳理，让幼儿知道怎么行动	大班“不能碰的身体部位”活动，教师提问“如果遇到别人碰自己的私密部位应该怎么办？”，引导幼儿讨论，总结保护自己的方法	1. 把握好“先幼儿后教师”的指导策略 2. 两种方法也可搭配使用 3. 面向全体和个别指导相结合
	讲解演示式学习	借助动作、实物、模型、图片等，具体形象地讲解方法	小班“我有一双干净的小手”活动，教师讲解演示洗手的正确方法	
强化巩固	操作练习式巩固	通过动手操作练习，巩固认识或技能技巧	大班“辨认安全标志”活动，引导幼儿设计和制作幼儿园里的安全标志	注意观察，及时纠错，循序渐进，因材施教
	游戏式巩固	通过愉快的游戏活动巩固	小班“我有一双干净的小手”活动，教师说出某一洗手的动作名称，如“卷袖子”“擦手”，幼儿立即做相应动作	引导幼儿愉悦地参与游戏时，勿忽视知识技能的巩固
	情境演练式巩固	创设特定的生活情境，在演练或表演中巩固	大班“火灾逃生”活动，创设火灾情境进行演练，引导幼儿采用正确的方法逃离现场	尽量模拟真实生活情境，及时反馈演练中的问题

续表

环节	方法	说明	举例	注意事项
结束	水到渠成式结束	直接宣布活动结束，收拾玩具	“今天的活动到这儿就结束了，我们下次再玩！”	重视结束环节的设计，勿“草率收兵”
	画龙点睛式结束	对活动的关键之处和亮点进行点评	“在排队喝水的游戏中，洋洋想出了好的办法，龙龙也解决了问题……”	
	总结归纳式结束	用准确简练的语言对主要内容加以概括	“今天我们学习了保护眼睛的方法，包括‘6个不要’和‘2个要’……”	
	拓展延伸式结束	设置新的问题请幼儿回家或到区域中思考解决	“切开的胡萝卜特别像人的眼睛，小朋友回去看看还有哪些蔬菜水果像我们的身体部位？”	
	展示鉴赏式结束	展示幼儿作品，进行师评、自评或互评	“我们把设计好的安全标志贴到幼儿园相应位置上，相互介绍和欣赏吧！”	

任务二　幼儿心理健康教育活动设计与指导

一、幼儿心理健康教育活动概述

（一）幼儿心理健康教育活动的内涵

幼儿心理健康教育活动，以促进全体幼儿的心理健康成长为主，以关注极少数幼儿的心理问题为辅。

（二）幼儿心理健康教育活动的内容

幼儿心理健康的主要标志有智力发展正常、情绪反应适度、人际关系融洽、行为统一协调、性格特征良好五个方面。基于此，可将幼儿心理健康教育活动内容确定为：自我意识教育、情绪情感教育、人际交往教育、抗挫折教育、意志力教育等。

二、幼儿心理健康教育活动的模式①

（一）认知类活动模式

微课

认知类活动模式的特点是教师选择生活中正反两个方面的案例，引导幼儿积极思考，组织幼儿讨论，最后进行总结评价，形成正确结论，从而帮助幼儿形成正确的认知。该活动模式适用于引导幼儿形成对自身与社会、自然、他人关系的正确认知，也适用于改变幼儿不正确的认知，其活动程序为“问—想—做—评”，也可具体化为“案例—思考—讨论—总结”。

① 饶淑园．幼儿心理健康教育与指导．北京：高等教育出版社，2015：168－171．

（二）情感发展类活动模式

知识链接 3-1
幼儿心理健康教育活动设计与指导要点

情感发展类活动模式强调幼儿体验的过程以及所获得的感受。这种活动模式适用于幼儿对社会、自然、他人和自身的积极态度与情感的培养，比如自信心训练、挫折应对训练等，其活动程序为："创设情境—操作体验—问题感知—交流分享"。

（三）技能练习类活动模式

技能练习类活动模式的特点在于结合生活实际，通过多媒体或教师、幼儿的正确技能示范，并配合讲解让幼儿进行模仿训练。这种活动模式适用于人际交往技能训练、放松技能训练等，其活动程序为："示范—练习—反馈—再练习—内化"。

项目小结

幼儿身体保健教育活动是指以生活卫生习惯、饮食营养、身体认识与保护、安全自护为主要内容，以保持和增进幼儿身体健康为目的的教学活动。幼儿身体保健教育活动的设计遵循以下步骤：确定活动目标—选择活动内容—做好活动准备—设计活动过程。幼儿身体保健教育活动组织的一般流程为：导入—体验理解—方法学习—强化巩固—结束。

幼儿心理健康教育活动内容主要包括自我意识教育、情绪情感教育、人际交往教育、抗挫折教育、意志力教育。幼儿心理健康教育活动的模式主要有认知类活动模式、情感发展类活动模式和技能练习类活动模式。在组织幼儿心理健康教育活动时，要重视实际操作，主张"做中学"，强调情境性和体验性，凸显团体间的交流和分享，营造支持性的心理环境。

同步练习

一、简答题

1. 简述幼儿身体保健教育活动的设计步骤。
2. 简述幼儿心理健康教育活动的三种模式。

二、实践题

1. 请设计一份大班幼儿身体保健教育活动方案——辨认安全标志，并进行模拟教学。
2. 请设计一份大班幼儿心理健康教育活动方案——与快乐交朋友，并进行模拟教学。
3. 讲解演示：洗手、穿脱衣服动作技能。

三、在线测试

扫码自测

项目四

幼儿园体育活动设计与指导

学习目标

1. 阐述各种体育活动类型的设计与指导要点。
2. 能根据各种体育活动的特点设计与组织相关活动，并初步进行评价。
3. 重视幼儿的体育锻炼，树立以幼儿为本、以学定教的观念。

思维导图

- 幼儿园体育活动设计与指导
  - 幼儿基本动作练习活动设计与指导
    - 走
    - 跑
    - 跳
    - 投掷
    - 平衡
    - 钻爬
    - 攀登
  - 幼儿体育游戏设计与指导
    - 幼儿体育游戏的类型
    - 各年龄阶段幼儿体育游戏的特点
    - 幼儿体育游戏设计与指导要点
  - 幼儿早操活动设计与指导
    - 幼儿早操活动的类型
    - 幼儿早操活动的结构
    - 幼儿早操活动的编排原则
  - 幼儿体育教学活动设计与指导
    - 幼儿体育教学活动的类型
    - 幼儿体育教学活动的结构
  - 幼儿户外体育活动设计与指导
    - 幼儿户外体育活动的形式
    - 幼儿户外体育活动设计与指导要点

学习建议

1. 利用见（实）习的机会，观摩或组织幼儿园体育活动，研讨和反思活动设计与指导情况。

2. 查阅幼儿体育活动方案并观看幼儿体育活动视频，理论联系实践，体会幼儿体育活动设计与指导以及评价的策略。

情景导入

一天同学们到幼儿园见习，她们观摩了一场幼儿足球比赛。A 同学说："足球运动很有趣，应该从娃娃抓起！"B 同学说："足球运动技术性和对抗性很强，容易造成幼儿受伤，不适合幼儿。"接着同学们针对足球运动是否适合幼儿展开了讨论。

任务一 幼儿基本动作练习活动设计与指导

一、走

（一）动作要领

走的时候身体各部位要放松、自然，保持上体正直，自然挺胸，目视前方；两臂前后自然摆动，弧度随步幅而定，步幅要适中且均匀；抬腿迈向正前方，落地要轻而柔，脚尖向前，节奏稳定，有精神。

（二）活动内容

（1）自然走步：是人体走步的基本方式，也是促进身体形态和技能全面均衡发育、形成正确的身体姿态的有效方法。

（2）高抬腿走：能增强屈大腿肌肉的力量，锻炼髋关节的柔韧性和灵活性。

（3）前脚掌走：能增强小腿及脚掌的力量，促进躯干正确姿势的形成，发展平衡能力。

（4）后踢步：能增强膝关节的灵活性、柔韧性和屈小腿肌肉的力量。

（5）后退走：能增强腰背和大腿后侧肌肉及屈踝肌肉的力量。

（6）屈膝走：能增强膝关节及周围韧带、肌腱的力量和耐力。

（7）变化手臂动作走：能增强上下肢动作的协调性和上肢的力量。

（8）协同走：能增强集体走步能力，发展协调动作能力。

（三）指导要点

（1）指导重点在于腿的动作和躯干的正直，教师要指导幼儿在走时保持自然放松，脚尖向前，躯干正直，摆臂自然协调，抬腿不过高、不过低，落地较轻。

（2）采用多种手段和方法进行指导。教师可以选择有情节的体育游戏让幼儿扮演角色练习走，还可以根据不同的需要，变换走的形式，如用前脚掌走、轻轻走、倒退走、侧着走、大步走、模仿动物走、听着音乐走、朗诵着儿歌走、踩着皮筋走、曲线走、走窄道、变速走等，以激发幼儿练习的兴趣。

（3）教师进行正确示范。

（4）结合散步、游览、参观等活动练习走步。

二、跑

（一）动作要领

上体前倾，两手半握拳，两臂屈肘在体侧、前后自然摆动，眼向前看，呼吸自然有节奏，腿向后蹬地有力，向前摆腿方向正、幅度大，膝关节放松，前脚掌先着地，脚尖向前，落地轻稳。

（二）活动内容

（1）自然跑：是人体跑步的基本方式，能有效锻炼速度与耐力。

（2）圆圈跑：能发展平衡和协调素质。

（3）追逐、躲闪跑：能有效提高速度、耐力素质以及灵敏性，增强对周围环境变化迅速做出反应的能力。

（4）往返跑：能有效发展跑的能力以及灵敏素质。

（5）接力跑：能有效发展奔跑能力，培养合作精神以及集体责任感。

（6）持物跑：能加大身体负荷，提高锻炼效果，有效发展跑的能力。

（7）协同跑：能有效发展奔跑能力，培养协作的精神和能力。

（三）指导要点

（1）指导重点是手、脚动作的协调性，教师要指导幼儿在跑时两臂屈肘、自然摆动，前脚掌落地轻稳。

（2）针对不同年龄幼儿的特点采用不同的练习方法。如小班主要是通过各种游戏进行跑的练习；中、大班可组织竞赛活动，培养幼儿的积极性和进取心。

（3）发展幼儿多方面的身体素质。如快跑主要是发展速度；接力跑主要是培养集体荣誉感和协同活动能力；四散追逐跑以发展速度、耐力、灵敏性为主要目的。

（4）遵循人体活动规律。跑之前充分做好准备活动，以防受伤；跑的过程中注意观察幼儿脸色、情绪、呼吸、汗量等，特别要关注体质差的幼儿，以便调节、掌握好运动负荷；跑后要充分做好放松、整理活动，以利于幼儿消除疲劳。

（5）帮助幼儿学会正确的呼吸方法。教会他们口鼻混合呼吸，呼吸时不要张大嘴巴，使其呼吸越来越自然而有节奏。

（6）经常变换圆圈跑的方向，逆时针跑与顺时针跑交替进行。

三、跳

（一）动作要领

跳跃动作包括预备、起跳、腾空、落地四个阶段。预备动作包括原地和助跑两种方式：原地预备动作是屈膝、体前倾、两臂后摆；助跑动作要求中速、短距、步不乱。起跳有单脚和双脚两种方式：单脚起跳时，起跳腿用力蹬直，后腿很快跟上去；双脚起跳时，两腿用力蹬地，摆臂跳起。腾空阶段要保持身体平衡。落地时要屈腿缓冲，落地轻稳，保持平衡。例如，原地双脚向上跳的动作为：屈膝、体前倾、两臂后摆，两腿用力蹬地，摆臂跳起，落地轻稳，保持平衡。

（二）活动内容

（1）原地双脚向上跳：是人体跳跃的基本方法，能有效发展弹跳能力，增强腿部肌肉力量。

（2）双脚连续向前跳：能有效提高弹跳能力，增强下肢肌肉力量、耐力，发展平衡、协调素质以及动作的节奏感。

（3）立定跳远：能有效提高弹跳能力，增强下肢爆发力，发展协调素质。

（4）单脚跳：能有效增强下肢力量和耐力，提高弹跳能力和发展平衡、协调素质。

（5）由高处向下跳：能有效发展平衡素质。

（6）跨跳：能有效提高动作的灵敏性，发展协调素质和视觉运动能力。

（7）花样跳：能有效发展弹跳能力，提高动作的灵敏性，发展协调、平衡素质。

（8）跳绳：能有效提高弹跳能力，发展协调素质、视觉运动能力，增强上肢肌肉力量和耐力，锻炼上肢关节。

（三）指导要点

（1）指导重点在于起跳和落地。起跳是决定跳跃远度和高度的主要因素；落地轻稳，保持平衡，是保证活动安全的重要条件。

（2）有针对性地选择不同的跳跃内容，采用游戏方式练习。如从高处向下跳，可改进落地动作和提高平衡能力；跳绳可提高弹跳力、动作速度；侧跳、跳皮筋除提高弹跳力外，对增强灵巧性也有较好的效果；跨跳可以较好地培养幼儿的勇敢精神。

（3）帮助幼儿克服害怕的心理，做好相关的保护措施，确保安全。对于个别恐高或胆子较小的幼儿，教师可有意识地拉着他的手往下跳，逐渐消除他的恐惧心理。指导从高处跳下动作练习时一定要严格落实保护措施，不同的高度要有相应的铺垫保护。

四、投掷

（一）动作要领

投掷臂手握轻物屈肘高于耳，肘关节向前，预备时将投掷臂往后移，重心在后，眼睛看向前方，然后上身转体，手臂带动手腕，用鞭打式动作将投掷物向前上方的远处用力投出。

（二）活动内容

（1）双手投掷：能有效增强上肢、肩、背等部位肌肉的力量以及协调素质。

（2）单手投掷：能有效增强上肢、肩、背等部位的肌肉力量，提高上肢动作的爆发力和协调素质。

（3）投击固定目标：能有效提高目测能力，提高上肢动作的准确性。

（4）投击活动目标：能有效提高目测能力，提高上肢动作的准确性和判断能力。

（三）指导要点

（1）指导重点是上身转体，手臂带动手腕。教师要注意动作练习与游戏方式的结合，选择与跑、跳等动作相结合的游戏进行练习，这样不仅可以提高幼儿的练习兴趣，还可以增加运动负荷，使其身体得到全面锻炼。

（2）贯彻循序渐进的原则，逐步提高难度。既要注意投掷物由轻到重，又要注意投掷距离由近及远、靶子由大到小，逐步提高难度。如抛接球动作先由教师在近距离抛接，稍有弧度，让球正好落在幼儿手中，待幼儿初步掌握了接球的手形后，再逐步延长距离和增加变化落点。

（3）指导幼儿尽可能使用双手轮换抛接，切忌长时间单手抛接，以免影响均衡发展。

（4）经常变换投掷物和投掷目标。投掷物可以是沙包、小球、纸飞机、纸团、塑料片等；目标物可用幼儿喜闻乐见的图像，以提高他们的练习兴趣。

五、平衡

（一）动作要领

（1）窄道走：头正颈直，眼往前下方看，两臂自然摆动或侧平举，两脚脚尖朝前，交替向前迈步，动作自然放松。

（2）旋转：两脚交替做轴心，可配合手的动作。

（3）单脚站立：一条腿膝关节伸直，另一条腿自然弯曲、脚离开地面。

（二）活动内容

（1）窄道移动：能有效提高平衡素质，培养勇敢、自信、沉着的品质。

（2）缩小自身支撑面积的移动：能有效提高平衡素质，增强下肢支撑力量。

（3）旋转：能有效增强前庭器官功能，提高平衡素质。

（4）闭目移动：能有效增强体位觉、方位觉、听觉，提高平衡素质。

（5）翻滚：能有效增强前庭器官的功能，提高体位觉和平衡、灵敏素质。

（三）指导要点

（1）指导重点是上体保持正直，眼睛向前看，放松向前走，两臂侧平举，掌心向下。

（2）遵循循序渐进的原则。练习用的器械要由低到高，由宽到窄；动作由易到难，由简到繁，由少到多；旋转速度由慢到快，旋转圈数由少到多，逐步提高难度，不可操之过急。

（3）选择适合各年龄段幼儿的游戏，既要鼓励幼儿勇敢，又要适时给予帮助，避免幼儿产生害怕心理和发生伤害事故。

六、钻爬

（一）动作要领

钻的动作主要有以下两种：

（1）正面钻：低头团身，一条腿屈膝抬起与头同时穿过圆圈，前腿跨过后站稳，然后重心向前移，接着屈收后一条腿。

（2）侧面钻：侧立半蹲，靠近圆圈的一条腿屈膝抬起，两臂交叉屈肘于胸前，低头团身钻过圆圈，然后屈收后一条腿。

爬的动作种类很多，有手膝着地爬、手脚着地爬、肘膝着地爬以及俯卧在地上的匍匐前进等。无论哪种形式的爬，总体动作要领都要求做到：抬头，眼睛看向前方，动作灵活，手脚协调，避免同手同脚。

（二）活动内容

（1）正面钻：能有效提高平衡、灵敏、柔韧素质，增强腿部的肌肉力量、耐力。

（2）侧面钻：能有效提高灵敏、协调素质。

（3）手膝着地爬：能有效增强四肢的肌肉力量以及背肌力量，提高协调素质。

（4）肘膝着地爬：能有效增强四肢及躯干部位的肌肉力量和耐力，提高灵敏及协调素质。

（三）指导要点

（1）钻的指导重点是低头团身；爬的指导重点是爬时抬头、手脚协调。教师要做好动作示范。

（2）练习时关注幼儿的运动负荷强度，避免长时间钻、爬。幼儿钻、爬时四肢和躯干肌肉负荷较大，宜结合跑、跳等动作进行练习。

（3）善于利用适宜的场地、器械让幼儿进行自主练习。

七、攀登

（一）动作要领

攀登架子时，由两手握上一格横木、两脚先后登上同一格横木练习开始，逐步过渡到两手两脚交替向上攀登。

（二）活动内容

（1）爬楼梯：能有效增强腿部力量，提高身体动作的协调灵敏素质。

（2）爬网、攀爬墙：能有效锻炼手臂力量，增强手脚动作的协调性，提高身体的灵敏素质。

（三）指导要点

（1）指导重点是脚在下面蹬、手使劲向上攀的动作要领。

（2）关注幼儿年龄特点和个体差异，并注意做好防护。攀登有危险性，要根据不同幼儿的年龄特点、个体差异选择攀爬器械，攀爬的高度、难度要适中。

任务二 幼儿体育游戏设计与指导

幼儿体育游戏是指以体育运动为基本内容，以游戏为基本形式，以发展幼儿基本动作、增强幼儿的身体素质为主要目的，具有一定的情节、角色和规则的特殊的体育活动。

一、幼儿体育游戏的类型

（一）按活动性质分类

1. 模仿性游戏

模仿性游戏是指通过模仿各种动作，发展基本动作技能的一种游戏方式。这类体育游戏常伴有儿歌和音乐。

微课

2. 情节性游戏

情节性游戏的特点是有角色，有开始、发展、结束的游戏情节。此类游戏有不同的难易程度，各年龄班都能开展。

3. 竞赛性游戏

竞赛性游戏是指在规定的条件下分出胜负的一种游戏。由于竞赛性游戏强调结果的胜负，而小班幼儿的兴趣只在游戏动作和过程本身，因此一般不在小班阶段开展此种游戏。中班幼儿已对竞赛性游戏有所理解，开始注意到游戏的结果，并逐步产生比赛兴趣，如接力跑时，他们都会非常兴奋地给伙伴加油。因此，可从中班开始选用竞赛性游戏，到了大班逐渐增多。

4. 躲闪性游戏

躲闪性游戏对训练幼儿的动作灵敏性作用较大，参加游戏的幼儿为了保持优胜而不被淘汰，就必须灵活地躲闪。

5. 球类游戏

球类游戏包括滚球、拍球、抛接球、击木柱、投篮、踢足球、打乒乓球等。随着幼儿年龄的增长，可由易到难地组织他们开展各种球类游戏。

6. 民间体育游戏

民间体育游戏指民间世代相传的一些小型体育游戏，如跳房子、踢毽子、跳皮筋、跳绳、夹包跳、翻饼等。

（二）按基本动作分类

按基本动作可将幼儿体育游戏分为走的游戏、跑的游戏、跳跃的游戏、投掷的游戏、钻爬和攀登的游戏、平衡的游戏等。

（三）按身体素质练习分类

按身体素质练习可将幼儿体育游戏分为力量性游戏、耐力性游戏、速度性游戏、平衡性游戏、灵敏性游戏、协调性游戏、柔韧性游戏等。

（四）按运动器械分类

按运动器械可将幼儿体育游戏分为球类游戏、圈类游戏、平衡板游戏、沙包游戏、垫上游戏等多种游戏。

二、各年龄阶段幼儿体育游戏的特点

（一）小班体育游戏的特点

1. 年龄特点

3～4 岁幼儿处在基本动作的初学阶段，动作缺乏协调性和准确性，平衡能力、速度、耐力等身体素质都较弱；喜欢模仿，但注意力不易集中，对游戏中的动作、角色、情节感兴趣，不大关心游戏的结果。

2. 内容要求

小班体育游戏多以幼儿熟悉的情境、情节、角色展开，情节简单，角色较少，与动作的结合明确，多表现为单一性身体活动。如一个活动中针对走的练习，情节表现只涉及走。

3. 组织方式

这个年龄段以平行游戏的方式为主，不强调规范的队形。游戏多以跟随教师进行模仿练习或其他较为松散的组织方式进行，不强调幼儿间的互动或轮换，更多是集体同步操作进行。

4. 教师角色

强调教师参与到游戏之中，更多以角色互补或带领者的方式展开。

5. 规则要求

不具有竞赛性，游戏规则简单，不要有太多的限制性规则，更多表现为以情节中的潜在规则对幼儿行为进行控制。

6. 评价要求

游戏结果不以胜负进行评定，应多表扬和鼓励幼儿。

（二）中班体育游戏的特点

1. 年龄特点

4～5 岁幼儿的动作有明显进步，有信心完成一定难度的动作，平衡能力提高，但协调能力及力量还较弱；集体荣誉观念增强，愿意与同伴进行互动，能理解和遵守较复杂的游戏规则；比较喜欢有情节、有角色、有追逐的游戏，对游戏的结果有所关注，喜欢胜利的感觉。

2. 内容要求

体育游戏依然以幼儿熟知的情境、情节、角色展开，但可以增加一些非情节性的游戏内容，情节中的角色可以更多，以提高幼儿的判别能力与动作变换能力。活动量有所增大，活动区域也相应扩大，以走、跳、爬、攀、钻、投、定向跑、平衡等内容为主，同时增加各种简单器材的操作。

3. 组织方式

这个时期的体育游戏既可集体同步操作，也可分组开展。游戏活动以平行游戏和联合游戏的组织方式为主，幼儿间的轮换可以是分大组进行轮换，也可以是个体进行轮换，一般较少涉及小组合作的组织方式。

4. 教师角色

体育游戏的各种角色基本都由幼儿来担任，教师可以参与游戏，也可以充当游戏的管理者。

5. 规则要求

从中班时期开始可以开展一些竞赛性体育游戏，游戏规则不宜太复杂，可增加一些限制性规则，即具体的规则要求。同时，教师要多运用情节中的规则对幼儿的行为进行控制。

6. 评价要求

由于增加了一些竞赛性体育游戏，因此教师在对结果进行评定时，除了要给予全体幼儿鼓励，还要对胜负方给予不同程度的表扬。

（三）大班幼儿体育游戏的特点

1. 年龄特点

5 ～ 6 岁幼儿的身体运动能力得到了进一步提高，能熟练掌握各动作的基本要领，体力也表现得更为充沛；能较长时间地专注于某种活动，理解力不断增强，更容易理解游戏的规则，愿意完成一些有挑战性的体育游戏；较为喜欢低结构的体育材料，能生成较复杂的游戏内容；有了较强的责任心及集体观念，更喜欢与同伴进行互动，能生成合作性的游戏，很在意游戏结果。

2. 内容要求

体育游戏中非情节性的游戏内容不断增加。活动量进一步增大，活动区域也进一步扩大，内容的选择更加丰富。多种基本动作的综合运用增多，可结合人为材料开展游戏，器材可复加。

3. 组织方式

组织方式更多样化，包括集体同步操作、分组轮换、个体轮换、围绕某一明确的主题进行合作等。

4. 教师角色

体育游戏的各种角色都由幼儿来担任，教师可以参与游戏，也可以充当游戏的管理者。

5. 规则要求

由于大班幼儿竞争意识进一步增强，因此可增加竞赛性体育游戏的比例，游戏规则同样不宜太复杂，增加限制性规则中的协作要求，注重规则的公平性。同样地，教师要多运用情节中的规则对幼儿的行为进行控制。

6. 评价要求

教师在对竞赛性游戏结果进行评定时，要对全体幼儿进行鼓励，对胜负方给予不同程度的表扬。评价内容既关注竞赛结果，又关注幼儿的规则意识、动作技能、学习品质等过程性表现。

三、幼儿体育游戏设计与指导要点

微课

（一）合理地组织安排游戏

根据游戏内容、活动量以及幼儿的情况，安排参加游戏的人数和先后次序，可以组织全体幼儿同时进行，也可以分成小组同时或轮流进行。每组人数不宜过多，持续时间也不宜过长，这样才能使每个幼儿始终保持积极状态。分队（组）时要注意能力和性别的搭配，使各队（组）水平均衡。介绍游戏时，教师要站在幼儿都能看得见的位置，幼儿排成进行游戏所需要的队形，不要迎风和面向太阳站立。

（二）恰当地进行角色分配

教师应根据年龄、游戏内容和角色要求，合理分配角色并灵活调整，充分发挥幼儿的积极性和主动性。主要角色在游戏中起主导作用，掌握着游戏的进程和情节的发展。小班游戏中的主要角色一般由教师担任，待幼儿熟悉游戏玩法后，也可由能力强的幼儿担任。中、大班既可先由教师担任，以做示范，待幼儿熟悉后再由幼儿担任，也可由教师指定或幼儿互相推选，还可用歌谣或游戏的方法（如点将法）选定。

（三）准确讲解动作与规则

在开展新游戏时，教师要先向幼儿介绍游戏名称和玩法，使他们对游戏有一个全面的印象，再重点讲解游戏动作和规则。对竞赛性、躲闪性、球类游戏等无主题游戏动作和规则的讲解，应该简短、准确，有时可适当示范（教师或能力强的孩子均可），以便帮助幼儿理解。在小班，教师可在游戏过程中讲解动作和规则，边玩边指导他们做动作，这样便于幼儿接受。在中、大班，教师可以通过提问来了解幼儿对讲解内容的理解情况。对主题游戏、模仿性游戏的讲解，教师的语言要生动、形象，以激起幼儿的想象和情感，让他们觉得身临其境一般，从而能更准确地做好各种动作，完成游戏的任务。再次进行同一游戏时，在小班，教师可以提示游戏角色、角色所在的位置和游戏规则；在中班，教师可以简单提示规则；在大班，教师可以让幼儿自己回忆游戏内容、动作和规则。

（四）全面关注游戏的进程

游戏进行时，幼儿往往沉浸于情境之中，而忽略动作姿势和游戏规则。如玩追逐游戏时，常常出现一些不正确的跑步姿势，如低头、仰头、歪肩、单臂摆动以及犯规等。教师要及时提醒和纠正，以达到游戏的预定目的。同时，在游戏中教师还要注意培养幼儿认真、诚实、遵守规则和友好待人的行为与品质。教师还要仔细观察他们活动时身体情况的变化，如出汗、脸红（白）、喘气、动作不正常等，应根据幼儿的身体情况及时地调整活动量。有时为激发幼儿的兴趣，教师也可亲自参加游戏，并且必须做到动作正确和遵守规则，为幼儿做出示范。在重复做游戏前，教师应指出前次游戏中的不足之处，并表扬个别幼儿的良好行为，以利于游戏继续正常地开展。教师可以逐步让大班幼儿自己组织体育游戏，培养幼儿的独立性和组织能力；也可以让他们带领小班弟弟妹妹游戏，但是游戏的全过程要在教师的监督下进行。

（五）把握好游戏结束时机

游戏的结束应选择在幼儿对游戏已感到满足，但又不太疲倦的时候。教师要善于发现有利时机，使幼儿在愉快的气氛中结束游戏。在全班情绪良好、还未感到累的时候结束游戏最为合适。过早地结束游戏，难以达到锻炼幼儿身体的目的；过迟地结束游戏，会使他们过度疲劳，影响健康。游戏结束时要让幼儿进行放松活动，以逐步减小运动量，使脉搏恢复正常。教师还要做简单的小结，可公布游戏结果，也可表扬某些动作做得好、遵守规则、乐于助人的人与事，同时也应指出个别违反规则或不友好的现象。小班最好结合游戏的情节自然结束，如教师说“天黑了，小猫快回家吧！”，然后幼儿跟随教师离开活动场地，自然地转入其他活动。中、大班应简要总结游戏进行的情况，肯定优点并指出缺点和需要改进的地方，激发幼儿继续游戏的兴趣和愿望。

知识链接 4-1

幼儿体育游戏指导的注意事项

任务三　幼儿早操活动设计与指导

幼儿早操是指幼儿在音乐、儿歌或者节奏的伴奏下，有组织地在晨间进行的成套的身体动作练习，是一种全身性的系统的身体锻炼活动，也是幼儿体育活动的主要内容和组织形式。早操活动能增强幼儿运动系统和心脏等器官的功能，提高其动作的节奏感、协调性、准确性和控制力，尤其对幼儿形成正确的身体姿态，养成积极的锻炼习惯和态度，形成良好的自然环境适应能力等具有独特的作用。同时，早操活动可以使神经系统从睡眠后的抑制状态中兴奋起来，激发和恢复幼儿机体的活动能力，愉悦情绪，使其精神饱满、情绪愉快地投入一日生活和活动中。早操活动还能促进幼儿个性的发展以及同伴间的友好交往，有利于幼儿养成活泼开朗的性格和听指挥、守纪律的行为习惯。

一、幼儿早操活动的类型

按幼儿早操是否使用器械来划分，常见的早操类型有徒手操和轻器械操两大类。

徒手操是指根据人体各部位的特点，按照从上到下、从躯干到四肢、从近到远的运动程序进行的由举、振、屈、伸、转、绕、蹲、跳跃等一系列徒手动作组成的动作练习，其内容包括模仿操、韵律操、武术操、健美操等。

轻器械操是指幼儿在徒手操的基础上，手持各种轻器械进行的体操动作练习。从所持的器械看，轻器械操又可分为棒操、绳操、圈操、乐器操、椅子操、筷子操、花操、球操、帽子操等。同时，也可以用废旧物品做成各种轻器械。轻器械操往往根据所持器械的不同特点，编排一些特殊的动作，如筷子操、乐器操编排的敲击动作；绳操、圈操编排的套头动作等。

二、幼儿早操活动的结构

（一）热身运动

微课

热身运动是早操的起始环节，旨在集中幼儿的注意力，让他们尽快进入自己扮演的角色，使幼儿身体各器官、系统由较安静状态进入活动工作状态，为做操和其他身体锻炼活动的开展做好准备。热身运动可以让幼儿在音乐伴奏下，做各种模仿动作或跳一些轻快而简单的舞蹈，或做一些走、跑和跳等基本动作练习。教师可以根据幼儿各阶段的动作发展目标，把要求他们掌握的一些最基本的动作，自然渗透到基本动作练习中，让幼儿在音乐的伴奏下进行练习，提高动作练习的兴趣。基本动作练习可分为无器械的动作练习与带器械的动作练习两类。无器械的动作包括单脚站立、自转、钻圈、直线两侧行进跳等；带器械的动作练习应该选择轻且易于搬动的器械，如铁圈、塑料圈、矮栏、平衡木等，所选用的器械也可以在同一年龄段的几个平行班进行轮换式的定期调整。

（二）队列练习

队列练习是热身运动的延续，能够为早操活动做好充分的准备。在早操活动中进行简单的队列练习是非常有效的，幼儿在音乐的伴奏下变换各种动作，其积极性远远超过单纯的口令练习。队列变化训练可以帮助幼儿在团体中认识自身与团体的关系，提高他们理解指令的能力，也可以增强幼儿的团体意识、培养其团队合作精神和秩序感。教师应根据各年龄班幼儿动作发展的不同，在早操中渗透不同内容的队列练习。如小班主要是练习一个跟着一个走；中班可以进行简单的队形变换，如切段分队、从纵队变为走圆圈等，还可以练习立正、看齐、原地踏步、齐步走等动作；大班则可以练习左右分队、并队走、原地向左右转等。

（三）操节运动

操节运动是整套操的核心部分，不仅能达到幼儿身体机能唤醒的目的，还能通过一定的运动量，使他们在每日的早操中逐步实现运动能力与体能的提升。操节运动应该让幼儿在音乐伴奏下做各类基本体操（徒手操或者轻器械操），系统地锻炼全身大肌肉动作。操节运动一般包括上肢运动、下肢运动、扩胸运动、体侧运动、体转运动、腹背运动、跳跃运动、全身运动等，每一操节的动作为四八呼。不同的年龄班又有一定的差别：小班可挑选其中的 4 ～ 5 节，中班可以增添扩胸运动，大班则可以增添体侧运动、全身运动等。但这些内容的编排也不是绝对的，可根据本园幼儿的实际情况而有所不同；同一年龄班的不同时期也应该有所不同，例如刚进入大班时，可先增加体侧运动，等到大班下学期，再适当增加全身运动等难度较大的动作。

（四）体能运动

体能运动是操节运动的补充，目的是让幼儿在音乐伴奏下，利用身体或器材练习走、跑、平衡、跳和钻等动作，提高幼儿基本动作的协调性、平衡性和运动能力，达到一定的运动量，增强幼儿的体能。利用游戏活动有利于激发幼儿对早操活动的兴趣，提高他们参与活动的积极性，提高早操的锻炼价值，因此，早操中的体能运动一般都采用密度大、时间短、器械少、动作简单、角色少、运动量大、运动频率高、趣味性强的体育游戏，或是一些运动量大、情节简单的音乐游戏。为了增强游戏的趣味性和互动性，往往需要借助一定的器械或道具。如“天线宝宝去避雨”，让幼儿扮演天线宝宝，听到打雷下雨的音乐时，就跑到大雨伞下去避雨，听到放晴的音乐时就从大雨伞里钻出。大雨伞能够很好地满足幼儿在游戏中躲藏的需要，有利于增强游戏的趣味性，让他们积极地参与到游戏中来。

（五）放松运动

放松运动是早操的结束部分，目的在于让幼儿以良好的身体与精神面貌开始一天的幼儿园生活。如果早操的放松阶段没有做好，可能会使幼儿感到疲劳或亢奋，影响到接下来的其他教育教学活动。适当地进行放松能够调节运动量高峰前后的运动负荷差，使运动量起伏得当。放松运动一般通过组织一些较平静的身体活动或者做一些轻快的律动、表演和舞蹈来进行，让幼儿在愉快轻松的气氛中逐渐放松，使身体机能由较兴奋状态逐步转为安静状态。

三、幼儿早操活动的编排原则

（一）全面性原则

早操活动编排的整套动作应该包括上肢、下肢、躯干等全身不同方向变化的动作，每个部位的动作要对称，动静交替，大肌肉和小肌肉交替。幼儿身体各器官、系统还处在发育阶段，功能尚不完善，在早操活动中，只注重某些部位的练习而忽略其他部位的锻炼是不科学的。因此，要避免动作编排的片面性和不均衡性。例如，在基本动作练习、队列练习环节中可以编排一些跑动、跳跃（双脚或单脚）、穿梭和钻爬的大动作，在操节运动环节除了编排头颈运动、上肢运动、扩胸运动、下肢运动等涉及全身肌肉的大动作外，还要增加一些手部和脚部的精细动作，如双手抱拳转动、拍手和手指的伸缩、用脚尖跳动和脚尖戳地等，使整个身体各部位的肌肉、关节、韧带以及内脏器官和系统得到充分、全面、均衡的发展。

知识链接 4-2

幼儿早操活动操节动作编排参考

（二）顺序性原则

整套早操要注意动作编排的合理顺序，一般遵循从慢到快、从上到下、从四肢到躯干、从局部到全身、从简单到复杂、从容易到困难、从运动量小的动作到运动量大的动作、从幅度小的动作到幅度大的动作的顺序。操节的一般顺序为：头部动作—上肢或四肢伸展动作—扩胸动作—下肢动作—腹背动作—全身动作—跳跃动作—整理动作。

（三）适量性原则

幼儿早操的运动量要适宜，编排时要符合高密度、低强度的要求。幼儿早操的练习密度应达到80%左右，在编排上要减少不必要的等待和间歇时间。由于练习密度大，因此，幼儿早操强度不能过大。过大的运动强度会使幼儿运动负荷过大，从而增加无氧运动的可能，容易使幼儿过分疲劳。一般而言，幼儿早操的强度以平均心率140次/分钟为正常，在早操运动强度最大时，心率可达到150～170次/分钟，放松阶段为100～120次/分钟，在早操结束十分钟后心率恢复至安静时的80～100次/分钟。在具体编排动作时，要注意把握动作节奏、动作方向、动作幅度、动作路线、动作频率和动作速度等影响动作效果的因素，有意识地改变动作难易程度，这样才能合理地安排运动量。

（四）阶段性原则

小班以个体为主，强调大肌肉群动作练习，侧重动作的模仿，动作之间的衔接较慢，甚至可以采用每个动作固定化的方式，要让大多数幼儿有时间完成每个动作；中班以个体为主，适当增加一些小肌肉群的运动，动作之间的衔接适度加快，动作表现出一定的力度，强调基本动作协调性的发展；大班以个体为主，增加上、下肢协调动作，加大动作幅度，加快动作节奏，并加大动作力度，幼儿可以单独使用器械表现出一定的动作，也可以尝试两人间的伙伴合作。除此之外，在编排不同年龄班幼儿的早操时，还要注意在早操类型、节数、拍数、时间、运动量、节奏等方面有所不同。具体如表4-1所示。

表4-1 各年龄班幼儿早操编排对比

年龄班	早操类型	动作难度	内容	操节呼数	节奏	运动负荷量（心率）	时间
小班	以模仿操为主，可以做简单的徒手操	动作较简单，以对称动作为主	每套操安排6～7项内容	二八呼，或者按儿歌、歌曲的内容确定	较慢，变化少	130～140次/分	8～9分钟
中班	以徒手操为主，可以做简单的轻器械操	动作有一定难度和变化	每套操安排7～8项内容	二八呼	有快有慢，有一定变化	135～145次/分	9～10分钟
大班	以轻器械操为主，徒手操一般采用韵律操、健美操、武术操	动作难度较大，变化较多	每套操安排8～9项内容	四八呼	有快有慢，变化较多	140～155次/分	11～12分钟

资料来源：赵小华，潘庆戎．幼儿园教育活动设计与指导：健康．南京：河海大学出版社，2006：69.

（五）趣味性原则

编排早操活动应该从内容、动作、音乐、器械等方面考虑到幼儿的兴趣需要。

从内容上看，应该以一定的主题呈现活动内容，从幼儿感兴趣的生活经验和时事背景入手，设计生动有趣的游戏内容，以游戏活动贯穿始终，让幼儿在游戏过程中发展各种动作。如小班可以结合“喜羊羊和灰太狼”主题，设计“别吵醒灰太狼”“赶走灰太狼”“战胜灰太狼”等游戏内容，引导幼儿练习走、跑、跳、钻等动作。值得一提的是，在早操动作编排上要避免过于游戏化，以免早操的“锻炼”功能被弱化。

从动作上看，选编动作要简单、优美、轻快、活泼并富有模仿性和表现力，突出动作的形象化和幼儿化。可通过夸张的动作表现、各种角色的扮演等，激发幼儿参与早操活动的兴趣，促使幼儿大胆想象，在满足幼儿自主需求的同时达到锻炼的目的。在早操编排上要避免过分强调动作的规范、整齐、统一。若幼儿一直处于一个高结构化和高控制性的活动过程中，只是被动、机械地模仿，或经常进行单调、重复的队形练习，容易产生厌倦心理，影响参与早操活动的兴趣和积极性。因此，早操活动中可以融入低控制性的环节，让幼儿有机会参与自主创意编排，引导幼儿自由问候、自主结伴和自主造型。如歌曲表演“碰一碰”，让幼儿任意找一个伙伴，随意、自由地做一些拍拍手、碰碰背、碰碰脚、碰鼻尖等碰撞对方身体的动作，以此激发幼儿的兴趣，增强同伴之间的感情。

从音乐上看，早操应该选择节奏明快、旋律优美、歌词上进的音乐来伴奏，每个环节的音乐又必须与该环节的内容、性质和特点相契合。一般而言，音乐的选择遵循以下原则：先编好操，再选择音乐；音乐配操，而不是操配音乐。要注意选择一些简单易学、朗朗上口、贴近幼儿生活的音乐或儿歌，如《别看我只是一只羊》《天线宝宝》等幼儿耳熟能详的动画片音乐，它们具有内容诙谐、节奏明快和动感强的特点，容易引起幼儿的共鸣。

从器械上看，教师可以引导幼儿自制器械或想办法使器械发出声响，以提高幼儿兴趣。可以收集无毒无害的废旧物品，引导幼儿共同自制器械。例如，用细的软水管绕上绿布条做成春天的柳枝；将小体操圈改装成夏天的水果篮等。幼儿在手持自制器械做操时会格外开心，也会对器械倍加爱护。也可以在器械上适当绑上铃铛或装入豆子、米粒，或者编排击打器械的动作，使器械发出声响，从而使早操活动更加丰富、有趣。

知识链接 4-3

幼儿早操的组织与指导

任务四 幼儿体育教学活动设计与指导

一、幼儿体育教学活动的类型

（一）新授课

新授课主要通过教师正确的引导，让幼儿逐步形成完整、正确的动作概念，并由易到难，尝试、体会动作练习的过程。有些动作可以通过分解练习法与完整练习法相结合，让幼儿初步形成完整的动作能力。新授课以教师为主体，由教师指导幼儿不断形成新的运动能力。

（二）练习课

练习课的任务是在新授课的基础上，通过多元手段、多种形式进行练习，不断巩固和完善相关动作能力；划分出不同的层次要求，通过改变条件、变换方法、提高难度等让幼儿围绕核心动作反复练习，逐步将练习过程中的进步和提升内化为自我的动作能力。练习课强调以教师指导为辅、幼儿练习为主。

（三）综合运用课

综合运用课通过合理设计，把核心动作融入各种已有能力项目之中进行运用，并使幼儿在综合性的活动中把已内化的动作能力合理地表现出来。综合运用课强调以教师为辅、幼儿为主。

二、幼儿体育教学活动的结构

（一）开始部分："热心"和"热身"

内容：（1）集合排队，向幼儿说明活动的主要内容和要求（1～2分钟）；（2）准备活动，根据基本活动的需要，做一些有针对性的准备活动，如运动量不大的基本体操、舞蹈、律动或游戏等，提高幼儿兴奋性，为身体进入运动状态做准备（2～4分钟）。

建议：（1）小班在开始部分的队列练习可简化，排队时可让幼儿围绕教师站成半圆形。（2）热身时必须让幼儿身体各部位充分而全面地活动开来，一般包括上肢、下肢、扩胸、体侧、体转、腹背、跳跃等活动全身的基本运动。同时，还应该根据当天活动所涉及的基本动作的需要来设计热身活动的动作。（3）教师要用自己的言行感染和影响幼儿，引导幼儿做好心理准备，使他们精神振奋、情绪饱满、兴致勃勃，提高参与体育活动的积极性和主动性。

开始部分一般占总时间的10%～20%。

（二）基本部分：完成主要教学任务和目标

内容（以主要练习基本动作的体育课为例）：（1）通过教师对动作的讲解示范或者幼儿自身的探索，让幼儿了解基本动作要领或者游戏内容（3～6分钟）；（2）通过徒手或者带器械练习，让幼儿初步掌握基本动作（6～10分钟）；（3）通过有趣的游戏，让幼儿在感兴趣的活动中进一步练习、巩固基本动作，发展体能（3～8分钟）。

建议：（1）新内容尽量安排在课程前半部分，使幼儿高度兴奋的教学内容安排在课程后半部分。对于提高身体素质的内容，一般把发展速度、平衡的内容放在前面，而把发展力量、耐力的内容靠后放。（2）在内容安排上应注意新旧搭配、急缓结合，对身体不同部位的练习应交替进行。（3）教师在课上应有效、合理地运用时间，避免出现教师讲解冗长、幼儿在练习中等待时间过长等情况。因此，需要注意各练习环节之间的紧凑性，不要临时布置场地和摆放器材。

基本部分一般占总时间的 70% ～ 80%。

（三）结束部分：放松整理

内容：（1）一般选择一些逐步降低运动负荷的放松练习，如较安静的游戏、轻松自然的走步、徒手放松练习、简单的舞蹈以及同伴间的按摩活动等（1 ～ 3 分钟）；（2）对本次活动进行合理的总结和评价（1 ～ 2 分钟）；（3）组织幼儿收拾和整理活动器材等（1 分钟）。

建议：（1）不可进行运动量大或让幼儿更加兴奋的游戏或活动，幼儿体格锻炼强度判定如表 4 - 2 所示。（2）放松活动一般配以轻柔、舒缓的音乐，可达到更好的效果。

结束部分一般占总时间的 10% ～ 20%。

知识链接 4-4

幼儿体育教学活动设计与指导要点

表 4 - 2　幼儿体格锻炼强度判定表

活动状态	观察指标	活动量较小（轻度疲劳）	活动量适中（适度疲劳）	活动量较大（中度疲劳）	活动量过大（过度疲劳）
活动中	面色	无明显变化	稍红	相当红	十分红或苍白
	汗量	无出汗	不多	较多（头、背部）	大量出汗
	呼吸	中速	中速稍快	显著加快加深	急促、表浅、节奏紊乱
	动作	协调性、准确性和速度均不足	协调、准确、步态轻稳	协调性、准确性和速度均降低	动作失调，步态不稳，用力颤抖
	注意力	——	注意力集中，反应正常	注意力不够稳定，反应力减弱	注意力分散，反应迟钝
	情绪	情绪正常或愉快	情绪愉快	略有倦意	精神疲乏
活动后	饮食	食欲一般	食欲好，饮食增加	食欲一般，食量略下降	食量明显减少，没有食欲，甚至恶心、呕吐
	睡眠	睡眠一般	入睡快，睡眠良好	入睡慢，睡眠一般	很难入睡，睡眠不安
	精神	情绪一般	放松，情绪好	略有不振，情绪一般	精神恍惚，厌倦练习

资料来源：许琼华．幼儿生活护理与保健实务．北京：中国人民大学出版社，2020：173.

任务五　幼儿户外体育活动设计与指导

幼儿户外体育活动是指在户外进行，以各类器械活动、各类游戏、基本动作和“三浴锻炼”（利用日光、空气、水进行的体格锻炼）等为主要内容的体育活动。这里所说的“户外体育活动”是指非正规、低结构化的幼儿户外体育活动。幼儿可以自主选择活动项目和运动器械，获得更自由的活动空间，这对培养幼儿独立性、自主性和创造性具有重要意义。

一、幼儿户外体育活动的形式

（一）松散式的自选活动

松散式的自选活动是指教师按某一年龄段幼儿体育锻炼的阶段目标，为幼儿提供各种不同的器械，让他们根据自己的兴趣和需要自选活动器材、自由开展活动。如提供高跷、平衡木、沙包、飞盘、海绵垫、铁圈等器械让幼儿自选，练习平衡、投掷、钻、爬等动作。这种形式的优点是：内容丰富，幼儿可以根据自己的需要来选择活动内容；教师也能够针对幼儿的不同情况进行个别教育，实现因材施教。其缺点是：组织松散，教师对活动的全面管理和指导难以落实，尤其是活动的节奏和运动量难以控制；有些教师对幼儿的活动情况缺乏了解，所设计的内容缺乏阶段性、连续性，所提供的材料单一、重复；在活动开展的不同时间，幼儿选择同一器械和相同玩法的可能性极大，这样对幼儿来说，活动内容单一的现象依然存在。

（二）开放式的区域活动

开放式的区域活动是指教师根据本班幼儿的生理、心理特点及基本动作发展的特点，因地制宜地在各种不同的场地上，有针对性地投放游戏玩具材料和运动器械，让幼儿在一定的区域里进行某一个动作的练习，如设置钻爬区、平衡区、投掷区、球类区。一般是打破班级界限，每一个班级设置一个运动区，教师在固定的区域内进行指导，幼儿根据自己的兴趣和需要，自主选择某一区域进行锻炼。这种形式的优点是：环境布置呈区域态势，凸显运动场地和资源的共享；不需要在教师的统一组织下进行活动，满足了幼儿自主选择活动的需要，有助于教师观察、指导不同的幼儿；增加了运动量，锻炼了体能，能让幼儿体验到多种运动的快乐，激发其对体育活动的兴趣。其缺点是：对于本班幼儿在其他区域的活动情况无法全面了解和掌控，难以提出进一步的指导要求。

知识链接 4-5

循环式的主题游戏

二、幼儿户外体育活动设计与指导要点

（一）创设优质的运动环境

充分利用幼儿园的自然空间，如假山、小树林、草地、大操场、花园、鹅卵石小路、小木桥、沙池、水池等现有的户外活动场地，打造富有挑战性的运动乐园。如在大树上搭建树屋、吊挂绳梯、安装绳索，供幼儿吊挂、滑行、荡秋千、爬网等，促进其上下肢力量、腰腹力量、协调性、平衡性、耐力以及攀爬能力等的发展。可在围墙边、草地和墙角等处设置攀爬网、钻爬网、平衡桩、摇摆桥、吊环等，也可在操场上放置大型运动设备，如滑梯、攀爬架等，以满足幼儿多种动作发展的需要。除了从运动核心经验角度考虑不同活动类型外，还要邀请幼儿参与到空间规划中来，从幼儿的视角考虑运动区规划的合理性和适宜性。

微课

投放多样化、低结构化、适合幼儿运动的各种材料，如轮胎、

竹梯、滚筒、平衡板、平衡墩、纸筒、纸箱、各种球、各种车、户外积木等，幼儿可以根据自己的实际发展水平选择材料及玩法。一些低结构化的材料可以有多种玩法，如：铝塑格架可以随意拆分和组合，形成平衡板、迷宫、攀爬架等，开展练习钻、爬、走、跑、跳等的游戏；滚筒不仅可以滚着玩，还能在里面休息、玩过家家游戏，组合起来又可以玩打地鼠、接力钻、大闯关等游戏。每种材料的功能都是多变的，材料的拓展性玩法可以不断带给幼儿新的挑战。还可以让幼儿收集废旧材料共同制作游戏道具等，激发幼儿运动的兴趣。

（二）保证足够的活动时间

全日制幼儿园每日户外活动时间不得少于 2 小时，寄宿制幼儿园每日不得少于 3 小时，其中包括每日 1 小时的户外体育活动时间。场地小的幼儿园在安排一日活动时，要保证各班至少有 1 小时户外体育活动时间。教师可通过错开活动时间、大带小的混龄活动等途径，解决场地上的困难，保证幼儿有充足的户外体育活动时间。

（三）明确必要的活动规则

规则是幼儿在活动过程中为了解决问题而共同协商制定的，常被张贴在相应的位置，以便幼儿共同遵守。幼儿会遇到各种问题，规则应随之不断调整和变化。规则要包括安全活动的要求（如行进路线）、人数限制、区域轮换等内容。规则要简明、易懂，用图画、图示和简单文字进行说明，如在相应的区域旁贴上“图谱”，直观地展示出锻炼部位及注意事项，让幼儿更加清楚地了解自己该玩什么、应该怎么玩，当然这是该区域的“常规玩法”，要鼓励幼儿在保证安全的前提下创新玩法。也可以通过环境创设来提示规则，如设计起点线和终点线；投放“红绿灯”，提示“骑行区”的交通规则，也可以将其放置在其他活动区作为提醒幼儿控制速度的标识。

（四）营造宽松的活动氛围

第一，尊重幼儿的人格，给幼儿自主选择的空间。第二，引导幼儿大胆尝试各种活动，教师要以积极的态度对待幼儿，由衷地热爱和赏识每一个幼儿，适时用支持性的语言进行指导，如“让我们试一试”“勇敢点，你一定行”等。第三，关注不同个性幼儿的需求，采用不同的引导策略。对于性格外向、胆子大、喜欢参与带有一定冒险性运动的幼儿，在给予赞许的同时，引导他们细心些，注意安全；而对于性格胆怯、孤僻的幼儿则采用多鼓励、带着他们一起玩等方法，消除其顾虑，并把握时机给予表扬和肯定，帮助他们树立自信心。

（五）排除户外的安全隐患

定期检查活动场地、器械、设备的安全和卫生情况的每个细节，一旦发现安全隐患，要及时排除。如滑梯的坡度要适当，边角要光滑，着地点应铺垫子或设置沙坑，起到缓冲作用；摇椅、荡船等玩具安装时重心要低，吊环要牢固；器材的螺帽应无锈、牢固；沙池、水池中没有尖锐的物体等。在活动前，教师应不怕麻烦，检查一遍各种器械、设备的安全。在活动过程中，要避免幼儿使用方法不当引起的不安全情况。

项目小结

幼儿基本动作包括走、跑、跳、投掷、平衡、钻爬、攀登等，这些动作是幼儿进行各类体育活动的基础。在组织相关活动时，要注意把握动作要领、活动内容和指导要点。

幼儿体育游戏是指以体育运动为基本内容，以游戏为基本形式，以发展幼儿基本动作、增强他们的身体素质为主要目的，具有一定的情节、角色和规则的特殊的体育活动。在设计与指导幼儿体育游戏时，要注意合理地组织安排游戏，恰当地进行角色分配，准确讲解动作与规则，全面关注游戏的进程，把握好游戏结束时机。

幼儿早操活动一般包括热身运动、队列练习、操节运动、体能运动和放松运动等内容。在编排幼儿早操活动时要遵循全面性原则、顺序性原则、适量性原则、阶段性原则和趣味性原则。

幼儿体育教学活动开始部分要“热心”和“热身”，基本部分要完成主要教学任务和目标，结束部分要放松整理。在设计与指导幼儿体育教学活动时，要注意做好必要的活动准备，采取合理的组织方式，采取适宜的指导方式，关注幼儿的个体差异。

幼儿户外体育活动主要包括松散式的自选活动、开放式的区域活动两种形式。在组织幼儿户外体育活动时，要注意创设优质的运动环境，保证足够的活动时间，明确必要的活动规则，营造宽松的活动氛围，排除户外的安全隐患。

同步练习

一、简答题

1. 简述幼儿基本动作的动作要领。
2. 简述幼儿体育游戏的设计与指导要点。
3. 举例说明各年龄阶段幼儿体育游戏的特点。
4. 简述幼儿早操活动的结构。
5. 简述幼儿体格锻炼强度的判断方式。
6. 简述幼儿户外体育活动的设计与指导要点。

二、实践题

1. 请设计一套中班幼儿早操，并记下操节部分的内容。
2. 任选一个动作设计一个大班幼儿集体体育教学活动，撰写活动方案并进行模拟教学。
3. 任选一种材料（如报纸、鞋盒、呼啦圈、轮胎、易拉罐等）设计三个体育游戏方案，并模拟引导幼儿玩其中一个游戏。

三、在线测试

扫码自测

模块二

语言教育

项目五

幼儿园语言教育活动概述

学习目标

1. 阐述幼儿园语言教育活动的内涵与幼儿语言学习的特点。
2. 理解幼儿园语言教育活动的总目标、阶段目标，能撰写规范的活动目标。
3. 理解幼儿园语言教育活动的原则，能运用幼儿园语言教育活动的多种方法。
4. 树立幼儿园语言教育活动的新观念，增强专业认同感。

思维导图

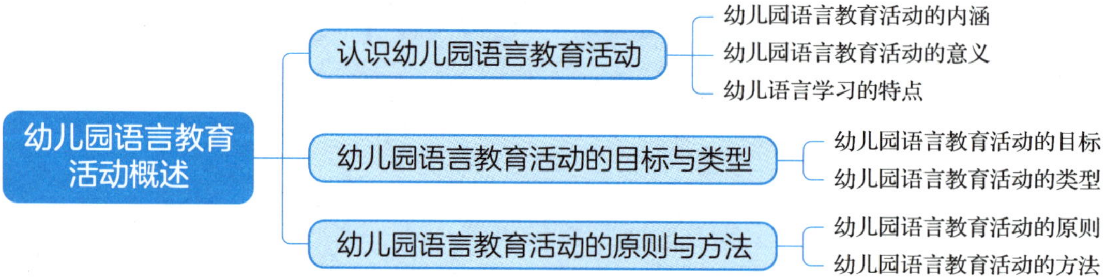

学习建议

1. 阅读《幼儿园工作规程》《纲要》《指南》中语言领域方面的内容，领会幼儿园语言教育活动的总目标和相关教育建议。

2. 查阅幼儿园语言教育活动的方案并观看幼儿园语言教育活动视频，理论联系实践，体会幼儿园语言教育活动区别于其他领域活动的特点和教育方法。

情景导入

“狼孩”卡玛拉由狼哺育长大，7 岁时回到人类社会，经过专业护理和语言训练，4 年后，她才掌握 6 个词，17 岁时也只是学会 45 个词。美国女孩吉妮在 18 个月时被父亲囚禁在小屋，12 年中除了偶尔听到父亲的斥责声，再没接触过人类的其他语言。在她 13 岁被人发现后，心理语言学家对她进行长达 7 年的语言训练，但其语言水平只相当于 21 个月的幼儿。为什么卡玛拉和吉妮会出现这样的现象？应如何科学地进行幼儿园语言教育活动？

任务一　认识幼儿园语言教育活动

一、幼儿园语言教育活动的内涵

幼儿园语言教育活动是指在幼儿园专门针对 3 ～ 6 岁幼儿语言发展及其教育开展的活动。幼儿期是人的一生中掌握语言最迅速的时期，也是最关键的时期，早期语言教育对幼儿发展具有重要价值。

二、幼儿园语言教育活动的意义

（一）有利于幼儿认知能力的发展

微课

语言既是幼儿学习的内容，也是幼儿认知的工具，具体体现在以下三个方面：一是语言可以扩大幼儿的认知范围。幼儿利用语言来命名，借助语言发现事物之间的异同点，获得新概念，从而直接或间接地认识事物，逐步丰富对外界事物的认识，扩大认知范围。二是语言可以促进幼儿理解、判断和推理能力的发展。学习并掌握语言，意味着掌握了认识和看待外界事物的方法和能力，还意味着获得了对事物之间关系和事物价值的判断能力以及对事物的情感体验。[1] 三是语言可以促进幼儿创造性思维的发展。幼儿通过语言表达自己的疑问、猜想等，并在学习过程中“积极地造词”，都能促进幼儿创造性思维的萌芽。同时，语言教育中想象性讲述、仿编、续编等活动的开展，也为幼儿创造性地运用语言、发展创造性思维提供了契机。

（二）有利于幼儿社会性的发展

语言对幼儿社会性发展的作用主要体现在以下两个方面：一是可以提高幼儿的社会交往能力。幼儿通过理解他人的语言，获得有用的社交信息，掌握并理解人际交往的常规；幼儿能用语言清楚表达自己的情感需要、协商矛盾和解决问题，有利于幼儿与他人之间思想、信息和情感的交流。二是可以促进幼儿亲社会性行为的发展。在语言的参与下，幼儿开始认识和理解他人，间接或直接地学习为人处世的方式，进而促进其良好性格的形成和发展。另外，在学习文学作品的过程中，幼儿通过成人的提问引导、表演等方式获得关爱、快乐、悲伤等多种情感体验，能够促进其移情能力的发展，进而促进幼儿高级情感和社会性的发展。

（三）有利于日后文化知识的学习

在早期交往中发展起来的语言能力将成为幼儿日后进行文化知识学习的基础，也是其在未来学习中学会向他人提出问题、阐述观点、陈述理由、提出假设以及表达自己想

① 余珍有．幼儿园语言领域教育精要：关键经验与活动指导．北京：教育科学出版社，2015：2．

法的前提。[①]

三、幼儿语言学习的特点

（一）在主动运用语言的过程中学习和建构语言

幼儿的语言学习是一个主动建构语言知识和增强语言能力的过程，是一个动态的学习过程。在一日生活中，幼儿与同伴、成人交往时，会主动寻找脑海里储存的词汇和句子，尝试用别人可以理解的语言进行表达；当幼儿发现交流沟通有困难或障碍时，便会更有意识地利用这种交际环境主动向别人学习新词、新句。久而久之，幼儿的语言经验就得到了积累。

（二）在模仿中学习语言

幼儿的耳朵好比是“录音机”，眼睛就像“摄像机”，日常生活中成人、同伴的语言，或影视作品、文学作品中的语言等都会被“摄录”下来并成为幼儿模仿的对象。通常，幼儿模仿的对象都是幼儿能够理解且有能力模仿的，或与其生活经验息息相关的一些语言范例。而这种模仿不是一成不变、全部照搬照抄的，幼儿会根据自己的需要进行“创造性”模仿，将听到的句子稍加变动或重组，变成自己的语言进行表达。

因此，成人应注意用丰富的面部表情、富于变化的语调、规范而正确的发音、丰富而准确的词句，为幼儿提供良好的语言示范和语言榜样。同时，成人还可以在语言教育中开展儿歌、故事等的仿编活动，丰富幼儿的语言经验。

（三）语言学习具有整合性

所谓整合性，是指幼儿的语言学习渗透、整合在一日生活和教学活动的方方面面中。生活是语言的源泉，幼儿的语言学习要与周围的人、物、大自然、社会生活等紧密联系起来。在一日生活和教学活动中，通过各种感官的直接感知，幼儿可以获得各个领域的丰富知识，从而增强语言能力。此外，幼儿的语言学习也整合在游戏中，通过各种游戏，幼儿的语言能力也能得到增强。

（四）语言学习具有个体差异性

每个幼儿都是独立的个体，他们接触的语言环境不尽相同，这使得幼儿的语言发展水平表现出较为明显的个体差异性。幼儿的语言学习也具有个性化的特征，主要表现为不同幼儿主动学习语言的积极性各不相同，不同幼儿在学习同一文学作品或谈论同一话题时会表现出不同的偏好，因此其学习速度和学习效果也是不同的。

知识链接 5-1

幼儿园语言教育活动的特点

（五）语言学习是一个长期积累的过程

幼儿学习和掌握语音、词汇、句子，是一个从无到有、从不理解到部分理解再到完全理解、逐步完善的过程。比如幼儿词汇的积累，先掌握的是代表具体事物的名词和具体动作的动词，再到形容词、副

① 余珍有. 幼儿园语言领域教育精要：关键经验与活动指导. 北京：教育科学出版社，2015：2.

词、量词等；句型的掌握，是从单词句到双词句再到电报句、完整句。语言学习的效果不是立竿见影的，教师向幼儿呈现一个新词或向幼儿介绍一篇文学作品时，需要反复多次才能让幼儿真正理解与领会。因此，教师要多给幼儿提供语言范例，给幼儿提供充分的练习机会，不断丰富幼儿的语言经验。

任务二　幼儿园语言教育活动的目标与类型

一、幼儿园语言教育活动的目标

（一）总目标

幼儿园语言教育活动目标的制定，要考虑社会以及幼儿园教育总目标对幼儿园语言教育活动的要求、幼儿身心发展的特点和幼儿语言学科本身的规律。《纲要》明确规定了幼儿语言领域的总目标：

（1）乐意与人交谈，讲话礼貌；

（2）注意倾听对方讲话，能理解日常用语；

（3）能清楚地说出自己想说的事；

（4）喜欢听故事、看图书；

（5）能听懂和会说普通话。

幼儿语言领域总目标指出了幼儿语言教育重点要追求什么，指明了幼儿语言教育的价值取向。《纲要》从幼儿语言运用能力的角度，从倾听与表达、阅读与书写准备等方面确定了幼儿园语言教育的目标。在具体实践中，我们应注意以下几点：

第一，重视情感态度，培养文明的语言习惯。

总目标中的“乐意”“喜欢”等字眼，足以表现出对情感态度的教育价值的重视。文明的语言习惯是语言交往获得成功的前提，也是幼儿早期语言学习中非常重要的语言经验。

第二，重视倾听与表达，培养对语言的理解和运用能力。

倾听是幼儿感知和理解语言的重要途径。幼儿只有懂得、乐于并且善于倾听，才能真正理解语言内容，掌握与人进行语言交流的技巧。语言表达是以一定的语言内容、语言形式和语言运用方式进行交流的行为，是幼儿语言学习与发展的主要表现之一。幼儿只有懂得表达的作用、愿意向别人表达自己的见解，并且具备表达能力，才能真正与人进行语言交际。

第三，重视文学欣赏，增进直观体验理解。

引导幼儿接触优秀的儿童文学作品，使其感受语言的丰富和优美，并通过各种活动帮助幼儿加深对作品的体验和理解。幼儿在学习文学作品的过程中形成的综合语言能力，能够增强他们对不同层次的语言核心操作能力的敏感性。

第四，重视阅读活动，培养阅读理解能力。

培养幼儿对生活中常见的简单标记和文字等的兴趣。利用图书、绘画和其他多种方式，引起幼儿对书籍、阅读和书写的兴趣，培养前阅读和前书写能力。

（二）阶段目标

《指南》对幼儿在各年龄段需要达到的语言水平有明确的要求（也称“典型表现”），其中倾听与表达方面的目标如表 5－1 至表 5－3 所示，阅读与书写准备方面的目标如表 5－4 至表 5－6 所示。

表 5－1　目标 1　认真听并能听懂常用语言

3～4 岁	4～5 岁	5～6 岁
1. 别人对自己说话时能注意听并做出回应 2. 能听懂日常会话	1. 在群体中能有意识地听与自己有关的信息 2. 能结合情境感受到不同语气、语调所表达的不同意思 3. 方言地区和少数民族幼儿能基本听懂普通话	1. 在集体中能注意听老师或其他人讲话 2. 听不懂或有疑问时能主动提问 3. 能结合情境理解一些表示因果、假设等相对复杂的句子

表 5－2　目标 2　愿意讲话并能清楚地表达

3～4 岁	4～5 岁	5～6 岁
1. 愿意在熟悉的人面前说话，能大方地与人打招呼 2. 基本会说本民族或本地区的语言 3. 愿意表达自己的需要和想法，必要时能配以手势动作 4. 能口齿清楚地说儿歌、童谣或复述简短的故事	1. 愿意与他人交谈，喜欢谈论自己感兴趣的话题 2. 会说本民族或本地区的语言，基本会说普通话。少数民族聚居地区幼儿会用普通话进行日常会话 3. 能基本完整地讲述自己的所见所闻和经历的事情 4. 讲述比较连贯	1. 愿意与他人讨论问题，敢在众人面前说话 2. 会说本民族或本地区的语言和普通话，发音正确清晰。少数民族聚居地区幼儿基本会说普通话 3. 能有序、连贯、清楚地讲述一件事情 4. 讲述时能使用常见的形容词、同义词等，语言比较生动

表 5－3　目标 3　具有文明的语言习惯

3～4 岁	4～5 岁	5～6 岁
1. 与别人讲话时知道眼睛要看着对方 2. 说话自然，声音大小适中 3. 能在成人的提醒下使用恰当的礼貌用语	1. 别人对自己讲话时能回应 2. 能根据场合调节自己说话声音的大小 3. 能主动使用礼貌用语，不说脏话、粗话	1. 别人讲话时能积极主动地回应 2. 能根据谈话对象和需要，调整说话的语气 3. 懂得按次序轮流讲话，不随意打断别人 4. 能依据所处情境使用恰当的语言。如在别人难过时会用恰当的语言表示安慰

表 5-4 目标 1 喜欢听故事、看图书

3～4 岁	4～5 岁	5～6 岁
1. 主动要求成人讲故事、读图书 2. 喜欢跟读韵律感强的儿歌、童谣 3. 爱护图书，不乱撕、乱扔	1. 反复看自己喜欢的图书 2. 喜欢把听过的故事或看过的图书讲给别人听 3. 对生活中常见的标识、符号感兴趣，知道它们表示一定的意义	1. 专注地阅读图书 2. 喜欢与他人一起谈论图书和故事的有关内容 3. 对图书和生活情境中的文字符号感兴趣，知道文字表示一定的意义

表 5-5 目标 2 具有初步的阅读理解能力

3～4 岁	4～5 岁	5～6 岁
1. 能听懂短小的儿歌或故事 2. 会看画面，能根据画面说出图中有什么、发生了什么事等 3. 能理解图书上的文字是和画面对应的，是用来表达画面意义的	1. 能大体讲出所听故事的主要内容 2. 能根据连续画面提供的信息，大致说出故事的情节 3. 能随着作品的展开产生喜悦、担忧等相应的情绪反应，体会作品所表达的情绪情感	1. 能说出所阅读的幼儿文学作品的主要内容 2. 能根据故事的部分情节或图书画面的线索猜想故事情节的发展，或续编、创编故事 3. 对看过的图书、听过的故事能说出自己的看法 4. 能初步感受文学语言的美

表 5-6 目标 3 具有书面表达的愿望和初步技能

3～4 岁	4～5 岁	5～6 岁
喜欢用涂涂画画表达一定的意思	1. 愿意用图画和符号表达自己的愿望和想法 2. 在成人提醒下，写写画画时姿势正确	1. 愿意用图画和符号表现事物或故事 2. 会正确书写自己的名字 3. 写画时姿势正确

（三）活动目标

第一，逐层进行准确的分解，突出相应年龄段幼儿语言的发展要求。要依据《纲要》中的幼儿语言领域教育目标与教育要求，以及《指南》中的各年龄阶段语言教育目标和教育建议来制定活动目标。第二，目标定位适宜，应体现具体语言活动类型的核心要求。不同类型的语言活动核心价值不一样，认知要求和侧重培养的幼儿的能力也不一样，目标表述不能张冠李戴。第三，目标的表述应规范。首先，涵盖情感与态度、技能与能力以及认知与习惯三方面。注意突出幼儿在语言学习中兴趣、态度和积极情感的培养，让幼儿感受到语言学习的快乐，获得愉悦的情感体验。其次，制定的活动目标要具体、可操作，便于检测与评价。技能与能力、认知与习惯目标要求尽量用行为化语言加以描述，明确体现让幼儿在活动中具体获得哪些新的语言经验和提高哪种语言能力，不能泛泛而谈。最后，表述角度要一致，从幼儿角度进行表述，体现“以幼儿为主体”的教育理

案例分享 5-1

中班实物讲述：神秘的黑盒子

念。此外，目标的表述应注意简洁明了，分点逐条写，要求运用陈述句。

二、幼儿园语言教育活动的类型

（一）专门性的语言教育活动

专门性的语言教育活动的实质是让幼儿学习在不同的语言情境里如何运用相应的语言交流方式与人交流。具体类型包括：谈话活动、讲述活动、听说游戏、文学活动、早期阅读等。

（二）渗透性的语言教育活动

渗透性的语言教育活动是指将语言交流和学习渗透在幼儿一日生活、游戏、各领域教育以及家庭生活中的活动。具体类型包括：一日生活中的语言学习、游戏活动中的语言学习、其他领域活动中的语言学习、家庭生活中的语言学习。

任务三 幼儿园语言教育活动的原则与方法

一、幼儿园语言教育活动的原则

（一）发挥幼儿自主性原则

自主性是幼儿良好的学习品质。如果能够成功地激发幼儿语言学习的自主性，可以使活动产生良好的效果。教师应通过创设自主学习的语言环境，增加幼儿的自主体验，促使幼儿积极地与环境互动；同时，充分创造语言表达的条件，调动幼儿各种感官参与活动，运用多种组织形式和教学手段使幼儿充分地去感受、体验和操作，发挥他们参与活动的主动性和积极性。

（二）促进幼儿语言发展的原则

幼儿是在运用语言的过程中获得语言发展的，在语言教育活动中，教师必须遵循在语言的运用中促进幼儿语言发展的原则。教师要始终以语言发展为目标，以促进幼儿语言发展为出发点和落脚点，按照幼儿语言发展的规律设计活动，在教育活动中引导幼儿学习语言内容、语言形式和语言运用的各种经验，突出语言学习的重点，促进幼儿语言发展。

（三）自由与规范相统一的原则

无论是哪一类活动，在幼儿获得新的语言经验之前，教师都要为幼儿提供一定的时间和空间，让幼儿运用已有的语言经验自由地交谈。在幼儿获得新的语言经验后，也要允许他们在一定规范的范围内自由练习所习得的新的语言经验。

幼儿园语言教育活动的目的是使幼儿习得规范的语言，并且在反复的练习和运用中养成规范地使用语言的习惯。因此，教师在组织语言教育活动时，不仅要在语言内容、语言形式和语言运用方面为幼儿做出规范语言的示范，为幼儿提供学习的范例，而且要对幼儿提出规范的要求。

（四）示范与练习相结合的原则

在幼儿语言教育中，教师的示范是幼儿进行语言模仿的基础。但是要使教师示范的语言为幼儿所习得，并被幼儿牢固掌握和灵活运用，就要提供机会让幼儿反复练习。首先，教师的示范不要限制幼儿的思维。注意不要让幼儿死套教师的语句，要鼓励幼儿大胆想象，允许幼儿说出不同于教师的语句。其次，注意运用隐形示范。教师可以参与者的身份与幼儿平等地开展活动，在活动中通过种种暗示来进行示范，避免生硬、直接地告诉幼儿应该说什么。最后，提供充分练习的机会。教师应提供充分的时间和空间，让幼儿多次练习，在实践中迁移和提升语言经验。

二、幼儿园语言教育活动的方法

（一）示范模仿法

示范模仿法是指教师通过自身的规范化语言，为幼儿提供语言学习和模仿的榜样，让幼儿始终在良好的语言环境中自然地模仿学习。

注意事项：（1）语言示范要规范到位。咬字要清楚，发音要准确；语调、语气、语速、音量要适当并借助一定的表情、动作来表达；使用具体易懂的句式。（2）要把握好示范的时机和力度，恰当地运用“显性示范”和“隐性示范”的手段。（3）鼓励幼儿大胆想象、创新，不限制幼儿思维。

（二）视、听、讲、做结合法

“视”是指教师提供具体形象的讲述对象，如展示实物、图片、图书或组织幼儿观看情景表演等，让幼儿充分地观察；“听”是指教师用语言描述、启发、引导、暗示、示范等，让幼儿充分地感知与领会；“讲”是指幼儿在感知理解的基础上，充分地表达个人的认识；“做”是指教师给幼儿提供一定的想象空间，让幼儿参与或独立地进行操作，帮助幼儿充分地构思，从而组织起更加丰富、连贯完整、富有创造性的语言进行表述。

注意事项：（1）选择贴近幼儿生活的材料。语言教育辅助材料应是幼儿接触过的、较熟悉的或符合幼儿认识特点的。（2）预留一定的观察时间和空间，引导幼儿感知理解，让幼儿在动手、动脑、动口的学习中获得语言经验。（3）提问要有顺序性、启发性。

（三）游戏法

游戏法是指教师运用有规则的游戏，训练幼儿正确发音，帮助幼儿积累词汇和学习句式的一种方法。它能提高幼儿的学习兴趣，集中幼儿的注意力。

注意事项：（1）根据幼儿语言教育目标和内容选择、编排游戏；（2）目标要明确，规则要具体，便于幼儿理解；（3）适当配合使用教具或学具，让幼儿在轻松、有趣、愉快的活动中练习语言。

（四）表演法

表演法是指在教师的指导下，幼儿表演文学作品中的人物，根据情节发展，通过对话、动作、表情等再现文学作品，以提高口语表现力的一种方法。

注意事项：（1）前期应让幼儿理解作品内容，熟悉人物对话，体会角色心理，进而学习利用声调、韵律、节奏、速度等的配合进行朗诵和表演，教师注意引导幼儿用动作、语言、表情等扮演角色；（2）鼓励幼儿在故事表演中发挥想象力和创造力，大胆想象故事情节，创新内容和增加情节与对话，恰当地使用各种动作，准确地进行人物心理的刻画与渲染；（3）面向全体，为全体幼儿提供参与表演的机会。

（五）练习法

练习法是指有意识地让幼儿多次使用同一个语言因素（如语音、词汇、句子等），或反复训练幼儿某种语言技能的一种方法。

注意事项：（1）明确练习要求，循序渐进，逐步提高；（2）练习方式应生动活泼、形式多样，避免简单、枯燥的重复练习，通过有趣的练习调动幼儿语言学习的积极性。

以上列举了常见的幼儿园语言教育活动方法。在实际运用中，教师要根据本班幼儿实际情况，结合幼儿具体的语言学习和发展特点与要求，综合、灵活地运用各种方法，有的放矢地进行语言教育，促进幼儿语言发展。

项目小结

幼儿园语言教育活动是指在幼儿园专门针对 3 ～ 6 岁幼儿语言发展及其教育开展的活动。语言的发展渗透于幼儿园一日生活和五大领域中，与幼儿身心发展有着密切的关联。

幼儿园语言教育活动目标的制定，要考虑社会以及幼儿园教育总目标对幼儿园语言教育活动的要求、幼儿身心发展的特点和幼儿语言学科本身的规律。

幼儿园语言教育活动的类型包括专门性的语言教育活动和渗透性的语言教育活动。幼儿园语言教育活动要遵循发挥幼儿自主性、促进幼儿语言发展、自由与规范相统一、示范与练习相结合等原则。在幼儿园语言教育活动方法的实际运用中，教师要根据本班幼儿实际情况，结合幼儿具体的语言学习和发展特点与要求，综合、灵活地运用各种方法，有的放矢地进行语言教育，促进幼儿语言发展。

同步练习

一、简答题

1. 举例说明幼儿语言学习的特点。

2. 有人说“幼儿到幼儿园学语言就是学识字、背唐诗”，也有人说“幼儿园不能小学化，不能教幼儿认字”。你持什么观点呢？

3. 举例说明不同年龄阶段幼儿语言教育的目标。

4. 简述幼儿语言教育的多种方法，并指出运用要点。

二、实践题

查阅有关幼儿语言教育活动的方案或观看幼儿园语言活动视频，分析该方案或活动是如何体现语言教育活动的特点和原则的。

三、在线测试

项目六

幼儿园语言教育活动设计与指导

学习目标

1. 阐述幼儿谈话活动、讲述活动、听说游戏、文学活动、早期阅读的内涵与特征。

2. 基于语言活动具体类型的教育目标、设计与指导要点，设计幼儿园语言教育活动，并能做出初步评价。

3. 对开展语言活动有信心，树立以幼儿为本、以学定教的观念。

思维导图

- 幼儿园语言教育活动设计与指导
  - 幼儿谈话活动设计与指导
    - 幼儿谈话活动基本认知
    - 幼儿谈话活动的设计与组织
    - 幼儿谈话活动的评价要点
  - 幼儿讲述活动设计与指导
    - 幼儿讲述活动基本认知
    - 幼儿讲述活动的设计与组织
    - 幼儿讲述活动的评价要点
  - 幼儿听说游戏设计与指导
    - 幼儿听说游戏基本认知
    - 幼儿听说游戏的设计与组织
    - 幼儿听说游戏的评价要点
  - 幼儿文学活动设计与指导
    - 幼儿文学活动基本认知
    - 幼儿文学活动的设计与组织
    - 幼儿文学活动的评价要点
  - 幼儿早期阅读设计与指导
    - 幼儿早期阅读基本认知
    - 幼儿早期阅读的设计与组织
    - 幼儿早期阅读的评价要点

学习建议

1. 阅读《幼儿园工作规程》《纲要》《指南》对语言领域的阐述，领会有关幼儿园语言教育活动的相关描述。

2. 查阅幼儿园语言教育活动的方案并观看幼儿园语言教育活动视频，理论联系实践，体会幼儿园语言教育活动设计与指导以及评价的策略。

情景导入

几位老师在教研时，表达了对幼儿园语言教育活动实施的一些困惑。

李老师：“谈话活动不好开展，日常有晨间谈话等谈话环节是不是就行了，有必要开展谈话活动吗？”你认为谈话活动对于幼儿来说是可有可无的活动吗？

王老师：“在学习儿童诗歌的活动中，老师声情并茂地反复朗诵作品，幼儿欣赏和学习朗诵。听课的老师觉得活动过程有点枯燥。”你有什么办法解决这个问题？

任务一　幼儿谈话活动设计与指导

一、幼儿谈话活动基本认知

（一）幼儿谈话活动的内涵

幼儿谈话活动是指教师有目的、有计划地组织幼儿围绕一定话题与人进行交谈，引导幼儿学习交谈规则，培养倾听和轮流说话的教育活动。它是幼儿语言教育活动的一种重要形式，重在培养幼儿口语交谈的兴趣和能力。

（二）幼儿谈话活动的作用

第一，能激发幼儿与他人交谈的兴趣，帮助幼儿习得谈话的基本规则，提高口语交际能力，进而学会人际交往。

第二，增强幼儿通过交流获取信息的意识，促进幼儿日常生活中的信息交流。

第三，引导幼儿关注周围生活，丰富幼儿知识，有利于幼儿认知能力的发展。

第四，能帮助幼儿养成礼貌的语言习惯，建立积极的生活态度和情感，促进幼儿良好同伴关系的建立。

（三）幼儿谈话活动的特征

1. 有一个有趣、明确的中心话题

谈话不同于说话，它需要围绕一个中心话题进行。中心话题给幼儿提供了交谈的范围，主导着幼儿谈话的方向。对话题的要求有以下几点：

微课

第一，话题应有趣、新颖。选择的中心话题应是幼儿感兴趣、想交流、有一定吸引力和新鲜感的话题，这样才能调动幼儿谈话的积极性。

第二，话题应明确具体。话题要明确，不能太空泛，可以选择与主题活动相关的具体话题，也可以选择当下的即时性话题，如天气和季节的变化、节日、当前热点或重点关注事件等。同时，话题要有针对性，如针对刚入园的孩子，可以和他们谈论“幼儿园

的朋友”来帮助他们认识幼儿园，围绕幼儿园的相关话题展开谈话。

第三，话题应是幼儿熟悉的内容。话题必须是幼儿在日常生活中比较熟悉的、喜闻乐见的内容，与幼儿在生活中共同关心的人、物或事件有关。

第四，话题应有教育意义。话题选择要能让幼儿从中获得启发，学到新本领。如“我最喜欢的玩具”可以引导幼儿合理地对待玩具、爱护玩具，学会控制玩玩具的时间，和朋友分享玩具，以及养成收拾玩具的良好习惯等。

2. 拥有丰富的谈话素材

谈话的素材应是幼儿知识经验范围内的内容，是幼儿多次、多方面、多种感官的经验、体验和感受，如从参观、游览、日常生活中的观察、教育活动、游戏、电影或电视中所获得的知识经验都是幼儿的谈话素材。谈话素材积累得越多，谈话的内容便越丰富。

3. 注重多方位的信息交流

谈话活动区别于其他语言活动的最主要的特点，就是更关注幼儿人际交往中的对话语言，侧重幼儿与谈话对象的信息交流和补充，是一个双向或多向交流互动的过程，这也是其他语言活动所无法替代的。具体而言体现在以下三个方面：首先，谈话主体范围比较广。谈话活动主体可以是两个人，也可以是多人。其次，谈话的方式多样。可以是幼儿主动向教师发起交谈，也可以是教师引导幼儿运用新的语言经验进行交流，必要时给予指导和帮助，还可以是幼儿之间自由交谈。最后，交谈的信息量大。幼儿围绕中心话题从各自不同感受、不同角度出发展开谈话，交谈思路呈辐射状，内容可涵盖幼儿生活的方方面面。

4. 拥有宽松自由的谈话氛围

谈话的氛围和语境是宽松自由的，幼儿在谈话活动中可围绕中心话题畅所欲言，不受谈话内容、谈话形式的限制。具体体现在以下两个方面：第一，话题的扩展和见解自由。谈话活动中没有统一的答案和看法，也没有一致的讲述经验和思路，不要求幼儿认识和观点一致，幼儿完全根据自己的意愿、内心感受和个人经验，表达自己的想法。第二，语言表达自由。幼儿在语言使用上不受环境、用语规范的限制。教师不要求幼儿的语言准确无误、完整、连贯，而是侧重于激发幼儿倾听和交流的兴趣，鼓励幼儿大胆交谈、表达，发表见解、意见和看法。只有为幼儿提供充分的交流机会，才能增强幼儿对语言的敏感性，帮助幼儿不断提高表达能力。

5. 教师起间接指导的作用

间接指导指教师以参与者的身份参与谈话，教师和幼儿在谈话中是平等的。具体来说体现在以下三个方面：第一，用逐层深入的启发性提问，引出话题或转换话题，引导思路，把握谈话的方向。第二，在参与谈话的过程中仔细倾听幼儿的谈话，鼓励幼儿大胆表达，当幼儿的谈话脱离中心话题时，适时引导幼儿回归话题。第三，用平行谈话的方式对幼儿做隐性示范，表达自己的经验或感受，暗示幼儿谈话的内容和方式。

二、幼儿谈话活动的设计与组织

（一）幼儿谈话活动的教育目标

知识链接 6-1

幼儿园谈话活动的类型

谈话活动着重培养幼儿运用口头语言与他人交往的意识、情感和能力，其目标指向表现在以下几个方面：第一，学习并发展倾听能力，包括有意识倾听、辨析性倾听与理解性倾听。第二，学会围绕话题充分表达个人见解。第三，注重谈话过程中基本交谈规则的学习。交谈规则包括用适合角色的语言进行交谈；用轮流的方式进行交谈；用修补的方法延续谈话。幼儿谈话活动的目标要求如表 6－1 所示。

表 6－1　幼儿谈话活动的目标要求

目标	情感与态度	技能与能力	认知与习惯
具体要求	1. 形成主动倾听别人谈话的愿望、态度和习惯 2. 认真并有礼貌地倾听他人说话 3. 乐意和同伴、老师及他人用普通话进行交谈 4. 积极与他人交谈，乐意说出自己的意见和感受 5. 主动用适合自己角色的语言交谈	1. 能倾听他人的谈话，并能及时从中捕捉有效的语言信息 2. 能围绕一定的话题谈话，并能不断扩展谈话内容，充分表达个人见解 3. 能在适当的场合主动热情地运用基本的交谈规则与他人进行交谈	1. 知道倾听在谈话中的意义、作用，懂得要认真倾听他人的谈话内容 2. 知道交谈时要围绕话题进行，不跑题，并围绕中心话题不断扩展谈话内容 3. 掌握听说轮换等基本交谈规则，知道须运用这些基本规则进行交谈

（二）幼儿谈话活动的基本步骤

1. 创设谈话情境，引出谈话话题

微课

实施谈话活动的第一步是引出谈话和讨论话题，使幼儿在活动之初就能被吸引到活动中来，做好谈话的准备。该步骤的时间不宜过长，一般为 3 ～ 5 分钟。

具体实施方式有：第一，用直观材料创设谈话情境，比如利用实物、图片、玩具、模型等可视形象的刺激，激发幼儿兴趣和谈话思路。第二，用语言创设谈话情境，比如以提问、实物和语言描述相结合，谜语，故事等方式，唤醒幼儿对谈话主题的回忆，调动相关经验，自然切入话题。第三，用游戏或表演的形式，创设真实、有趣的谈话情境，引起幼儿表达的愿望。

在此过程中教师应注意以下两点：首先，谈话情境要能为幼儿所接受，从幼儿实际的发展水平及谈话需要出发创设情境。其次，创设的情境与谈话话题之间要有关系。避免与谈话内容无关的摆设，避免过于热闹以致喧宾夺主的现象发生。

2. 幼儿围绕话题自由交谈

提出话题后，教师要为幼儿创设一个自由发言、自由交谈的机会，让他们有足够的

时间、空间将自己的体会、想法与他人共享。

在此过程中教师应注意以下四点：

第一，放手让幼儿围绕话题自由交谈。交谈的内容和对象应是自由的，教师应允许幼儿说任何与话题有关的想法。

第二，注意自由交谈中的个别差异。一方面，教师在坚持“交谈对象自由选择”的前提下，可有意将语言能力强的幼儿和语言能力较弱的幼儿安排在一组，注意强弱搭配；另一方面，教师还要鼓励每位幼儿积极参与谈话，真正形成双向或多向的交流，尤其是要重点关注能力较弱幼儿的谈话，为其创造条件，鼓励其多说话，并提醒其他幼儿注意倾听，以增强其自信心。

第三，适当增加幼儿动手操作的机会。在自由交谈的活动过程中，适当开展与话题相关的游戏、绘画、操作等，避免幼儿在谈话过程中一味地倾听和说话，让幼儿既能动口又能动脑、动手，以此增强谈话的趣味性。

第四，要发挥好指导者和参与者的作用。教师应做好巡回观察、指导，注意观察幼儿在谈话中的表现，并以适当方式参与幼儿的谈话。

3. 引导幼儿逐步扩展谈话范围

知识链接 6-2
如何使谈话内容更深入？

在幼儿运用现有的经验充分地交谈后，教师要适时地将幼儿集中起来，以提问或启发的方式帮助幼儿学习新的交谈技能和谈话规则，掌握正确的谈话思路和方法。

扩展谈话内容，即增加新的谈话经验，这既是谈话活动的重点内容和核心，也是谈话活动目标在谈话活动中的具体体现，是幼儿要学习的谈话思路和谈话方式的总和。[①] 增加新的谈话经验，一般思路是：先说对话题对象的描述和基本态度，再说为什么会有这种态度，进而谈谈自己对话题对象的独特感受，以此暗示谈话的思路和线索，帮助幼儿获得新的谈话经验。

三、幼儿谈话活动的评价要点

案例分享 6-1
小班谈话活动：我的爸爸

幼儿谈话活动设计的评价要点：（1）内容定位要把握核心经验，关注幼儿谈话经验和能力的获得。（2）幼儿主体性的参与。目标制定要体现幼儿年龄特点。（3）活动准备要有针对性，活动过程形式多样，要有利于激发幼儿谈话的兴趣。

幼儿谈话活动组织的评价要点：（1）教师要创设良好的谈话情境，采取灵活的教学方式，让幼儿积极参与和有话可讲。（2）教师在谈话过程中有效发挥指导者作用，有效扩展谈话内容。（3）教师在谈话过程中给予幼儿积极的回应和反馈，师幼互动和谐自然。

---

① 颜晓燕．学前儿童语言教育与活动指导．3 版．北京：教育科学出版社，2021：74.

任务二　幼儿讲述活动设计与指导

一、幼儿讲述活动基本认知

（一）幼儿讲述活动的内涵

幼儿讲述活动是指一种有目的、有计划地培养幼儿语言表述能力的教育活动。此活动需为幼儿创设相对正式的口头语言表达情境，使幼儿有机会在众人面前表述自己对某一图片、实物或情境的认识、看法等，以提升幼儿的独立构思和表述技能。这类活动要求鼓励幼儿积极参与命题性质的讲述实践，帮助幼儿逐步获得独立构思和完整连贯地进行表述的语言经验。

（二）幼儿讲述活动的类型

按主要的语言表达方式可将幼儿讲述活动分为四类：第一，叙事性讲述。要求说清楚人物、事件、时间、地点和原因，说明事情发生、发展的先后顺序。第二，描述性讲述。用生动形象的语言，把人物的状态、动作或物体和景物的性质、特征等具体讲述出来。第三，说明性讲述。用简单明了的语言，把事物的形状、特征、功用等解说清楚。第四，议论性讲述。通过摆观点、摆事实来说明自己赞成什么或反对什么。

按凭借物的特点可将幼儿讲述活动分为三类：第一，看图讲述。看图讲述的凭借物是图片、照片、印刷出版的图画，也可以是教师自己构思绘制的图画，或幼儿画的图画。看图讲述是幼儿园最常见、最直接，也是幼儿最易接受的一种方式。第二，情境表演讲述。幼儿在观看童话剧、动画片、视频、木偶或真人表演等的基础上，理解情境表演的内容，根据目标，完整连贯地讲述情境表演的主要情节，生动形象地讲述对话内容、动作和事件等。第三，实物讲述。实物讲述的凭借物是真实、具体的物体，可以是幼儿喜欢的玩具、动植物、常见用品和外在自然景物等。讲述的内容包括实物的颜色、大小、作用等特征。

（三）幼儿讲述活动的特征

1. 有一定的凭借物

微课

凭借物，指讲述活动中教师准备或幼儿参与准备的图片、情景、实物、动画片等。讲述有一定的凭借物，这是幼儿学习讲述的需要，也是讲述活动的独特之处。凭借物是讲述的对象、客体，决定了讲述的内容范围和指向，起着重要的作用。

不同的年龄班对凭借物的选择和讲述要求不同，如：小班可以选择实物或简单的图片，让幼儿清楚完整地描述其主要特征；中、大班可以选择实物、图片、情景等，要求幼儿充分讲述，或创造性讲述，比如讲述人物心理状态、对话、内在动机等。

2. 有相对正式的语境

不同于其他种类的语言活动，讲述活动为幼儿创设的是一种学习和运用相对正式的口头语言的场合。相对正式的语境体现在以下两个方面：第一，语言规范。要求幼儿根据讲述的凭借物，经过比较完善的构思，完整、连贯、清楚地表达一段话。即在讲述活动中，幼儿不能像在谈话活动中那样自由地交谈，而要慎重思考，讲述不能有很大的随意性，要以凭借物和题目为中心，用词正确、搭配恰当，表达有条理、合乎语言规则。第二，语言学习环境较为正式。讲述活动是在集体场合运用正式语言风格进行的讲述，一般需要开展专门的教学活动。比如，同样是说与春天有关的内容，幼儿在谈话活动中可以随便谈论，如“我看到小草发芽了”“小草才露出一点点绿的颜色，很嫩，有一点好闻”；而在讲述活动中，幼儿要根据图片内容说“春天来了，冰雪融化了。小草透出了一点点绿色，柳树发出了新芽，春风轻轻地吹过”。

3. 要运用和发展独白语言

独白语言是一种复杂、周密的口头语言表达形式，是幼儿独自构思和表达对某一方面内容的完整认识的活动。它需要幼儿用完整、连贯的语言将内心的感受和体验准确无误地表达出来，并能得到他人的理解。讲述活动是培养、锻炼幼儿独白语言的重要途径，有别于其他各类语言教育活动，有它存在的独特价值。

二、幼儿讲述活动的设计与组织

（一）幼儿讲述活动的教育目标

1. 形成感知、理解讲述对象的能力

在讲述活动中，幼儿不仅要学会表达自己的想法，还要学会按照主题要求去构思和说话，这就需要幼儿积极地感知、理解“要求说”的内容——凭借物。

2. 养成在集体场合自然大方地讲话的素质和能力

第一，勇于在许多人面前说出自己的想法。第二，乐于跟别人分享自己的观点，积极地说话。第三，在集体面前说话不忸怩作态、不脸红害羞、不胆怯退缩。第四，能用大于平时讲话的音量和正常的语调、节奏在集体场合说话。[①]

3. 形成独立构思与清楚完整地进行表述的意识和能力

第一，使用规范语言进行讲述。幼儿在语言学习过程中，会出现语音、词汇方面的错误，教师需要引导幼儿不断纠正错误，提高其正确使用语言的水平。第二，做到讲述有中心、有顺序、有重点。讲述有中心，要求幼儿敏锐地察觉说话范围，在讲述时不跑题，不说与中心内容无关的事；讲述有顺序，要求幼儿按照一定的逻辑组织和表达自己的口头语言，增强说话的清晰度、条理性；讲述有重点，要求幼儿抓住事件或物体的主要特征，传达最重要的信息，而不是讲话时漫无目的。

4. 增强应对不同场合的语言调节技能

第一，增强对听者特征的敏感性。讲述活动要求幼儿说话与交流要有共同指向的内容，从而促使幼儿关注别人的讲述内容以及自己所说的与别人所说的内容之间的关系，

---

① 颜晓燕. 学前儿童语言教育与活动指导. 3 版. 北京：教育科学出版社，2021：92.

努力使自己所说的内容引起听众的兴趣，并为他们所理解。第二，增强对语境变化的敏感性。讲述活动要求幼儿使用不同于其他场合的语言进行交流。即使在讲述活动范围内，每一次给幼儿提供的语言环境也不尽相同，这就要求幼儿敏锐地感知语境的变化。幼儿在讲述过程中，要逐步发展自己对语境变化的敏感性。第三，增强对听者反馈的敏感性。幼儿需要学习根据听者的反馈，及时调整自己说话的内容和方式。掌握这一技能，需要幼儿具备两方面的能力：一是及时发现听者信号的能力；二是根据听者反馈的信息，对所说内容进行修正的能力。[①]

幼儿讲述活动的目标要求如表 6－2 所示。

表 6－2　幼儿讲述活动的目标要求

目标	情感与态度	技能与能力	认知与习惯
具体要求	1. 愿意运用各种感官感知讲述内容 2. 能认真、有礼貌地倾听他人说话，乐意说出自己的想法或做出相应的反应	1. 能正确说出讲述内容的主要特征或事件 2. 能主动地在集体面前完整讲述且声音响亮 3. 能连贯、流畅地讲述，且用词准确	1. 正确地感知并理解讲述的对象和内容，有选择地讲述实物、图片和情境等，突出讲述的主话题 2. 学会倾听别人的讲述，能发现其异同，并从中学习好的讲述方法

（二）幼儿讲述活动的基本步骤

1. 感知和理解讲述对象

感知和理解讲述对象，是幼儿讲述的基础。教师要充分调动幼儿的多种感官，增强幼儿对讲述对象的理解和认识。无论是看图讲述、实物讲述还是情境表演讲述，都要从引导幼儿观察入手，帮助幼儿学习观察图片、实物和情境的顺序和方法，理解需要讲述的内容。

微课

在具体选择以什么方式进行感知时，应考虑以下几点：（1）依据讲述类型的特点感知和理解讲述对象。如叙事性讲述重在感知和理解事件发生的过程以及人物在其中的作用；描述性讲述重在感知人或事物的状态、特征等。（2）依据凭借物的特点感知和理解讲述对象。讲述活动中的凭借物是多样的，教师在指导幼儿感知和理解讲述对象时，应抓住不同凭借物的特点。（3）依据具体的活动要求感知和理解讲述对象。每次活动的目标是不一样的，有时要求幼儿有中心、有重点地讲，有时要求幼儿有顺序地讲。教师要根据具体活动的要求，指导幼儿观察，以便为讲述打好基础。

2. 运用已有经验讲述

在幼儿初步理解讲述内容之后，教师要给予幼儿运用已有语言经验充分表达的机会，让幼儿充分发挥自主性，大胆说出自己的见解；可以灵活运用集体、个别、小组等不同的讲述形式，提高幼儿参与讲述活动的积极性。

在此过程中，教师需要注意三点：（1）在幼儿自由讲述前，教师要交代清楚讲述要求，提醒幼儿紧密围绕感知和理解的对象进行讲述。（2）在幼儿自由讲述的过程中，

---

① 周兢，余珍有．幼儿园语言教育．北京：人民教育出版社，2004：130-132.

教师要注意倾听、了解幼儿的讲述情况，发现幼儿讲述中的闪光点以及存在的问题。（3）不要过多指点幼儿讲述，可以通过插话、简单提问等方式引导幼儿讲述。

3. 引进新的讲述经验

新的讲述经验是讲述活动的重点，主要是指讲述思路、讲述方式和讲述内容的丰富。教师要在幼儿自由讲述的基础上给予指导，明确讲述的基本要素，如时间、地点、人物、事件、结果等。教师引进新的讲述经验的方式有以下三种：（1）示范新的讲述经验。教师在幼儿讲述的基础上，提出一种新的讲述思路，就同一讲述对象发表个人见解。注意，教师只是示范一种讲述思路，绝不是提供幼儿复述的模板。（2）通过提示引进新的讲述经验。教师可用提问、插话的方法启发幼儿生成新的讲述思路，丰富讲述经验。注意，教师只给予必要提示即可，避免过多干扰打击幼儿讲述的兴趣和积极性。（3）与幼儿一起讨论新的讲述思路。教师从分析某一位幼儿的讲述内容或思路入手，引发幼儿讨论，和幼儿一起分析、归纳、梳理，形成和积累新的讲述思路。

在这一环节，教师要注意以下几点：（1）教师要面向全体幼儿。（2）指导和评价幼儿说话要有根据、具体，不要泛泛而谈。（3）注意帮助幼儿理解和运用新词，引导幼儿使用规范语言，增强讲述的连贯性。

4. 巩固和迁移新的讲述经验

在讲述活动中，只引进新的讲述经验是不够的，还需要提供幼儿实际操练新经验的机会。巩固和迁移新的讲述经验的具体做法有以下三种：（1）由 A 到 B。当幼儿学习了一种新的讲述经验后，教师立即提供同类内容，让幼儿用讲 A 的思路去讲 B。（2）由 A 到 A。教师在示范新的讲述经验并帮助幼儿厘清思路后，让幼儿尝试用新的讲述方法来讲同一件事、同一内容。（3）由 A 到 A^+。教师在原有讲述内容的基础上，提供扩展或延伸原内容的讲述机会。

案例分享 6-2

中班排图讲述：西瓜船

三、幼儿讲述活动的评价要点

幼儿讲述活动设计的评价要点：（1）内容定位要把握核心经验。（2）目标制定要体现幼儿的年龄特点。（3）活动准备要有针对性。

幼儿讲述活动组织的评价要点：（1）做好经验铺垫，让幼儿有话可讲。（2）活动过程要循序渐进。

任务三 幼儿听说游戏设计与指导

一、幼儿听说游戏基本认知

（一）幼儿听说游戏的内涵

幼儿听说游戏是指将语言元素纳入游戏中，通过事先制定的游戏规则，使幼儿自始至终保持极高的兴趣，并在遵守规则的前提下组织幼儿进行倾听与表达的语言教学游戏。该活动的特殊之处在于，它是教师有计划地组织的专门指向幼儿语言游戏经验学习的集体教学活动，其中包含较多的规则游戏的成分，能较好地吸引幼儿参与，使幼儿在积极愉快的活动中自然而然地完成语言学习任务。

（二）幼儿听说游戏的类型

1. 语音练习的游戏

游戏目的是练习正确发音，提高幼儿的辨音能力。教师着重为幼儿提供发音练习的机会，以复习和巩固发音，主要针对幼儿语音学习的四种需要，即难发音的练习、方言干扰音的练习、声调的练习、发声用气的练习来组织活动。小班语音训练的重点应为听力和发音练习；中、大班要注重语音修养方面的培养，如清楚地吐字、调节声音的强弱等。

2. 词汇练习的游戏

游戏目的是丰富幼儿的词汇，让幼儿学会正确运用词法。教师引导幼儿练习使用不同词类，如名词、动词、代词、量词，认识和使用同义词、反义词等词汇，积累同类词的组词经验和不同类词的搭配经验。

3. 句型和句法练习的游戏

游戏目的是帮助幼儿积累句型，按照语法规则组词成句，并尝试运用各种句型。教师有意识地帮助幼儿通过专门的学习，迅速把握某一种句法的特点和规律，并能熟练使用。

4. 表达能力练习的游戏

游戏目的是训练幼儿用比较连贯的语言，具体形象地描述事物，提高口语表达能力。它要求幼儿语言表达完整、连贯，具有一定的描述能力。这类游戏主要在大班进行。

微课

（三）幼儿听说游戏的特征

1. 语言教育目标内隐于游戏中

每个听说游戏中都包含着对幼儿语言学习的具体要求。教师根据幼儿语言发展水平和语言学习任务提出语言教育目标，并将这些教育目标分解，融入听说游戏活动的内容和过程中。同时，听说游戏中的语言教育目标有其自身的特殊性，表现在以下三个方面：

（1）目标具体，且浅显易懂，不能笼统或过难。

（2）目标具有练习性。教师设置游戏的目的在于提供幼儿易接受且适合近阶段幼儿语言学习重点的练习方式，让幼儿在游戏过程中不断巩固、掌握和内化学习内容，进而提高语言能力。

（3）目标含蓄。听说游戏将目标贯穿在游戏活动中，让幼儿边玩边说，不知不觉地完成学习任务，达到活动要求，这是听说游戏特有的优势。

2. 游戏规则中隐含着语言学习的重点

教师根据具体的语言教育目标和适当的语言学习内容，将语言学习的重点转化为一定的游戏规则。游戏规则可以是竞赛性质的，也可以是非竞赛性质的。幼儿参与听说游戏时，必须遵守游戏规则，按照规则进行游戏，这样就能自然而然地掌握语言学习的重点内容，达到良好的学习效果。

3. 在活动中逐步增加游戏的成分

听说游戏兼有活动和游戏的双重性质，并有明确的学习任务。听说游戏以活动的方式进行，最后以游戏的方式结束，在活动中逐步增加游戏的成分。具体体现在以下三个方面：

（1）教师主导作用慢慢减少。

（2）游戏由真实情境向假想情境转换。

（3）幼儿的参与动机由外部动机向内部动机转换。

二、幼儿听说游戏的设计与组织

（一）幼儿听说游戏的教育目标

（1）按一定规则进行口语表达练习，幼儿掌握了游戏规则便意味着掌握了语言规则。

（2）提高积极倾听的水平。倾听是幼儿获取知识的前提，也是幼儿提高口语表达能力的重要手段。幼儿在进行听说游戏的过程中，需要听懂教师的讲解，理解游戏的规则和要求，听懂游戏指令，明白游戏情境中传达的各种信息，以及准确把握和传递有细微区别的信息，提高倾听的精确程度。

（3）提高语言交往的机智性和灵活性，即增强幼儿语言反应的敏捷性。幼儿在听说游戏中，需要迅速领悟游戏规则，调动个人已有的语言经验，迅速反馈信息，以符合规则的方式进行表达，由此可以较好地培养快速应答的能力，促进语言交往中的语言能力和素质的发展。

幼儿听说游戏的目标要求和不同年龄阶段幼儿听说游戏经验的关键指标分别如表 6－3、表 6－4 所示。

表 6－3 幼儿听说游戏的目标要求

目标	情感与态度	技能与能力	认知与习惯
具体要求	对听说游戏感兴趣，能积极自主地参与听说游戏活动，提高在交往中运用语言的积极性	听懂并理解听说游戏的规则，尝试按一定的规则进行口语表达练习，并不断提高积极倾听的水平	在游戏中不断提高倾听的精确程度和语言交往中的机智性及灵活性

表 6－4 不同年龄阶段幼儿听说游戏经验的关键指标

年龄段	听说游戏经验的关键指标
3～4 岁	愿意并能够玩一些语音、词汇游戏，能从中获得快乐； 在游戏中能够根据规则使用语言
4～5 岁	能够主动发现在日常交往过程中使用语言的乐趣； 能够较好地理解语言游戏规则，并能够在游戏中遵守规则； 能够尝试运用游戏规则创新游戏内容
5～6 岁	愿意听笑话、谜语等，并尝试创编笑话； 能够完整理解并快速运用游戏规则

（二）幼儿听说游戏的基本步骤

1. 创设游戏情境，激发幼儿参与游戏的兴趣

第一，用物品创设游戏情境。教师可以使用一些与活动有关的玩具或者日用品等，布置游戏环境。第二，用动作创设游戏情境。利用动作表演，让幼儿想象出游戏的角色或者游戏场所，进而营造游戏的氛围。第三，用语言创设游戏情境。教师用语言直接描述或指出游戏中的角色及其所处的环境。

微课

2. 教师讲解游戏玩法及规则

教师通过语言解释和动作示范相结合的形式，向幼儿交代游戏规则。在这一环节，教师应注意以下三点：（1）用简洁明了的语言讲解。切忌啰唆，以免幼儿抓不住要领，不能及时领悟和理解游戏规则。（2）重点讲清楚听说游戏的规则要点和开展顺序。规则要点一般都是游戏中幼儿要按照规范说出的话，让幼儿基本明白说什么和怎样说，以便他们能在参与游戏时付诸实施。同时要让幼儿清楚游戏开展顺序，知道先做什么、后做什么、什么角色做什么。（3）放慢语速进行讲解和示范。尤其是针对游戏规则回答幼儿的提问或说示范语言时，语速要稍慢一些。

3. 教师带领幼儿游戏

在幼儿初步理解游戏规则的基础上，教师可担任主角或重要角色带领幼儿开展游戏。可以让一部分幼儿先参与游戏，其余幼儿观察熟悉，再轮换，待掌握游戏规则后，全体幼儿一起参与；也可以让全体幼儿分步骤地参与游戏过程，一步步分化游戏的难点，使幼儿更好地体会、理解游戏规则。

4. 幼儿自主游戏

在幼儿自主游戏阶段，教师可以放手让幼儿自己开展活动。教师担当旁观者的角色，观察幼儿，注意对个别不熟悉规则的幼儿进行及时引导和鼓励，解决游戏中可能出现的矛盾，如角色分配不当、更换游戏伙伴等；注意在体态语言上保持激情，充分调动幼儿参与活动的积极性，以顺利完成听说游戏的语言教育任务。

三、幼儿听说游戏的评价要点

幼儿听说游戏设计的评价要点：（1）内容选择要切合幼儿特点和需要。（2）语言教育目标应具体、富有练习性。（3）材料准备须考虑材料的有效性。

幼儿听说游戏组织的评价要点：（1）活动过程应富有趣味性，巧妙激发幼儿参与游戏的积极性。（2）游戏规则应清楚、明确，帮助幼儿积累积极的游戏经验。（3）教师角色应灵活转变，体现幼儿的主体性。

案例分享 6-3

大班听说游戏：猜猜他是谁

任务四 幼儿文学活动设计与指导

一、幼儿文学活动基本认知

（一）幼儿文学活动的内涵

幼儿文学活动是指以幼儿文学作品为基本教育内容而设计的语言教育活动。它围绕某一具体的文学作品开展一系列相关的活动，旨在帮助幼儿理解和体验作品生动有趣的情节和主题，学习丰富、形象的文学语言，感受语言的艺术美、情境美和文学美，为幼儿提供全面的语言学习机会。

文学活动为幼儿创设的是文学作品欣赏和学习的情境，要求幼儿在理解文学作品内容的基础上欣赏和学习运用文学语言。文学活动的主要目标是培养幼儿欣赏文学作品的能力，利用文学语言表达想象和生活经验的能力，对文学作品和文学语言的兴趣，对文学作品的情节、主题和语言结构的理解能力，以及在理解文学作品的基础上创造性运用文学语言的能力。

（二）幼儿文学活动的类型

1. 作品欣赏活动

作品欣赏活动包括对故事、诗歌、散文等作品的欣赏，是让幼儿充分感知作品，理解作品意境，受到美的熏陶的活动。它包括听（观）赏作品、理解体验、交流议论、重复欣赏等环节。

2. 作品表现活动

作品表现活动可分为两种：一种是再现性表现，即生动地再现原作的内容，如朗诵、复述等；另一种是创造性表现，即运用其他的艺术形式，如美术、音乐、建构、舞蹈、戏剧等来表达对作品的独特理解。它包括三个步骤：一是复述作品，回忆再现；二是改变形式，探索发现；三是拓展兴趣，转换表现。

3. 作品创作活动

作品创作活动包括诗歌或散文的创编、故事的编构等，在作品创作活动中幼儿不仅可以对作品的表现形式加以大胆创新，更重要的是可以对作品的内容进行变化与再创造，并且运用多元的形式进行展现。其基本步骤包括：设疑想象、尝试创作、分享交流。

微课

（三）幼儿文学活动的特征

1. 围绕文学作品开展学习活动

幼儿文学活动的主要特征之一，就是围绕某一具体的文学作品开展一系列学习活动。文学作品形象生动，包含着丰富而独特的语言信息，表征着幼儿已知及未知的人、事、物，能综合呈现幼儿所需和渴望了解的社会生活现象，学习理解文学作品是文学活动中的首要任务。文学作品是以书面语言的形式呈现的，幼儿需要一个中介来将书面语言转化为口头语言，通过聆听、朗读、欣赏图画、观看动画等方式接收文学作品传递出的信息。因此，任何一个文学活动都必须从文学作品入手，围绕文学作品开展活动，让幼儿理解文学作品中蕴含的丰富有趣的信息。

2. 蕴含审美感染的学习过程

文学活动是通过审美感染的过程来实现人格的塑造的一种有效教学手段。文学活动的目标首先是审美价值的体现，其次是认知和娱乐价值的体现。也就是说，文学活动应该是语言美、形象美、情感美、意境美的感染过程，这也是文学活动与其他类型语言活动的明显区别。

3. 整合多层次的学习内容

第一层次，学习和欣赏作品的美，通过聆听或阅读去初步感知文学作品；第二层次，通过语言和概念去认识文学作品中表现的社会生活内容；第三层次，感知文学作品的艺术结构和语言符号运用的不同方式，进而学以致用，大胆尝试作品的艺术性建构语言方式，进行创造性表达和想象。

4. 创设相互作用的多种学习途径

在文学活动中，教师着重引导幼儿通过多种动手操作和实践体验的形式，积极地与文学作品相互作用，在动手、动口、动脑、动眼、动耳等多种途径的学习中，增进对作品的理解和体会，促进对作品的感受、欣赏和表现能力的发展。

二、幼儿文学活动的设计与组织

（一）幼儿文学活动的教育目标

幼儿文学活动的目标要求如表 6－5 所示。

表 6－5　幼儿文学活动的目标要求

目标	情感与态度	技能与能力	认知与习惯
具体要求	喜欢欣赏不同体裁、不同风格的文学作品；积极参与文学作品的表现性和创造性活动；体验文学作品中蕴含的审美情趣	学会分辨诗歌、散文和故事这三种不同体裁的文学作品；学会倾听、朗诵、讲述文学作品，初步掌握倾听和艺术表达的技能；能运用较恰当的语言、动作、音乐、绘画等形式表达对文学作品的理解；在文学作品原有基础上展开想象，仿编或改编诗歌、散文，续编或完整编构故事	认识文学作品的形象美、情感美、语言美、意境美，丰富与作品相关的社会、认知、语言等方面的知识；理解文学作品的人物形象、情节内容，学习把握作品的主题倾向或情感脉络，明白其中蕴含的道理；初步感知文学作品语言的丰富性和多样性；逐步养成有意识地积累文学语言的习惯，并乐意尝试将其运用于适当场合

从表 6－5 中可以看出，幼儿文学活动教育目标的指向是：让幼儿享受参与文学活动的乐趣，提高幼儿对语言多样性的认识，引导幼儿掌握倾听、朗诵和讲述的技能，发

展幼儿的艺术想象力和审美创造力。

（二）幼儿文学活动的基本步骤

1. 欣赏、感知文学作品

这是任何文学作品的学习都不可或缺的首要环节。教师可以根据作品内容的难易程度，采用不同方式组织教学，引导幼儿初步感知、理解作品的主要情节、人物性格、情感脉络、主题倾向以及语言特色，感受作品所呈现的意境美、形象美、情感美、语言美等，同时帮助幼儿排除在学习中遇到的认知、语言、社会知识方面的障碍。

（1）创设情景导入，引出文学作品。

微课

（2）教师声情并茂地朗诵，带领幼儿充分欣赏和感受作品。教师要注意：感情真挚，语速不宜过快；示范朗诵可以采用教师朗诵和多媒体形式穿插进行。

（3）教具和提问的形式相结合，帮助幼儿进一步感受并理解作品。一般第一遍讲述不用教具或只出示主要角色的教具即可，以免分散幼儿的注意力；第二至第三遍欣赏时可以充分利用教具，结合声像视听、戏剧欣赏等形式，帮助幼儿进一步感受作品。

教师要设计递进式的提问，帮助幼儿理解故事的情节、人物形象和主题倾向或诗歌、散文的内容和表现形式。

在这个过程中，教师要注意以下几点：（1）不过多重复讲述作品，以免使幼儿丧失兴趣。故事类作品篇幅较长，以讲述两遍为宜，诗歌、散文篇幅相对短小，通常以三遍为宜（根据作品的长短和难易程度而定）。（2）每一遍欣赏的侧重点不一样。第一遍完整欣赏，重点是让幼儿感受作品的整体情绪，记住文学作品的名称、角色，初步感知其主要内容、情感基调，对整个内容有个大致印象。第二至第三遍分段欣赏，充分地利用教具，帮助幼儿进一步感受作品，通过提问帮助幼儿排除认知、语言、社会知识等方面的障碍。（3）不强调机械记忆背诵，以减轻幼儿短时记忆负担，让幼儿将更多的注意力放在感知作品内容、欣赏作品的美上。

2. 理解、体验作品，迁移作品经验

在学习和欣赏的基础上，教师要根据作品内容设计相关的活动，帮助幼儿深入理解作品丰富有趣的语言形式和传达的思想感情，体验作品中人物的情感和心理状态。

（1）复述、学诵。

复述可分为全文复述和细节复述。

儿歌或儿童诗的篇幅短小，且整体形象感特别强，幼儿基本上都能全文朗诵。为避免机械记忆，可以灵活采用多样的朗诵形式，如教师大声朗诵、幼儿小声跟诵，分角色朗诵或对答式朗诵等方式，引导幼儿有感情地或有节奏、有韵律感地朗诵，逐步学习运用重音、适宜的语气语调等朗诵技巧来表现作品的情感和内容。

教师要注意：复述前，要激发幼儿的兴趣和愿望，可运用生动的语言启发幼儿，或用有针对性的问题引起幼儿回忆等。复述中，要注意倾听幼儿的讲述，不要轻易打断幼儿的讲述；可根据幼儿能力差异安排不同的复述任务，保证每个幼儿都有复述的机会。

复述后，要有适当评议，以激发幼儿再次复述的兴趣，不断提高复述质量。

（2）表演活动。

表演活动是引导幼儿通过对作品中的对话、表情进行再现来体验作品，它需要幼儿亲自进行表演和想象，用心理解、体会作品。其中较为常见的是故事和诗歌的表演活动。表演活动需要幼儿设身处地地去体会人物的心理和思想，想象人物的动作和表情，允许幼儿有自己的创造性想象和表现。故事表演包括三种类型：整体表演、分段表演、角色表演。

在进行表演活动时，要先确定作品中个体角色的扮演者，群体角色可以由多名幼儿共同担任。教师常以旁白的形式帮助幼儿串联故事情节，通过改变语气、声调和语速来引导幼儿。教师可以先带领幼儿讨论如何用动作表现角色的性格，之后再让幼儿进行练习。表演所用的道具应尽可能简单，不必强调装饰性，最好是班级环境中已有的物品。

（3）美术活动。

美术活动一般是围绕文学作品的重点内容开展的绘画、手工等活动。如文学活动“借你一把伞”中，教师可以让幼儿画一画户外还可以当伞的植物，或者尝试制作表演的道具。通过这样的可操作性活动，让幼儿动手、动口、动脑，切实帮助幼儿将文学作品的经验整合纳入自己的经验，使得幼儿在现实生活中获得的直接经验与在作品中获得的间接经验实现双向迁移。

3. 创造性想象和语言表述

教师进一步创设机会，让幼儿充分展开想象，创造性地运用语言去表达自己的认识，促进幼儿想象力及创造性学习能力的提高。可以采取的方式主要有以下两种：

（1）诗歌和散文仿编。

对于一些有固定格式、多重复结构，且内容表现是幼儿比较熟悉的人或事物关系的诗歌、散文，适宜开展仿编活动。幼儿在欣赏诗歌与散文、理解其内容及结构的基础上，仿照某一首诗歌或某一篇散文的框架，调动个人已有经验进行充分想象，编写出自己的诗歌或散文段落。

教师在指导幼儿仿编活动时要注意以下几点：1）仿编前做好充分准备。幼儿要熟悉和理解原作的内容形式，有一定的知识经验，有一定的想象力和语言表达力。2）仿编活动开始时，引导幼儿对仿编的关键问题进行讨论。3）鼓励幼儿大胆想象与仿编。4）教师适时进行串联和总结。

在此过程中，教师要做好示范者、启发者和总结者。教师可通过示范进一步启发幼儿想象，帮助幼儿将自己的想象纳入一定的语言框架之中；可先借助直观形象的教具（如图片、实物、玩具等）引导幼儿，在活动过程中逐渐减少教具的使用，直到幼儿掌握仿编诗歌与散文的方法。在幼儿仿编出自己的诗歌或散文段落后，教师可引导幼儿将原来的诗歌、散文复述一遍，然后将幼儿仿编的段落加进去，完成仿编活动。不同年龄班仿编诗歌和散文的要求具体如表 6－6 所示。

表 6-6　不同年龄班仿编诗歌和散文的要求

年龄班	要求
小班	换词：在原有内容的基础上换词，通过改换某个词来体现作品画面的变化
中班	换系列词句：通过变换系列词句，使整个画面中出现新的内容
大班	换内容：对原文学作品的结构进行部分变动，也可根据教师提供的想象线索，自己独立完成诗歌和散文的仿编

（2）故事编构。

在帮助幼儿充分感受和理解故事类文学作品的前提下，不断增强幼儿对故事类文学作品内容与形式构成的敏感性，引导幼儿尝试运用语言来编出符合原作品结构和规则的故事。故事编构可以作为文学活动第一课时的最后一个环节，也可作为单独的语言活动。不同年龄班编构故事的要求具体如表 6-7 所示。

表 6-7　不同年龄班编构故事的要求

年龄班	要求
小班	重点是编构故事结局，在理解语言、情节、人物、主题的基础上编构一个新的结局
中班	重点是编构故事的“高潮部分”，即有趣的情节。教师在故事情节推向高潮时停下，让幼儿积极想象，编构出可能出现的发展进程
大班	重点是编构完整的故事，要符合原故事的结构，包括时间、地点、语言、情节、人物和主题等构成要素

案例分享 6-4

大班散文诗欣赏：云彩和风儿

三、幼儿文学活动的评价要点

幼儿文学活动设计的评价要点：（1）熟读文学作品，挖掘作品核心价值。（2）设计要有一定的层次性。

幼儿文学活动组织的评价要点：（1）讲好故事，念好诗歌。（2）关注幼儿文学想象的过程。

任务五　幼儿早期阅读设计与指导

一、幼儿早期阅读基本认知

（一）幼儿早期阅读的内涵

幼儿早期阅读是指有计划、有目的地引导幼儿学习书面语言，增强幼儿对书面语言的敏感性的教育活动。[①] 它通过开展一些与阅读有关的活动，引发幼儿对图书、符号等进行阅读和书写的兴趣，培养幼儿前阅读、前书写和前识字的技能，为进入学龄期后的正式书面语言学习打下良好的基础。《纲要》提出："培养幼儿对生活中常见的简单标记和文字符号的兴趣。利用图书、绘画和其他多种方式，引发幼儿对书籍、阅读和书写的兴趣，培养前阅读和前书写技能。"

知识链接 6-3

幼儿早期阅读的价值

（二）幼儿早期阅读的特征

1. 良好的阅读环境

早期阅读重在帮助幼儿获得阅读经验，因而需要向幼儿提供含有较多阅读信息的教育环境。教师要为幼儿提供丰富的阅读材料、充分的阅读时间以及适宜的阅读空间，让幼儿感受书面语言，潜移默化地获得书面语言的信息。同时，教师还要注意营造宽松、自由的阅读氛围，鼓励和支持幼儿的早期阅读行为，帮助幼儿创造性地使用书面语言符号。自在、有趣、丰富的阅读情境是幼儿早期阅读的需要，也是其区别于进入小学后的正规阅读的主要标志。

微课

2. 适宜、丰富的阅读材料

在阅读活动中，教师为幼儿提供触手可及、生动有趣、图文并茂、有实际意义且具有一定规律的文字阅读材料，能激发幼儿阅读和书写的兴趣，帮助幼儿形成有关书面语言的初步认识。最为典型的阅读材料是图画书，但除此之外，画报、杂志、玩具说明书以及生活中的菜单、电话簿、广告牌等，均可以成为幼儿多样的阅读材料。

3. 整合性的阅读活动

早期阅读不是一种纯粹的学习书面语言的活动，而是书面语言学习与其他方面的学习有效整合的教育活动。这体现在四个方面：一是语言与幼儿认知的整合；二是书面语言与口头语言的整合；三是语言和其他学习内容的整合；四是静态学习与动态学习的整合。

4. 有鲜明的文化和语言背景

在早期阅读中，文化和语言互为影响。早期阅读应当充分考虑幼儿母语的特性及文化特色，帮助幼儿学习母语的文化和语言背景。教师应考虑幼儿的生活经验和理解水平，注意本土文化的融合和转化，让幼儿更好地接触多元文化，感知语言的多样性。

二、幼儿早期阅读的设计与组织

（一）幼儿早期阅读的教育目标

（1）激发幼儿对阅读和书面语言的兴趣：热爱书籍，养成自觉阅读图书的习惯；乐

---

① 周兢，程晓樵．幼儿园语言教育活动设计与组织．北京：人民教育出版社，1996：345．

意观察各种符号，对文字有好奇感和探索的愿望。

（2）初步认识书面语言和口头语言的对应关系：懂得书面语言与口头语言同样重要；懂得书面语言与口头语言都是自我表达的方式。

（3）锻炼基本的早期阅读技能：观察模拟书面语言的技能；预期猜测的技能；自我调适的技能。

幼儿早期阅读的目标要求如表 6－8 所示。

表 6－8　幼儿早期阅读的目标要求

目标	情感与态度	技能与能力	认知与习惯
具体要求	对书面语言感兴趣，热爱书籍、爱护图书，喜欢观察书面语言信息（包括以印刷材料呈现的各种色彩、图形、符号及文字等），对认读汉字有兴趣，对文字有好奇感和探索愿望，能自觉自主参与阅读活动	培养对书面信息的观察模拟、预期猜测、自我调适以及连贯表达的能力，提升前阅读、前书写的技能	认识图书的结构，学习阅读的基本方法，懂得按顺序逐页翻阅图书，养成良好的阅读习惯，初步理解图画符号与语言符号、口头语言与书面语言的对应转换关系

（二）幼儿早期阅读的基本步骤

微课

1. 以有趣的形式导入，引出阅读内容

教师借助幼儿的生活经验，采用有趣的谈话，辅以图片、实物等，富有激情和神秘地引出阅读内容。引出阅读材料有多种方式，可直接出示、选择重点画面出示、选择主要角色出示，也可配合神秘的语言或声音、直观的动作或表演、有趣的歌谣或谜语、好玩的游戏活动等引出阅读内容，激发幼儿阅读的兴趣。注意导入要简短明了，直接有趣。

2. 观察猜测封面，认识图书的名称

这是阅读的前奏，以观察猜测为主。幼儿自主观察，带着问题去感知图书的主题画面——封面，对其中的典型形象、细节符号和文字进行感知和猜想，为图书的逐页阅读和理解、内容的具体展开做好必要准备和铺垫，也为培养幼儿的观察力和猜测能力提供重要时机。因此，教师要善于把握封面信息的聚焦点，依据图书名称的内涵和画面的主要信息进行启发提问，引导幼儿重点观察和猜测封面内容，将画面与书名相结合，将口头语言与书面语言相对应，大胆猜测图书的情节和内容。

3. 自主阅读图书，了解阅读的内容

自主阅读是早期阅读活动必不可少的重要环节。它是在教师提出阅读的要求后，让幼儿自己阅读，教师在旁观察了解，进行个别指导。

教师事先提出具体明确的阅读要求，告知幼儿在阅读中应该做什么、怎么做。这一阅读要求一般是从目标引申而来，从阅读方法、阅读习惯以及阅读理解等方面提出，如用拇指和食指轻轻地翻图书，按页码一页页仔细看；安静地看书，边看边想书中讲了什么、和你的猜想是否一样；看完后，把书放回原处等。

在幼儿自主阅读时，教师要进行全面观察，着重了解幼儿在阅读中的具体表现，如幼儿翻阅图书的方法和习惯，阅读的表情和行为，阅读的兴趣程度、专注程度以及对图书的理解程度等。教师可以根据实际情况与个别幼儿轻声交谈，进行必要的、有针对性的个别指导，但一般不要随意干预。

此环节要注重幼儿自主性和积极性的发挥以及教师阅读指导的适宜性和循序渐进，为后续环节的集体阅读和主题讨论提供指导的依据。

4. 集体分享共读，讨论阅读的主题

集体分享共读，是教师与全班幼儿一起阅读、一起欣赏，分享阅读快乐的环节。教师往往借助大图书或课件，和幼儿一起浏览阅读，边翻阅、边倾听、边讲述，在重点处共同展开讨论和交流，分享有趣的内容和个人体会，共同感受阅读带来的愉悦。此环节能帮助幼儿梳理在自主阅读环节所获得的零散经验，澄清一些模糊和错误的认识，学习正确的阅读方法，从而进一步理解阅读内容，共同感受阅读的乐趣。

在实际组织中，自主阅读环节和集体分享共读环节的先后顺序安排，可根据不同的教学意图和实际情况灵活选择。具体形式及其理念分别为：第一，将幼儿的自主阅读环节安排在集体分享共读的前面，以体现幼儿自主在前、教师指导随后的指导思想。第二，将集体分享共读安排在前，幼儿自主阅读安排在后，以体现先整体感知后细致阅读的指导思想。第三，先集体分享共读部分内容，接着幼儿自主阅读，再进行集体分享共读，或是安排幼儿自主阅读部分内容后再集体分享共读，然后自主阅读等，以体现分段阅读、分步探究的指导思想。不管哪一种形式，教师都需要集中地凸显阅读重点，为阅读目标服务，重在让幼儿享受阅读的乐趣，要避免直接生硬地、说教式地向幼儿输出阅读的内容。

5. 运用多种形式，迁移阅读经验

这是阅读内容延伸扩展环节，一般放到活动后，以分组、个别活动的形式展开。如围绕阅读的主题开展朗读、讲述、扩编、续编、讨论、游戏、表演、美术创作等活动。教师可将阅读主题延伸到其他领域教育、区域活动、游戏活动、日常生活以及家庭生活中，使幼儿的静态阅读与动态阅读相结合、阅读经验与个人生活经验相结合，以此继续迁移、扩展、强化和巩固阅读经验，深化对阅读内容的理解，充分发挥阅读的教育功能。

（三）阅读区活动的组织

1. 创设安全、温馨和舒适的阅读区域

在活动室选择一个相对独立、安静、光线明亮的区域，将其设置为阅读区，利用书橱、书架将阅读区布置成相对独立和半封闭的空间，配以颜色淡雅的窗帘，摆放小书桌、小椅子、小沙发和坐垫等，播放轻音乐，营造温馨舒适、轻松愉悦的环境，吸引幼儿积极参与，让幼儿自由地看书阅读，全身心地享受阅读的愉快过程。

2. 有计划地投放阅读材料，并定期更新

根据各年龄段幼儿的特点有计划地投放阅读材料。小班：投放的同类书数量要多些，先投放认知类图书（如介绍水果、玩具、食品、动植物、交通工具等），再投放内

容简短、单页单幅图的故事类、手工类等图书；中班：先投放故事类图书，再投放诗歌类、寓言类、古诗类以及科普类等图书及画报；大班：先投放国内经典类、科幻类图书，再增加自制类、国外经典类等图书及杂志，以符合幼儿兴趣爱好和认知水平，逐步扩展阅读的范围。阅读材料需定期更新，做好阅读材料的整理和保管工作，为幼儿提供常换常新、有趣多样的阅读材料，培养幼儿良好的阅读习惯。

3. 随时开放阅读区，建立阅读常规，加强活动指导

允许幼儿在自由活动时间内进入阅读区阅读，可随时取放图书、翻阅图书，使阅读区成为幼儿经常光顾、喜欢去的地方，确保幼儿有充分的时间和足够的空间参加阅读区活动。同时要同步建立良好的阅读常规，依据幼儿的需要而定，引导幼儿养成有序入区、安静阅读、轻声交流、爱护图书、轻拿轻放、阅读后归位、及时整理、保持整洁等良好的阅读习惯。另外，教师还需加强区域活动的指导，可通过常规的养成、阅读材料的更新、新书介绍、共享阅读、个别指导、修补图书等形式给予幼儿适时的帮助和引导，充分发挥阅读区的教育功能，促进幼儿自主阅读、自主学习能力的发展。

4. 开展图书自制、图书内容创编讲述和表演活动

教师可在阅读区中组织幼儿开展插页编码、装订图书、绘图自制等活动，促使幼儿对阅读、表演内容和图书绘制进行相互转化和结合，并综合运用图像、线条、色彩、文字、数字等美术符号以及口头和书面语言符号，促进各种阅读符号相互转换能力和幼儿阅读能力的发展；还可组织幼儿根据图书的内容进行创编讲述和表演活动，开展形式多样的阅读活动，不断增强幼儿的阅读兴趣。

三、幼儿早期阅读的评价要点

（一）注意大书和小书的结合使用

从培养幼儿核心经验的角度来说，幼儿在阅读中能够人手一份图画书资料是最好的。不过，大书和 PPT 在集体阅读时可以防止幼儿各翻各的而导致注意力分散，在阅读关键页时，让幼儿集中看大书或 PPT，有助于集中幼儿注意力，对页面进行深入理解。

（二）分清楚“读故事”和“讲故事”

“读故事”是按照图画书原文给幼儿朗读书中的文字，而“讲故事”是根据图画书的文字和图片进行改编，扩充文字内容。在阅读绘本时，这两种形式都很常见，那么怎么区分它们的作用呢？优秀的图画书，其中每一段话、每一个字都是作者或译者经过精心考量后确定的，教师朗读故事，有助于幼儿形成听觉的“书面语言”、图画语言和视觉的“书面语言”（文字）之间的联系，可以帮助和引导幼儿形成和发展书面语言意识，所以，通过“讲故事”的形式帮助幼儿理解图画书内容之后，教师应该尽可能多为幼儿朗读图画书中的文字。

（三）片段读是手段，完整阅读是目的

幼儿早期阅读经验在不同年龄段有不同的发展重点，就阅读技能和策略的关键经验而言，小班幼儿重点在于图书翻阅的技能以及对故事的整体理解，因此，教师宜经常地进行完整阅读，以帮助幼儿形成从封面到封底、从故事开始到故事结束的整体阅读过程；而中、大班幼儿重点在于逐渐获得自我调节阅读的能力，逐渐掌握预测、猜测等阅读策略，此时，片段朗读必不可少。但不管是哪个阶段的幼儿，都要有机会完整阅读图画书。

（四）图画书首先是阅读对象，而非教育工具

在组织阅读活动时，是围绕着图画书展开活动，还是围绕着图画书中蕴含的教育价值来进行活动常使教师感到困惑。其实，学会阅读图书，理解画面信息，准确把握作者意图之后，幼儿才有可能理解作者想要传达的深层含义。学会阅读并能够自主阅读，从阅读中获得知识和精神满足，这才是早期阅读活动的意义。所以，在阅读活动中，应该将图画书定位为阅读对象，围绕图画书展开活动。

案例分享 6-5

小班早期阅读：星星警察

项目小结

幼儿谈话活动是指教师有目的、有计划地组织幼儿围绕一定话题与人进行交谈，引导幼儿学习交谈规则，培养倾听和轮流说话的教育活动。幼儿讲述活动是指一种有目的、有计划地培养幼儿语言表述能力的教育活动。幼儿听说游戏是指将语言元素纳入游戏中，通过事先制定的游戏规则，使幼儿自始至终保持极高的兴趣，并在遵守规则的前提下组织幼儿进行倾听与表达的语言教学游戏。幼儿文学活动是指以幼儿文学作品为基本教育内容而设计的语言教育活动。幼儿早期阅读是有计划、有目的地引导幼儿学习书面语言，增强幼儿对书面语言的敏感性的教育活动。

幼儿园语言教育活动的设计与组织是有一定的步骤和要点的。具体开展时，教师可以根据不同语言教育类型的一般教学组织模式，紧密围绕教育目标，结合实际的教学内容和幼儿的特点进行灵活安排，增强幼儿参与活动的积极性和主动性，让幼儿在适宜的活动中发展语言能力。

同步练习

一、简答题

1. 简述幼儿谈话活动的内涵和特征。
2. 简述幼儿讲述活动的特征。
3. 简述幼儿听说游戏的基本步骤。
4. 简述幼儿文学活动的内涵和特征。
5. 简述幼儿早期阅读的基本步骤。

二、实践题

基于大班幼儿认知特点，分别设计一份幼儿谈话活动、讲述活动、听说游戏、文学活动、早期阅读活动方案，并进行模拟教学。

三、在线测试

模块三

社会教育

项目七

幼儿园社会教育活动概述

学习目标

1. 理解幼儿园社会教育活动的内涵、意义、目标、内容、方法和途径。

2. 能制定合适的幼儿园社会教育活动目标和内容，并运用多种途径和方法开展幼儿园社会教育活动。

3. 重视幼儿园社会教育活动，有针对性地对幼儿进行社会教育，有效促进幼儿社会性的发展。

思维导图

- 幼儿园社会教育活动概述
  - 认识幼儿园社会教育活动
    - 幼儿园社会教育活动的内涵
    - 幼儿园社会教育活动的意义
    - 幼儿社会学习的方式
  - 幼儿园社会教育活动的目标与内容
    - 幼儿园社会教育活动的目标
    - 幼儿园社会教育活动的内容
  - 幼儿园社会教育活动的方法与途径
    - 幼儿园社会教育活动的方法
    - 幼儿园社会教育活动的途径

学习建议

1. 认真研读《纲要》和《指南》中社会领域方面的内容，领会社会领域教育的关键经验和指导要点。

2. 平时积极关注幼儿社会方面的发展情况，总结幼儿社会发展中出现的问题、分析原因并研究如何提升社会领域教育活动的有效性。

情景导入

大一班的林老师和孩子们约定，晨间先入园的孩子可以先去区角玩玩具，听到音乐响起就要收拾好玩具，到运动场开展户外活动和早操。这一天早上，还不到八点，班上孩子还较少，孩子们突然听到音乐声。毛毛说：“收玩具了，要下去运动了。”晴晴说：“不对呀，今天怎么这么早？”明明仔细听后说：“不对不对，这音乐不是收玩具的！”原来是林老师为了准备一节音乐活动在电脑上试听了一段音乐。林老师对孩子们说：“还没到时间，你们继续玩吧。”毛毛小声说：“没到时间，为啥放音乐……”

孩子们为什么会有这些行为表现？如果你是老师，会如何处理？

任务一 认识幼儿园社会教育活动

一、幼儿园社会教育活动的内涵

幼儿进入幼儿园后，要学会在一个新的群体中生活，需要改变原有的与新环境不适宜的习惯，建立并遵守新的规则，这是他们适应社会生活的开始。幼儿园社会教育活动是指在幼儿园以发展幼儿社会性、促进其良好社会性品质的形成为主要目标，以增进社会认知、激发社会情感、培养社会行为技能为主要内容开展的教育活动，其目的是引导幼儿在社会认知、社会情感及社会行为方面协调发展，成为健康、幸福、适应社会的人。

二、幼儿园社会教育活动的意义

（一）促进幼儿社会化，为社会培养合格的公民

幼儿园社会教育活动可以造就具有特定文化特质的人，使幼儿从“自然人”逐渐成长为“合格的社会公民”。社会教育的目标和内容本身就是在特定文化的影响下形成的。社会教育通过引导幼儿了解、体验、感知人文景观、民间艺术、文化精品等，使幼儿感受自己民族文化的魅力，热爱自己民族的文化。

（二）促进幼儿整体发展，为其一生幸福奠定基础

所谓整体发展，是指在发展的内容上包括德、智、体、美、劳等的全面发展，在心理结构上包括认知、情感、意志的整体发展，在时间上是终身的发展。

社会性方面发展得好可避免精神因素引发的身体疾病。相关医学研究表明，心平气和的幼儿比爱生气、烦躁的幼儿免疫力更强，更不易患传染病。幼儿心情紧张可导致腹泻、发烧等，长期精神紧张还可导致幼儿生长发育迟缓等。幼儿如果与同伴和谐相处，愉快的情绪能使其内分泌系统处于平衡状态，全身的各种腺体正常工作，这样有利于幼儿的生长发育。幼儿社会性的健康发展能够使幼儿更好地参加活动，有效促进理智感和美感的发展；自我意识良好、交往能力强的幼儿，更易形成健康、开朗、活泼的性格和正向的价值观，养成良好的社会行为习惯。

社会性发展得较好的幼儿，往往心态积极、情绪稳定、自信心强，比其他幼儿表现得更有毅力，能最大限度地发挥出自己的能力。如在做手工或进行科学探索活动时，他们能较长时间保持专注，遇到困难时，他们也能寻找原因，努力克服困难。

三、幼儿社会学习的方式

微课

（一）模仿

自觉或不自觉地重复他人（榜样）的行为是幼儿社会学习的基本方式之一。幼儿会通过观察、模仿学习他人的行为模式。模仿的行为模式可以是行动类的，也可以是态度类的；模仿的榜样可以是现实生活中的真人，也可以是电视、图书、故事中虚构的形象。

（二）同化

社会学领域的同化，是指个体的态度和行为受周围其他人的影响而逐渐变得与其相似的现象，即所谓的“近朱者赤，近墨者黑”。同化效应是个体在潜移默化中对外部环境的一种不自觉的调适，如周围的人都彬彬有礼，幼儿自然也就会礼貌待人。同化中含有模仿的因素，但更强调的是团体行为和情感态度的感染与熏陶。

（三）强化

在社会学习过程中，幼儿的行为往往会产生不同的结果，并伴随着不同的情感体验，这些结果和体验会对其行为产生一定的影响，即强化作用。幼儿会根据结果和情感体验（强化）的性质来调整自己的行为。一般而言，带来益处和愉快体验的行为会增加，带来坏处和消极体验的行为会减少甚至消失。心理学家班杜拉认为，幼儿社会行为的习得主要通过观察、模仿现实生活中重要人物的行为来完成，任何有机体观察学习的过程都是在个体、环境和行为三者的相互作用下发生的。强化方式有三种：一是直接强化，即对学习者做出的行为反应当场予以正或负的刺激（如自己经常争抢玩具而被同伴孤立）。二是替代强化，指学习者通过观察其他人实施某种行为所得到的结果来决定自己的行为指向（如看到同伴因帮助别人而受到老师的赞赏）。三是自我强化，指幼儿根据社会对其所传递的行为判断标准，结合个人的理解对自己的行为表现进行正或负的强化（如同伴一起游戏时的快乐、做了好事之后的自我满足感和自尊感）。

（四）体验

知识链接 7-1

体验式学习

体验既是一种活动，也是活动的结果。幼儿年龄较小，对他们来说，闻知、听知都不如亲知，只有直接的、极具个人特征的感受和领悟才是无法替代的，而且往往也是深刻的。体验是幼儿重要的学习方式，是认识和态度形成的基础。各领域的学习，尤其是涉及情感态度方面的学习，都是离不开相应的体验的。例如，要使幼儿对学习数学感兴趣，就需要引导他们切实感知和体会到数学在生活、游戏中是有用而且有趣的。

任务二　幼儿园社会教育活动的目标与内容

一、幼儿园社会教育活动的目标

（一）总目标

《纲要》中提出的幼儿园社会教育的总目标，是其他层次社会教育目标的依据和基础。具体如下：

（1）能主动地参与各项活动，有自信心。

（2）乐意与人交往，学习互助、合作和分享，有同情心。

（3）理解并遵守日常生活中基本的社会行为规则。

（4）能努力做好力所能及的事，不怕困难，有初步的责任感。

（5）爱父母长辈、老师和同伴，爱集体、爱家乡、爱祖国。

《指南》从人与人的关系以及人与社会的关系两个维度出发，将幼儿在社会领域的学习与发展目标划分为人际交往和社会适应两个领域，如表 7-1 所示。

表 7-1　幼儿在社会领域的学习与发展目标

领域	子领域	目标	各年龄阶段表现
社会	人际交往	1. 愿意与人交往	具体见《指南》社会领域的相关内容
		2. 能与同伴友好相处	
		3. 具有自尊、自信、自主的表现	
		4. 关心尊重他人	
	社会适应	1. 喜欢并适应群体生活	
		2. 遵守基本的行为规范	
		3. 具有初步的归属感	

（二）阶段目标

幼儿园社会教育活动的年龄阶段目标是总目标在各年龄阶段的具体体现，也是对各年龄段幼儿社会性发展提出的具体要求，不同年龄阶段的目标之间应该是连续的、衔接的。例如，同样是培养幼儿与同伴交往的能力，不同年龄阶段的要求是不一样的。小班只要求幼儿能与同伴友好相处，主动礼貌地问候小朋友；到中班，希望幼儿逐渐喜欢和同伴共同游戏，关心弱小的同伴；大班的目标则是幼儿能够主动地和年幼的同伴共同游戏，体验大带小的快乐，愿意与众多的同伴合作游戏。可见，年龄阶段目标来自社会教育的总目标，是社会教育总目标的具体表现。各年龄阶段幼儿园社会教育目标，具体见《指南》中的社会领域部分。

（三）单元目标

幼儿园社会教育单元目标，包括时间单元目标和内容单元目标。以时间为单位，如按学年、学期、月等划分的，称为时间单元；以内容为单位，如按主题、中心划分的，称为内容单元。两者都把年龄阶段目标落实到具体的单元之中，是对年龄阶段目标的具体化，即多个以时间或以内容为单元的目标相互联系、逐步递进，便构成年龄阶段目标。同时，单元目标为具体社会教育活动目标的制定指明了方向。

（四）活动目标

幼儿园社会教育活动目标最主要的特点是可操作性强，是通过具体的教和学的行为，通过师幼之间及与环境之间的相互作用能得以实现的目标。在制定社会教育活动目标时，可根据《纲要》和《指南》，结合本班幼儿社会性发展的具体特点，将高层次目标准确地转化为低层次目标，制定出适宜的目标，再根据目标选择恰当的教育内容。

二、幼儿园社会教育活动的内容

微课

（一）自我成长

自我成长一般指长大、长成成人的过程，也泛指人走向成熟、摆脱稚嫩的过程。简而言之，就是自身不断变得成熟稳重的过程。《纲要》在社会领域的目标中指出，幼儿能主动地参与各项活动，有自信心，且能努力做好力所能及的事，不怕困难，有初步的责任感。这就体现了幼儿在社会活动过程中的自我成长。自我成长的内容包括：自我认知、自我体验和自我调控。

（二）人际交往

1. 与成人交往

父母的名字、职业及亲子之间的情感（亲子交往）是人际交往教育的最初内容。随着幼儿进入幼儿园，教师的姓名、师生之间的情感（师幼交往）又成了新的教育内容。

2. 与同伴交往

幼儿在家庭中（多子女家庭）以及走出家庭之后所进行的交往主要是与同伴的交往。同伴主要有两种：随机而遇的同龄玩伴、伙伴；幼儿园中同班的伙伴、同一所幼儿园的伙伴。同伴之间由于身心特点相似，更易形成交往的平等性和体验的共鸣性，他们彼此支持，相互模仿学习。因此，同伴的姓名、性别、体貌、爱好、特点，以及与同伴交往的规则和技能都成为幼儿园社会教育活动的内容。需要强调的是，目前多数幼儿（尤其是城市幼儿）的生活环境中缺乏与同伴交往的机会和条件，幼儿与同伴交往的欲望、经验和技能均存在相应的缺失和问题，应引起社会教育的重视。

（三）社会适应

1. 社会规则与行为规范

（1）基本道德准则。知道别人的和集体的东西不能占为己有；能分清是非；能诚实守信；能改正自己的缺点和错误等。

（2）公共规则。如爱护公共财物、遵守公共卫生规则、遵守公共交通规则等。以遵守公共卫生规则为例，如不随地乱扔杂物、不随地吐痰等；以遵守公共交通规则为例，如走人行道、看红绿灯等。

（3）集体规则。如服从集体意见、遵守集体指令、愿为集体服务等。以学校集体规则为例，如保持安静、不影响他人、会同他人合作等。

（4）交往规则。使用礼貌用语；对老师、长辈行鞠躬礼；礼貌待客，礼貌做客；注意倾听他人说话，不无故打断他人说话，会合作和谦让。

2. 社会环境

（1）家庭。家庭地址、通信方式（如电话号码）、家庭用品、家庭一般成员之间的简单关系（如血缘关系）、家庭中一般的行为规则（如相互服务）均可成为社会教育的内容。重点应是激发幼儿热爱、关心父母及祖父母的情感，引发幼儿对家庭最初步的责任感、归属感。

（2）幼儿园。幼儿园是幼儿最早接触的家庭以外的社会环境，这方面的教育可为其将来适应更复杂、更广泛的社会生活奠定基础。与幼儿园相关的社会教育内容包括幼儿园的名称、地址，幼儿园的环境设施，班上的同伴、幼儿园的老师，幼儿园基本的集体生活规则、游戏规则等。

（3）社区与家乡。随着幼儿年龄的增长和生活经验的增加，他们的视野、活动范围已扩展到生活的社区和家乡，如自己生活的居民小区、街道、乡镇、城市等，这时，幼儿身边的行政区划（如城市、县乡、小区、街道等）的名称、主要设施（如道路）、风景名胜、特产等就成了对他们进行社会教育的内容。这方面的教育重点是培养幼儿的认识兴趣，让幼儿关心周围社会，热爱自己的家乡，理解人与环境之间相互依存的关系，培养幼儿爱护、保护环境的意识。需要强调的是，不能随意扩大认识范围，要选择幼儿接触过的、能感知到的内容。

3. 社会文化

社会文化主要包括中国文化与世界多元文化两部分。在中国文化方面，主要是帮助幼儿认识我国的国名、国旗、国歌，以及我国主要民族、人文景观、风景名胜、民间艺术等；在世界多元文化方面，可让幼儿了解主要的世界人文景观，引导幼儿主动接触和了解不同国家（地区）、不同民族的人，感受他们的风俗习惯等。受幼儿生活经验及活动范围的制约，这部分内容只能是提要式的、代表式的，绝不可无限扩展教育内容的含量与细节，以免造成课程超载，加大幼儿学习负担。

任务三 幼儿园社会教育活动的方法与途径

一、幼儿园社会教育活动的方法

微课

（一）一般方法

1. 讲解法

讲解法是指教师以口头语言对社会教育内容进行系统和生动的解释，以使幼儿较系统地理解社会教育的内容和意义，掌握正确的行为准则和方法，同时也便于指导幼儿行为的方法。这是幼儿园社会教育中经常使用的一种方法。

2. 谈话法

谈话法是指在幼儿园社会教育中，教师通过对话的方式对幼儿进行教育的一种方法。教师可以向幼儿提出问题，也可以解答幼儿的问题，不受时间、地点和人物的限制。在课内或课外，对个人或集体，都可以采用谈话法。教师要注意的是，采用这种方法需要幼儿有一定的知识准备。

3. 讨论法

讨论法是指在幼儿园社会教育中，幼儿在教师的指导下就社会性问题、现象互相启发、交换看法以获取知识的一种教育方法。讨论的具体方式主要有成对交换意见、分小组讨论、全班讨论三种。

4. 观察、演示法

观察、演示法是指在幼儿园社会教育中，教师依据社会教育的目标，向幼儿出示实物、图片、直观教具、视频等他们可以感知的材料，使幼儿通过观察获得相应的社会知识、社会情感及社会行为的一种教育方法。教师运用直观手段让幼儿获得的表象，形象清晰、鲜明、生动有趣，使幼儿印象深刻、便于记忆，容易激发幼儿的学习兴趣和积极性。运用典型的直观材料可以使一些抽象的规则或事物变得容易理解。如认识我国的 56 个民族，可用代表各民族形象的布娃娃、图片、幻灯片或画报等向幼儿介绍各民族的服饰、居住情况及不同风格的歌曲和舞蹈，使幼儿对中华民族产生更直观形象的认识。

5. 参观法

参观法是指在社会教育过程中，教师根据一定的教育目标组织幼儿到幼儿园外观察社会现象，让幼儿在对实际事物或现象的观察、思考中获得新的社会知识和社会规范的方法。如参观敬老院、医院、图书馆等。

6. 行为练习法

行为练习法是指在幼儿园社会教育过程中，教师引导幼儿按正确的社会行为规范，通过组织幼儿参加各种活动和交往，受到实际锻炼，以使其形成良好的社会行为习惯的方法。这种方法是形成和巩固幼儿社会行为最有效的方法。幼儿良好的行为习惯、生活习惯，以及与人交往的社交能力，不是靠几次活动和说教就能奏效的，必须经过反复认识和练习，形成自觉行动，使幼儿在不必懂得很多道理的情况下就能自觉地按正确的方法去面对周围世界，在实践中不断适应社会。

幼儿参加行为练习的方式是多种多样的，有教师人为创设情境进行的行为练习，也有教师组织的多种实践活动练习，如各种劳动、社会活动、整理玩具、值日等；还有教师在各种生活情境中组织的幼儿行为练习，如来园和离园的礼貌行为练习、用餐后的卫生行为习惯等。

7. 强化评价法

强化评价法是指教师对幼儿的社会言行给予褒贬判断，促进他们良好社会行为的形成和巩固，抑制不良社会行为的产生和蔓延的一种方法。正面评价有肯定、表扬、鼓励和奖励等；否定评价有批评、惩罚等。教师要注意尊重、信任、理解幼儿。正面评价更能带给幼儿积极的行为反应，否定评价容易给幼儿带来消极的情绪及行为反应。

（二）特殊方法

1. 榜样示范法

榜样示范法是指在幼儿园社会教育中，教师用他人的好思想、好行动和英雄事迹去影响和教育幼儿，以引导幼儿形成良好社会品质的方法。教师、父母特别要注意发挥自身的榜样作用。

微课

2. 角色扮演法

角色扮演法是指教师创设现实生活中的特定情境，让幼儿扮演一定的社会角色，尝试表现与这一角色一致的且符合这一角色规范的社会行为，并在此过程中体验他人的角色，理解他人的感受和处境，体验他人在不同情境下的内心情感，以此掌握自己承担的社会角色所应遵循的社会行为规范和道德要求。

3. 移情训练法

移情又叫感情移入，是指设身处地地站在他人的角度去理解他人的情感、需要及活动。移情训练的方式多种多样，包括讲故事、续编故事、故事情境演示、生活情境体验、开展主题游戏等。

4. 价值澄清法

幼儿在日常生活中通过与周围人和事的接触，逐渐形成较为稳定的待人接物的态度。价值澄清就是让幼儿通过内部心理活动进行价值选择、价值确定，然后付诸外部行动的过程。

价值澄清法具体包括澄清应答法、价值表决法、价值排队法、展示自我法等。使用价值澄清法时强调幼儿价值的建立会经历先产生内部心理活动、内心情感体验，继而进行意志行动这样一个过程，这是一个由内到外思想言行渐趋一致的幼儿主动建构价值的过程。确定价值的过程应该是在教育的影响下引起幼儿内部心理活动矛盾冲突的过程。

知识链接 7-2

价值澄清法的类型

二、幼儿园社会教育活动的途径

微课

（一）随机性社会教育活动

幼儿的日常生活、自由活动、意外突发事件以及其他领域活动中都蕴含着很多社会教育的机会。教师要理解社会学习的渗透性和综合性，避免单一的“社会课”，不能简单地将社会学习当作幼儿获得“社会常识”的过程，而要将其真正看作培养幼儿良好的社会性和个性品质的过程。

1. 在日常生活中融入社会教育

日常生活是教育的载体，蕴含着许多社会教育的内容，其随机性、生成性更易于为幼儿所接受。幼儿时期正是行为习惯养成的关键期，重视和抓住这一时期的社会教育，可起到事半功倍的效果。

2. 在游戏活动中进行社会教育

知识链接 7-3

在其他领域活动中渗透社会教育

游戏是幼儿园最基本的活动形式，也是幼儿最喜欢的活动形式。在游戏中，幼儿的社会交往能力、社会问题的解决能力和角色意识都会得到发展和强化，幼儿会产生安全感和归属感，从而使幼儿的情感得到健康的发展。

（二）专门性社会教育活动

1. 社会领域的教学活动

受社会领域教育特点的影响，在幼儿园社会教育中，专门性的集体教学活动相对较少。社会领域的教学活动是指教师按照明确的教育目标和内容，有目的、有计划、有组织地对幼儿进行社会教育，循序渐进地引导幼儿获得有益的社会经验的过程。其教学效果更明确，教育更有针对性。例如，有目的地开展国庆节、重阳节、劳动节、教师节等主题活动，让幼儿了解父母和老师的工作，了解祖国的发展变化，激发幼儿爱父母、爱老师、爱劳动人民、爱祖国的情感。教师还可以根据日常生活中反映出来的实际问题（如争抢玩具、攻击小朋友等），开展“做个文明礼貌的好孩子”“我们都是好朋友”等活动，让幼儿了解日常生活和人际交往中应遵守的行为准则，学习礼貌待人，以及互助、合作和分享。

2. 社会领域的区域活动

社会领域的区域活动是指教师在一定时间内设置各种社会性区域，让幼儿根据自己的兴趣和需要选择活动内容和方式的活动。幼儿园班级常设的社会性区域有心情区、反思角等。对幼儿社会性影响较大的区域活动是角色游戏。

（三）通过幼儿园、家庭、社区的合作进行社会教育

幼儿的社会学习是一个漫长的积累过程，需要幼儿园、家庭和社会密切合作，共同促进幼儿良好社会性品质的形成。首先，家长要信任教师，才会接受教师的教育建议和做法。其次，教师要通过各种途径与家长进行有效的沟通，这样不仅可以对幼儿有更好的了

解，而且可以及时地把自己的教育理念传递给家长，帮助家长树立正确的教育观、儿童观。最后，要让家长在教育观念和教育态度上与教师保持一致，这样才能形成教育合力。

社区是幼儿在生活中所接触到的一个重要环境。《纲要》指出，幼儿园要充分利用社会资源，引导幼儿实际感受祖国文化的丰富与优秀，感受家乡的变化和发展，激发幼儿爱家乡、爱祖国的情感。社区中蕴含着丰富的物质资源和文化资源，社区资源的开发和利用，有利于幼儿良好生活习惯的养成，有利于幼儿情感、态度和交往能力的发展。因此，教师要充分挖掘社区教育资源，进一步促进幼儿社会性的发展。

项目小结

幼儿园社会教育活动是指在幼儿园以发展幼儿社会性、促进其良好社会性品质的形成为主要目标，以增进社会认知、激发社会情感、培养社会行为技能为主要内容开展的教育活动，它对促进幼儿社会化和全面发展具有重要意义。幼儿园社会教育活动的目标包括不同的层次，内容分为自我成长、人际交往、社会适应三个部分。要实现幼儿园社会教育的目标，落实幼儿园社会教育的内容，需要借助一定的教育方法和实施途径，教师要学习和运用多种方法及途径开展幼儿园社会教育活动。

同步练习

一、简答题

1. 什么是幼儿园社会教育活动？
2. 简述幼儿园社会教育活动的意义。
3. 分析幼儿园社会教育活动不同层次的目标。
4. 简述幼儿园社会教育活动的内容。
5. 简述幼儿园社会教育活动的方法。
6. 简述幼儿园社会教育活动的途径。

二、实践题

利用见（实）习的机会，观摩幼儿园社会领域某次集中教学活动，思考幼儿教师在本次教学活动中采用了哪些教学方法。

三、在线测试

扫码自测

项目八

幼儿园社会教育活动设计与指导

学习目标

1. 阐述幼儿自我成长活动、幼儿人际交往活动、幼儿社会适应活动的核心目标及设计与指导要点。

2. 能设计并指导幼儿自我成长活动、幼儿人际交往活动、幼儿社会适应活动。

3. 能以学定教，树立正确的幼儿社会性发展观。

思维导图

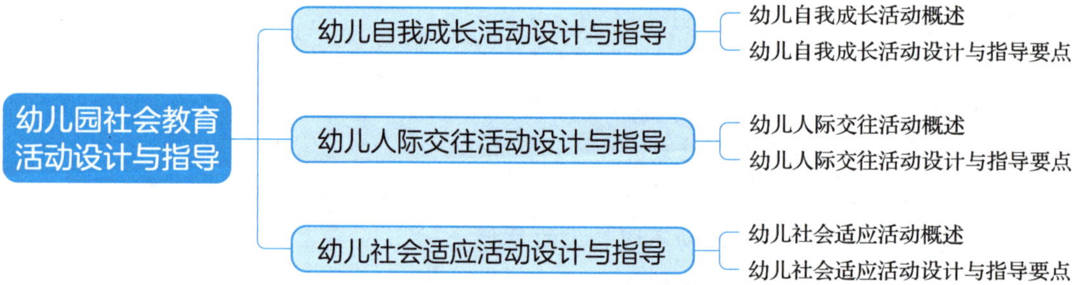

学习建议

1. 根据教学案例，分析幼儿园社会教育活动教案撰写的流程，并在教师指导下尝试撰写幼儿园社会教育活动的教案。

2. 利用见（实）习的机会，了解幼儿园社会教育活动教案撰写及组织实施的特点和要求。

情景导入

一位学前教育专业的学生经过一段时间的学校学习和幼儿园见习，对幼儿园社会教育活动有很多疑惑的地方，如：不清楚幼儿园社会教育活动中的自我成长、人际交往和社会适应这三方面的教学该如何设计，以及社会教育活动该如何组织。

任务一　幼儿自我成长活动设计与指导

一、幼儿自我成长活动概述

（一）幼儿自我成长的体现

《指南》中社会领域人际交往的目标是幼儿“具有自尊、自信、自主的表现”。幼儿自我成长主要体现在以下五个方面：

（1）幼儿在游戏中的主动性得到发展。小班阶段能根据自己的兴趣选择游戏或其他活动；中班阶段能按自己的想法进行游戏或其他活动；大班阶段能主动发起活动或在活动中出主意、想办法。

（2）幼儿对自己的行为结果及优缺点的认识得到发展。小班阶段为自己的好行为或活动成果感到高兴；中班阶段知道自己的一些优点和长处，并对此感到满意；大班阶段做了好事或取得了成功后还想做得更好。

（3）幼儿自理能力得到发展。小班阶段自己能做的事情愿意自己做；中班阶段自己的事情尽量自己做，不愿意依赖别人；大班阶段自己的事情自己做，不会的愿意学。

（4）幼儿任务完成度得到发展。小班阶段喜欢承担一些小任务；中班阶段敢于尝试有一定难度的活动和任务；大班阶段主动承担任务，遇到困难能够坚持而不轻易求助。

（5）幼儿对待意见的态度得到发展。幼儿对待意见的态度，小、中班自己大多不做要求；大班阶段是与别人的看法不同时，敢于坚持自己的意见并说出理由。

（二）幼儿自我成长活动的核心目标

1. 小班

（1）认识自己，知道自己的姓名、年龄、性别；知道自己与别人不同；知道自己与家庭成员的关系。

（2）了解自己的情绪，初步感知成人对自己的关爱；能用语言表达自己的需要和情感；具有初步的自信心。

（3）学会自己选择活动内容，遇到困难、挫折不害怕，会寻求帮助；学会做自己能做的事；初步学会合理表达自己的情绪。

2. 中班

（1）认识到自己与别人的不同；初步学会简单地评价自己和他人的行为。

（2）具有初步的自尊心和责任感；有同情心，愿意为有需要的人提供帮助。

（3）能主动表达自己的想法和感受，具有控制自己情绪和行为的基本能力；遇到困难能努力克服。

3. 大班

微课

（1）能较全面地认识自己的优缺点，勇于承认自己的缺点，并能努力去改变；学会评价自己和他人的行为。

（2）具有一定的自尊心和自信心；具有较强的责任感。

（3）懂得应当向好榜样学习，远离不良行为；能够比较自觉地控制自己的情绪和行为；学会独立解决日常生活中自己能够解决的困难。

幼儿自我成长活动的核心目标举例如表 8－1 所示。

表 8－1　幼儿自我成长活动的核心目标举例

班级	主题	具体目标
小班	我是谁	了解自己的性别、年龄 能观察、区分男孩、女孩的不同，掌握男孩、女孩的外貌特征 树立正确的性别意识
中班	我能专心	知道专心学习才有收获 能集中注意力，专心做好眼前的事 体会专心的重要性，形成专心的习惯
大班	我会整理书包	学习有条理地收拾学习用品，体会自己整理书包的重要性 了解学习用品的名称及作用，知道它们的使用方法 养成自我管理的良好行为习惯

二、幼儿自我成长活动设计与指导要点

（一）关注幼儿的感受，保护其自尊心和自信心

能以平等的态度对待幼儿，使幼儿切实感受到自己被尊重；对幼儿好的行为表现多给予具体、有针对性的肯定和表扬，让幼儿对自己的优点和长处有所认识并感到满足和自豪；不要拿幼儿的不足与其他幼儿的优点做比较。

（二）鼓励幼儿自主决定，独立做事，增强其自尊心和自信心

案例分享 8－1

大班社会活动：让我再试一次

与幼儿有关的事情要征求他的意见，即使他的意见与成人不同，也要认真倾听，接受他的合理要求；在保证安全的情况下，支持幼儿按自己的想法做事或提供必要的条件，帮助他实现自己的想法；幼儿自己的事情尽量放手让他自己做，即使做得不够好，也应鼓励并给予一定的指导，让他在动手动脑的过程中树立自尊和自信；鼓励幼儿尝试有一定难度的任务，并注意调整难度，让他感受到经过努力获得成功的成就感。

任务二　幼儿人际交往活动设计与指导

一、幼儿人际交往活动概述

（一）幼儿人际交往的含义

幼儿人际交往是指幼儿在学习和生活过程中，借助于语言或非语言系统与他人进行沟通与交流的活动过程。幼儿人际交往的形式包括幼儿与成人（父母、教师等）的交往和幼儿与同伴的交往。幼儿人际交往能力具体包括合作、分享、轮流、助人、遵守规则、解决冲突、应付挫折与变化等方面的能力。① 通过与他人的交往，幼儿能够逐步学会合理地表达自己的愿望，理解他人的观点和情绪状态，并适时调节自己的行为；逐渐学会与人友好相处，更好地适应社会生活，实现个体的社会化。

微课

（二）幼儿人际交往活动的核心目标

1. 交往认知的目标

交往认知侧重于幼儿对他人与自己关系的基本认识，主要包括对生活环境中的他人的了解、对自己与他人关系的了解、区分自己与他人的不同等。不同年龄班的交往认知目标如表 8－2 所示。

表 8－2　不同年龄班的交往认知目标

小班	中班	大班
1. 认识幼儿园里的同伴和教师 2. 初步了解自己与他们的关系	1. 知道自己和同伴的不同，了解好朋友的主要兴趣爱好 2. 知道教师与父母的不同	1. 知道自己的班级和小、中班的不同 2. 认识到自己是幼儿园里的哥哥姐姐

2. 交往情感的目标

交往情感强调的是幼儿与他人交往的兴趣、积极性和主动性等，主要指幼儿在与他人交往时表现出来的情感、态度倾向，包括对他人情绪情感的觉察、辨识与表达，了解他人情绪产生的原因。不同年龄班的交往情感目标如表 8－3 所示。

① 祝士媛，唐淑．幼儿教育百科辞典．上海：上海教育出版社，1989：78．

表 8－3　不同年龄班的交往情感目标

小班	中班	大班
1. 觉察与辨识常接触的人的情绪 2. 适当地表达生活环境中他人的情绪 3. 理解常接触的人情绪产生的原因	1. 辨识各种故事和文本中主角的情绪 2. 以表情和肢体动作表达家人、朋友或动物的情绪 3. 理解生活环境中的他人情绪产生的原因	1. 从事件脉络中辨识他人的情绪 2. 适时地用语言或非语言的形式表达生活环境中他人的情绪 3. 理解生活环境中的他人和故事中主要角色的情绪产生的原因

3. 交往技能的目标

交往技能是指幼儿在与他人（主要是家长、教师和同伴）共同生活和活动的过程中表现出的交往技巧、交往礼仪方面的能力。它强调幼儿对人际交往规则的掌握，要求幼儿能够根据他人的需要和行为调整自己的行为。不同年龄班的交往技能目标如表 8－4 所示。

表 8－4　不同年龄班的交往技能目标

小班	中班	大班
1. 想加入同伴的游戏时，能友好地提出请求 2. 在成人指导下，不争抢、不独霸玩具 3. 与同伴发生冲突时，能听从成人的劝解 4. 长辈讲话时能认真听，并能听从长辈的要求	1. 会运用介绍自己、交换玩具等简单技巧加入同伴的游戏 2. 对大家都喜欢的东西能轮流玩、能分享 3. 与同伴发生冲突时能在他人帮助下和平解决 4. 活动时愿意接受同伴的意见和建议 5. 会用礼貌的方式向长辈表达自己的要求和想法	1. 能想办法吸引同伴和自己一起游戏 2. 活动时能与同伴分工合作，遇到困难能一起克服 3. 与同伴发生冲突时能自己协商解决 4. 能接纳、尊重与自己生活方式或习惯不同的人 5. 能有礼貌地与人交往

幼儿人际交往活动的核心目标举例如表 8－5 所示。

表 8－5　幼儿人际交往活动的核心目标举例

班级	主题	具体目标
小班	做懂礼貌的小客人	了解做客的简单礼节 能运用礼貌用语进行交流 养成礼貌的习惯
中班	我能和你一起玩吗	知道主动交往可以获得更多的朋友 学习主动与人交往、参与游戏的方法 体会接纳与被接纳的感受
大班	合作力量大	知道合作的重要性 在游戏过程中探索与同伴合作的方法 乐意与人合作，有集体意识与集体荣誉感

二、幼儿人际交往活动设计与指导要点

（一）为幼儿提供人际交往和共同活动的机会与条件

幼儿与成人、同伴之间的共同生活、交往、探索、游戏等，是其社会学习的重要途径。在幼儿与成人相处方面，成人应主动亲近和关心幼儿，经常和他一起游戏或活动，让幼儿感受到与成人交往的快乐，建立亲密的亲子关系和师生关系；在幼儿与同伴相处方面，应鼓励幼儿参加小朋友的游戏，邀请小朋友到家里玩，感受有朋友一起玩的快乐。幼儿园应多为幼儿提供自由交往和游戏的机会，鼓励他们自主选择、自由结伴开展活动。同时，家长可以利用走亲戚、到朋友家做客或有客人来访的时机，鼓励幼儿与他人接触和交谈。

（二）指导幼儿学习交往的基本规则和技能

交往规则和技能会影响幼儿交往的水平，良好的人际交往离不开恰当的交往规则和适当的交往技能。例如，当幼儿不知怎样加入同伴的游戏，或提出请求不被接受时，建议他拿出玩具邀请大家一起玩，或者扮成某个角色加入同伴的游戏；对幼儿与别人分享玩具、图书等行为给予肯定，让他对自己的表现感到高兴和满足；当幼儿与同伴发生矛盾或冲突时，指导他尝试用协商、交换、轮流玩、合作等方式解决冲突；利用相关的图书、故事，结合幼儿的交往经验，和他讨论什么样的行为受大家欢迎，想要得到别人的接纳应该怎样做；多为幼儿提供需要大家齐心协力才能完成的活动，让幼儿在具体的活动中体会合作的重要性，学习分工合作。

（三）发挥成人的榜样作用

幼儿的人际交往能力和水平会受到成人的影响。成人日常生活中的交往行为、交往态度和交往技能直接影响着幼儿的人际交往能力。例如，成人尊老爱幼、礼让谦卑、关爱弱小等有利于幼儿形成良好的交往行为。

案例分享 8-2

大班社会活动：我会帮助需要帮助的人

（四）让幼儿在交往过程中获得积极的情绪体验

积极的情绪体验主要来自成功交往的经历或被肯定和鼓励的机会。当幼儿通过改变失败的交往策略而成功与同伴交往后，幼儿就会获得积极的经历。当幼儿表现出良好的行为，如尊老爱幼时，成人的积极肯定也能给幼儿带来良好的情绪体验。

任务三　幼儿社会适应活动设计与指导

一、幼儿社会适应活动概述

（一）幼儿社会适应的含义

社会适应指个体逐渐接受社会的道德规范与行为准则，对于环境中的社会刺激能够

在规范允许的范围内做出反应的过程。社会适应对个体有着重要意义。人类可以通过语言、风俗、法律以及社会制度等的掌握，使自己与社会相适应。① 社会适应是幼儿社会学习的主要内容，也是其社会性发展的基本途径。幼儿的社会适应指的是幼儿与社会环节建立起和谐关系的过程。②

（二）幼儿社会适应活动的核心目标

《指南》对幼儿在各年龄段需要达到的社会适应水平有明确的要求，如表 8－6 至表 8－8 所示。幼儿社会适应活动的核心目标举例如表 8－9 所示。

表 8－6　目标 1　喜欢并适应群体生活

3～4 岁	4～5 岁	5～6 岁
1. 对群体活动有兴趣 2. 对幼儿园的生活好奇，喜欢上幼儿园	1. 愿意并主动参加群体活动 2. 愿意与家长一起参加社区的一些群体活动	1. 在群体活动中积极、快乐 2. 对小学生活有好奇和向往

表 8－7　目标 2　遵守基本的行为规范

3～4 岁	4～5 岁	5～6 岁
1. 在提醒下，能遵守游戏和公共场所的规则 2. 知道不经允许不能拿别人的东西，借别人的东西要归还 3. 在成人提醒下，爱护玩具和其他物品	1. 感受规则的意义，并能基本遵守规则 2. 不私自拿不属于自己的东西 3. 知道说谎是不对的 4. 知道接受了的任务要努力完成 5. 在提醒下，能节约粮食、水电等	1. 理解规则的意义，能与同伴协商制定游戏和活动规则 2. 爱惜物品，用别人的东西时也知道爱护 3. 做了错事敢于承认，不说谎 4. 能认真负责地完成自己所接受的任务 5. 爱护身边的环境，注意节约资源

表 8－8　目标 3　具有初步的归属感

3～4 岁	4～5 岁	5～6 岁
1. 知道和自己一起生活的家庭成员及与自己的关系，体会到自己是家庭的一员 2. 能感受到家庭生活的温暖，爱父母，亲近与信赖长辈 3. 能说出自己家所在街道、小区（乡镇、村）的名称 4. 认识国旗，知道国歌	1. 喜欢自己所在的幼儿园和班级，积极参加集体活动 2. 能说出自己家所在地的省、市、县（区）名称，知道当地有代表性的物产或景观 3. 知道自己是中国人 4. 奏国歌、升国旗时能自动站好	1. 愿意为集体做事，为集体的成绩感到高兴 2. 能感受到家乡的发展变化并为此感到高兴 3. 知道自己的民族，知道中国是一个多民族的大家庭，各民族之间要互相尊重、团结友爱 4. 知道国家一些重大成就，爱祖国，为自己是中国人感到自豪

① 卢乐山，等. 中国学前教育百科全书・心理发展卷. 沈阳：沈阳出版社，1995：245.
② 李季湄，冯晓霞.《3～6 岁儿童学习与发展指南》解读. 北京：人民教育出版社，2013.

表 8－9　幼儿社会适应活动的核心目标举例

班级	主题	具体目标
小班	我爱我的幼儿园	熟悉幼儿园环境及本班教师 能与教师、伙伴玩玩具 感受上幼儿园的快乐
中班	我叫轻轻	知道在医院、图书馆、电影院等场合需要保持安静，动作要轻，尽量不妨碍别人 掌握轻轻走路、轻声说话等保持安静的具体办法 养成公众场合保持安静的习惯
大班	物品归类整理好	在观察、比较中懂得物品要摆放整齐 学习制作标志，将班级日常物品、玩具等归类摆放整齐 养成整理日常物品的良好习惯

二、幼儿社会适应活动设计与指导要点

（一）提供群体生活的条件和机会

经常和幼儿一起参加一些群体性的活动，让幼儿体会群体活动的乐趣。如带幼儿参加亲戚、朋友或同事间的聚会以及适合幼儿参加的社区活动等，支持幼儿和不同群体的同伴一起游戏，丰富其群体活动的经验。幼儿园组织活动时，可以打破班级的界限，让幼儿有更多机会参加不同群体的活动。

（二）重视环境的陶冶作用

幼儿的社会性主要是在日常生活和游戏中通过观察和模仿潜移默化地发展起来的。社会领域的教育具有潜移默化的特点。幼儿社会态度和社会情感的培养应渗透在多种活动和一日生活的各个环节之中，要创设一个能使幼儿感受到接纳、关爱和支持的良好环境，避免单一呆板的言语说教。成人应该重视环境对幼儿的陶冶作用，如教育幼儿要诚实守信时，可以采用以下方法：对幼儿诚实守信的行为要及时肯定；允许幼儿犯错误，告诉他改了就好；不要打骂幼儿，以免他因害怕受到惩罚而说谎；年龄小的幼儿经常分不清想象和现实，成人不要误认为他是在说谎；发现幼儿说谎时，要反思是否是自己对幼儿的要求过高、过严造成的，如果是，要及时调整自己的行为，同时要严肃地告诉幼儿说谎是不对的；经常给幼儿分配一些力所能及的任务，要求他完成并及时给予表扬，培养他的责任感和认真负责的态度。

案例分享 8-3

大班社会活动：参观小学

（三）重视榜样的作用

在提升幼儿的社会适应能力时，成人应注重自己言行的榜样作用，避免简单生硬的说教。如答应幼儿的事一定要做到、尊老爱幼、爱护公共环境、节约水电、遵守规则等。

项目小结

幼儿社会教育活动主要包括自我成长活动、人际交往活动、社会适应活动等几种类型，要在掌握这些类型活动的含义、核心目标及设计与指导要点的基础上，设计并指导幼儿自我成长活动、幼儿人际交往活动、幼儿社会适应活动，培养以学定教的意识，树立正确的幼儿社会性发展观。

同步练习

一、简答题

1. 幼儿自我成长活动的设计与指导要点有哪些？
2. 幼儿人际交往活动的设计与指导要点有哪些？
3. 幼儿社会适应活动的设计与指导要点有哪些？

二、实践题

利用见（实）习的机会，观摩幼儿自我成长活动、人际交往活动、社会适应活动这三类社会领域活动，学习幼儿园社会教育活动组织与实施的过程与要求。

三、在线测试

模块四

科学教育

项目九

幼儿园科学教育活动概述

学习目标

1. 阐述幼儿园科学教育活动的内涵与特性，掌握幼儿学习科学的特点。

2. 理解幼儿园科学教育活动的目标与内容，能撰写规范的幼儿园科学教育活动目标。

3. 能阐述和运用幼儿园科学教育的多种方法。

4. 树立幼儿园科学教育的新观念，增强专业认同感。

思维导图

- 幼儿园科学教育活动概述
  - 认识幼儿园科学教育活动
    - 幼儿园科学教育活动的内涵
    - 幼儿园科学教育活动的特性
    - 幼儿学习科学的特点
  - 幼儿园科学教育活动的目标
    - 总目标
    - 阶段目标
    - 活动目标
  - 幼儿园科学教育活动的内容
    - 内容选择的要求
    - 具体内容的范围
  - 幼儿园科学教育活动的方法
    - 观察法
    - 实验法
    - 信息交流法
    - 游戏法
    - 制作法
    - 分类法
    - 测量法
    - 阅读法

学习建议

1. 以教育情境或教学案例为先导，导出理论知识，以利于学生领会理论知识。

2. 阅读《纲要》和《指南》中科学领域的相关内容，撰写读书笔记并与同学分享。

3. 结合实践基地实习，丰富学生的幼儿园科学教育实践经验，并运用理论分析实践问题。

情景导入

几位幼儿正在自然角观察乌龟。一个幼儿问：“乌龟是冬眠的（动物），怎么我家乌龟爬来爬去，都没冬眠呢？”面对幼儿的疑问，几位老师的回答不一样：

A：乌龟是冷血动物，是会冬眠的。

B：你很会发现问题，我们一起来寻找答案吧！

C：你长大以后就知道了，别问那么多。

你赞同哪位老师的回应呢？为什么？幼儿是如何学习科学的？有哪些途径和方法引导幼儿认识小动物呢？

任务一 认识幼儿园科学教育活动

科学不仅仅是人们对客观世界的一种正确认识和知识体系，也是人们探索世界、获取知识的过程，还是一种世界观、一种看待世界的方法和态度。科学的本质在于探究。科学过程的核心是探究方法，科学态度的核心是探究精神，科学知识是科学探究的结果。对于幼儿教师来说，其对科学的认识是影响幼儿科学教育实践的一个基本因素。持有传统科学观的教师强调知识的权威性和正确性，倾向于向幼儿灌输似懂非懂的科学知识。而信奉全面科学观的教师更多关注幼儿的好奇心、科学兴趣的激发和科学探究能力的培养。致力于培养幼儿全面科学素养的科学教育，是幼儿科学教育发展的主要方向。

微课

一、幼儿园科学教育活动的内涵

幼儿园科学教育活动是指幼儿园教师激励、支持和引导幼儿对周围物质世界进行主动探究，以帮助幼儿形成早期科学素养的活动。由于幼儿处于人生的最初阶段，身心发展远未成熟和完善，因此幼儿园科学教育是科学启蒙教育，是幼儿获取早期科学素养的过程。其中，科学情感态度是科学素养的核心内容，对幼儿来说，就是要对科学富有好奇心、乐于探究、勤于思考、敢于质疑和发问，能与同伴合作，热爱大自然，有初步的环保意识，等等。因此，成人要善于发现和保护幼儿的好奇心，充分利用自然和实际生活机会，引导幼儿通过观察、比较、操作、实验等方法，学习发现问题、分析问题和解决问题；帮助幼儿不断积累经验，并运用于新的学习活动，形成受益终身的学习态度和能力。

知识链接 9-1

幼儿科学教育的意义

二、幼儿园科学教育活动的特性

案例分享 9-1

大班科学活动：植物的家

（一）目标的全面性

幼儿园科学教育活动的目标，应涵盖幼儿科学发展的各个领域，即包括科学情感态度、科学能力方法及科学知识经验等全面性目标。《纲要》《指南》的科学领域目标均包括这几个方面。在制定具体活动目标时应尽可能全面。

（二）内容的生活化

幼儿园科学教育要贴近幼儿的实际生活，在幼儿生活中生成有价值的科学内容，并用于指导生活。《纲要》关于科学教育的内容与要求中，提到了如“身边常见事物和现象”“从生活或媒体中幼儿熟悉的科技成果入手”“从身边的小事入手”等，这是幼儿园科学教育内容生活化要求的具体体现。幼儿生活中经常接触到的事物蕴含着丰富的科学现象和深奥的科学道理，教师应善于在幼儿生活中发现其兴趣点与关注点，有意识地加以支持、随机引导，扩展、生成一系列活动，使幼儿不断深入探索，提高他们的科学探究能力。如幼儿发现手上有油，用水洗是洗不干净的，教师便组织了“油和水”的实验活动，引导幼儿认识油和水的不同性质。

（三）过程的探究性

探究是幼儿园科学教育的核心，幼儿是通过自己“做”而不是“听”来学习科学的。真正的主动探究和学习，应是幼儿积极主动地与客观事物相互作用，作用的结果不断强化或调整幼儿对客观事物原有认识的过程。幼儿科学探究过程一般会经历以下几个环节：确定探究的主题，提出问题；推测（猜想）与讨论；进行实验和观测；处理信息和数据，并把它们转换成证据；表达和交流，幼儿学习表达自己和倾听别人，提升自己的经验。

（四）形式的多样性

幼儿园科学教育组织方式的多样性和灵活性也是幼儿主动探究和学习的重要条件。除了集体探究活动外，幼儿园科学教育还应注重幼儿自发的个别探究和小组探究活动，集体探究活动也应是在此基础上扩展和生成的；还要围绕生活中的科学现象引导幼儿进行观察与探究，如各种各样的餐具和家用电器、有趣的洗涤用品、好玩的电动玩具等，让科学活动回归生活，让幼儿感受生活中的科学魅力。因此，幼儿园科学教育途径多样，应包括教学、区域及一日生活中的科学教育等。

另外，幼儿园科学教育活动地点可以是幼儿园内的活动室、图书馆、科学发现室、操作间，也可以拓展到社区、大自然等。要引导幼儿到大自然、社会更广泛的空间中发现问题、解决问题。科学的知识、科学的原理、科学的奥妙、科学的魅力，其真正源泉不是书本，而是大自然本身。教师要把科学教育渗透到幼儿一日生活中，随时支持幼儿个人或小组发起的探究活动，挖掘每个幼儿的探究活动的独特价值，使每个幼儿在每一次探究活动中都有所发现，获得成功的体验。

（五）评价的多元性

要从多方面评价幼儿，真诚接纳和尊重幼儿之间的差异。教师应采用多元评价标准，避免过于注重单一科学知识、科学技能的获得，应把幼儿的学习品质如学习兴趣、情感体验、学习方式等纳入评价内容。对于幼儿在探究过程中的动手动脑、积极参与、大胆猜想、不怕困难和不断尝试的精神，以及探究中的发现，教师都应给予及时的肯定、鼓励和赞扬，从而增强幼儿进一步探究的兴趣与动机。无论幼儿的想法是否正确，教师都要真诚地接纳和认可，不要把自己的想法在幼儿没有相关经验时强加给他们。教师要善于挖掘每一个幼儿的探究活动的价值，尤其对那些表面上看探究失败了的幼儿，教师更要给予支持和鼓励，要培养他们乐于探究和从不同角度看问题的态度和品质。尽可能少做横向比较，更多评价他们在原有水平上的发展和进步。

三、幼儿学习科学的特点

（一）在生活中学，以直接经验为基础

微课

幼儿具有好奇、好问、好探究的特点，有着与生俱来的好奇心和探究欲，喜欢亲近大自然，对新奇、不熟悉、不理解或不协调的事物或现象都会表现出一种特别的注意和趋向。幼儿的好奇、好问还表现在经常对自己看到和接触到的事物和现象提出疑问，如“小草为什么发芽”“为什么会下雨”等有关自然界的问题。幼儿最初关心的往往是与自然环境有关的问题，这些都是基本的科学问题，也是幼儿生活中遇到的问题，解决这些问题有助于满足他们的好奇心和求知欲，丰富幼儿的生活经验。

（二）做中学、玩中学，在游戏和日常生活中探究

幼儿是天生的“小科学家”，幼儿的探究与科学家的探究有许多令人惊讶的相似之处。之所以说幼儿像科学家，是因为和科学家联系在一起的许多特质，如好奇心、假设、实验、创造性、理论的建构与合作等，同样是幼儿所具备的特点。幼儿自出生之日起就开始了对周围环境的探索和认识，他们对周围环境的认识简约地重演了人类的认识过程。幼儿爱探究，探究既是幼儿科学学习的目标，又是幼儿科学学习的方式。幼儿通过直接经验来认识事物，即通过“做”来学习科学，他们边做边玩，探究方式具有试误性。3～6岁幼儿的思维主要处于直觉行动期与具体形象期，他们对物质世界的认识必须以具体事物和材料为中介和桥梁。幼儿的年龄特点决定了幼儿主要是通过动手操作或者形象化的方式来认识事物。《指南》强调，幼儿的思维特点是以具体形象思维为主，应注重引导幼儿通过直接感知、亲身体验和实际操作进行科学学习，不应为追求知识和技能的掌握，对幼儿进行灌输和强化训练。

案例分享 9-2

人是怎么来的呢

（三）获得的是广泛的科学经验，是对周围世界的独特认识

思维发展水平的局限使“幼儿的科学”带有较强的主观色彩，幼儿总是用“独特的眼光”来看待事物及其关系，幼儿用原有经验解释

事物，获得的知识经验具有表面性、主观性和泛灵性，是对客观世界的独特认识。虽然幼儿的科学认识往往停留在表面，不够客观甚至远离科学事实，但其中包含的幻想、想象和创造，正是我们所追求的可贵的创造性。

任务二 幼儿园科学教育活动的目标

在制定幼儿园科学教育活动的目标时，不仅要考虑社会发展对幼儿的要求，也要考虑幼儿发展的一般规律和年龄特点，还要体现自然科学的学科特点。

一、总目标

幼儿园科学教育总目标原则性地指出了在幼儿阶段进行科学教育的范围和方向，是幼儿园科学教育所期望的最终结果。《纲要》具体规定了幼儿科学领域教育的总目标：（1）对周围的事物、现象感兴趣，有好奇心和求知欲；（2）能运用各种感官，动手动脑，探究问题；（3）能用适当的方式表达、交流探索的过程和结果；（4）能从生活和游戏中感受事物的数量关系并体验到数学的重要和有趣；（5）爱护动植物，关心周围环境，亲近大自然，珍惜自然资源，有初步的环保意识。

幼儿科学领域教育总目标高度概括，内容全面，均是从幼儿角度来制定的。其中第1点和第5点是科学情感态度目标；第2点和第3点是科学能力方法目标，第4点是关于数学教育的目标。科学领域总目标凸显科学情感态度目标，强调科学能力方法目标，科学知识经验目标蕴含在其中，体现了使幼儿获得乐学、会学、会用等有益于幼儿终身学习的品质和促进幼儿可持续发展的价值取向。

（一）科学情感态度目标

科学情感态度目标在幼儿园科学教育中占有重要地位。好学、乐学是幼儿园科学教育目标的首要要求和核心内容。

1. 对周围事物、现象感兴趣，有好奇心和求知欲

幼儿的好奇心常常表现为对新异刺激的注意、趋向、疑问、操作、摆弄等行为倾向。正如爱因斯坦所说，“我没有特殊的天赋，我只有强烈的好奇心”。好奇心是学习科学的内在动机，它能激发我们探索的欲望；好奇心是问题的来源，它能使我们发现别人没有发现的问题。幼儿最初的科学兴趣就是对新奇事物的好奇，但这种好奇是表面的、不稳定的、容易波动的。培养幼儿科学兴趣的目标，就是使幼儿从对事物外在的、表面的兴趣，发展为对科学活动过程内在的、稳定的、持久的兴趣。因此，幼儿园科学教育应着眼于幼儿一生的学习与可持续发展，注重培养幼儿内在的学习兴趣和积极情感。此外，幼儿园科学教育还要注重培养幼儿客观、质疑、创新、严谨、坚持、合作等科学精神。

2. 爱护动植物，关心周围环境，亲近大自然，珍惜自然资源，有初步的环保意识

这一目标的核心是培养幼儿关爱环境的积极情感和态度，引导幼儿树立人与自然和谐发展的意识。在世界环境问题日益严重的今天，提出这一目标具有重要的意义。自然

环境和生态平衡遭到严重破坏，其根本原因就在于全社会缺乏基本的环境保护意识。目前我国强调“绿水青山就是金山银山”，把“美丽中国”作为生态文明建设的重要目标。环保教育要从小做起，不仅要让幼儿形成对自然界的探究兴趣，还要让幼儿萌发对自然初步的责任感。从人类最基本的同情心出发，引导幼儿关爱生命、关爱自然，发现自然界的美，学会欣赏自然；还要引导幼儿通过感受和体验人与环境、动植物与环境以及动植物相互之间的依存关系，逐渐形成珍惜自然资源的情感和初步的环境保护意识。

（二）科学能力方法目标

解决问题的方法常常被比喻成“点金术”，探求知识的过程比知识本身更有价值。“授之以鱼”不如“授之以渔”，对幼儿进行科学方法的启蒙，对于发展幼儿的初步探究能力和自主学习能力非常重要。

1. 能运用各种感官，动手、动脑探究问题

（1）观察：感官观察，指的是运用视、听、触、嗅、味觉等各种感官直接观察获取第一手资料的方法。具体包括运用多种感官（如看一看、听一听、摸一摸、闻一闻、尝一尝等）感知物体的基本特征；对事物或现象进行观察、比较，发现其异同；通过观察、比较与分析，发现并描述不同种类物体的特征或某个事物前后的变化。

（2）操作：动手操作，指的是按照一定的实验步骤进行操作，将物体按照某种特征进行分类，运用自然物进行测量，学习使用工具制作简单玩具等。科学活动中的动手操作不是无目的的摆弄，而是有一定的目的和程序。例如，怎样让小灯泡亮起来；如何正确使用电池；如何连接灯泡与电线。

（3）思考：动脑思考，指的是幼儿科学探索过程中所必需的思维加工技能，如猜想、假设、推断、比较和概括等。例如，相同的两辆小车在不同的斜坡上同时向下行驶，速度会一样吗？幼儿猜测后进行操作，再通过分析观察到的实验结果得出结论。在科学活动中仅仅让幼儿动手操作是远远不够的，更要让幼儿动脑思考和动口交流，这样才能使幼儿从机械的“操作者”变为探究的“小科学家”。

2. 能用适当的方式表达、交流探索的过程和结果

科学活动中的表达和交流有两种方式：一种是口头语言；另一种是非语言方式，如幼儿运用动作、图画、表格、符号、产品或其他形式记录科学活动的内容和发现。表达是单向地向别人表述自己的观点，交流则具有多向性，既有倾听和对话，又有表达和表现。要引导幼儿学习表达自己的探索过程和结果，倾听同伴意见，与同伴分享、讨论。在交流中幼儿需要组织有逻辑性的表达语言，还要倾听同伴的表达，对同伴的结论做出判断，是赞成还是质疑并提出不同的看法，这是一个需要思维和语言高度参与的过程。

（三）科学知识经验目标

1. 在探究中获取广泛的科学经验

科学知识经验是指幼儿在科学探索活动中，通过他们的亲自操作，以自身的感觉器官直接接触周围世界所获取的具体事实和第一手资料。最初的科学知识经验，不仅是幼儿今后学习抽象概念的基础，还有助于丰富幼儿的生活内容，促进幼儿的智力发展。

2. 在感性经验的基础上形成初级科学概念

初级科学概念是指幼儿在感性经验的基础上，对同类事物外在的、明显的共同特征的概括，是一种概括化的表象。它既区别于具体的经验，也区别于真正的抽象概念。[①] 幼儿的思维具有具体形象性，他们难以理解抽象概念。例如，“我杯子里的糖化掉了”，这是幼儿通过操作获得的科学经验；“糖在水里会化掉”，这是幼儿在感知水平获得的初级概念。如果科学学习的内容超出幼儿的认知水平，强求幼儿记忆科学概念，可能会导致幼儿出现似懂非懂的模糊观念，甚至是违反科学的错误概念。

二、阶段目标

《指南》科学领域中科学探究部分的目标分为 3～4 岁、4～5 岁、5～6 岁三个阶段，其中小班 8 条、中班 11 条、大班 13 条，一共有 32 条典型表现。各年龄段的目标要求难度不同，比较详细、具体，如表 9－1 至表 9－3 所示。

表 9－1　目标 1　亲近自然，喜欢探究

3～4 岁	4～5 岁	5～6 岁
1. 喜欢接触大自然，对周围的很多事物和现象感兴趣 2. 经常问各种问题，或好奇地摆弄物品	1. 喜欢接触新事物，经常问一些与新事物有关的问题 2. 常常动手动脑探索物体和材料，并乐在其中	1. 对自己感兴趣的问题总是刨根问底 2. 能经常动手动脑，寻找问题的答案 3. 探索中有所发现时感到兴奋和满足

表 9－2　目标 2　具有初步的探究能力

3～4 岁	4～5 岁	5～6 岁
1. 对感兴趣的事物能仔细观察，发现其明显特征 2. 能用多种感官或动作去探索物体，关注动作所产生的结果	1. 能对事物或现象进行观察比较，发现其相同与不同 2. 能根据观察结果提出问题，并大胆猜测答案 3. 能通过简单的调查收集信息 4. 能用图画或其他符号进行记录	1. 能通过观察、比较与分析，发现并描述不同种类物体的特征或某个事物前后的变化 2. 能用一定的方法验证自己的猜测 3. 在成人的帮助下能制订简单的调查计划并执行 4. 能用数字、图画、图表或其他符号记录 5. 探究中能与他人合作与交流

表 9－3　目标 3　在探究中认识周围事物和现象

3～4 岁	4～5 岁	5～6 岁
1. 认识常见的动植物，能注意并发现周围的动植物是多种多样的 2. 能感知和发现物体和材料的软硬、光滑和粗糙等特性	1. 能感知和发现动植物的生长变化及其基本条件 2. 能感知和发现常见材料的溶解、传热等性质或用途 3. 能感知和发现简单物理现象，如物体形态或位置变化等	1. 能察觉到动植物的外形特征、习性与生存环境的适应关系 2. 能发现常见物体的结构与功能之间的关系 3. 能探索并发现常见的物理现象产生的条件或影响因素，如影子、沉浮等

① 王志明．学前儿童科学教育．南京：南京师范大学出版社，2001：42．

续表

3～4岁	4～5岁	5～6岁
3. 能感知和体验天气对自己生活和活动的影响 4. 初步了解和体会动植物和人们生活的关系	4. 能感知和发现不同季节的特点，体验季节对动植物和人的影响 5. 初步感知常用科技产品与自己生活的关系，知道科技产品有利也有弊	4. 感知并了解季节变化的周期性，知道变化的顺序 5. 初步了解人们的生活与自然环境的密切关系，知道尊重和珍惜生命，保护环境

（一）亲近自然，喜欢探究

这是情感态度方面的目标，其关键词是：好奇、好问、好探究。“亲近自然，喜欢探究”是幼儿园科学教育的首要目标或前提性目标。在幼儿的科学学习中，不能以牺牲兴趣为代价来求取能力的发展和知识的掌握。自然的、身边的、熟悉的、生活中的事物是幼儿最感兴趣的，对这些事物的探究最能激发幼儿亲近自然、探究世界的热情。教师和家长应参照相关的教育建议，让幼儿经常接触大自然，为幼儿提供一些有趣的探究工具，同时为幼儿树立乐于探究的榜样。更重要的是，要保护幼儿的好奇心和探究兴趣，既为幼儿探究提供精神上的支持，不误解和伤害幼儿，又为幼儿提供有探索空间的玩具和材料等。

（二）具有初步的探究能力

“具有初步的探究能力”是幼儿园科学教育的重要目标或关键性目标。该目标的关键词是：观察、探索、猜测、调查、记录、交流。观察比较、实验验证、调查测量是最基本的探究方法。

探究过程包括提出问题、观察探索、思考猜测、调查验证、收集信息、得出结论、合作交流等基本环节。从《指南》中所列举的不同年龄阶段幼儿的典型表现可以看出，对不同年龄阶段幼儿探究过程的完整性和深度是有不同要求的，对不同年龄阶段幼儿在探究中使用观察、比较、分类、概括、分析、实验验证、计划和实施调查、记录和收集信息等方法的多样性和程度也是有不同要求的。幼儿正是运用不同的探究方法，经历了发现问题、分析问题和解决问题的过程，才获得探究能力的。

（三）在探究中认识周围事物和现象

“在探究中认识周围事物和现象”是幼儿园科学教育的载体目标或产物性目标。该目标以举例的形式提出了幼儿园教育阶段科学学习的典型内容。这一目标强调幼儿对事物和现象的认识都是在幼儿感知、体验、探究和发现的过程中获得的，是幼儿探究过程的必然结果，是幼儿感性经验的提升、总结和初步的系统化。幼儿园应根据当地特点和特有的资源，选择常见的具有代表性的物体和材料以及具有代表性的动植物，作为幼儿探究和认识的对象。

三、活动目标

幼儿园科学教育活动目标是指一次具体的科学教育活动所要达到的教育效果。它是根据幼儿园科学教育总目标和年龄阶段目标，并结合教育活动的内容和幼儿特点提出的具体的、可操作的目标，是总目标和年龄阶段目标的进一步具体化。活动目标是幼儿教师开展科学教育活动时的具体依据和指导，也是衡量和评价活动成效的标准，其前提是必须制定合理、适宜的活动目标。

任务三 幼儿园科学教育活动的内容

一、内容选择的要求

微课

（一）科学性与启蒙性

科学性与启蒙性是幼儿园科学教育活动内容选择的首要要求。科学性是指幼儿园科学教育活动的内容必须符合科学原理，是对客观世界的正确反映，能根据客观规律，正确解释幼儿周围生活中的一切自然物和现象，不违背科学事实。启蒙性是指幼儿园科学教育活动内容应是符合幼儿认知特点的，在教师的科学指导下经过其努力能接受、理解的科学知识，以及幼儿能掌握的探究事物的科学方法，能引导幼儿形成对科学的兴趣、科学情感与科学态度等。幼儿能理解和接受并不意味着追求“简单”“容易”而低估幼儿的能力。教师要选择幼儿日常生活中感兴趣的、熟悉的、可以理解和接受的、可以直接探索的内容来进行科学教育，将复杂、深奥的科学道理寓于简单、明显的现象之中。

（二）生活性与整合性

生活性是指选择的科学教育内容应贴近幼儿的生活，是他们日常生活中常见的科学现象。如空气流动产生风、滑动、物体的弹性和磁性、热传导。整合性是指选择科学教育内容时，要从全局来考虑，要和其他领域的内容相互结合、有机联系。因为幼儿的生活是一个整体，社会和自然是以“整个”的形式出现在幼儿面前的，所以教师在选择科学教育内容时要从幼儿的实际生活出发，与其他领域结合起来，使其相互交叉、相互补充、相互渗透，使幼儿的认识更具完整性。

（三）广泛性与代表性

广泛性是指教师选择的幼儿园科学教育内容要尽量涉及多个方面，通过各种教育活动的开展，确保让幼儿获得广泛的科学知识和科学经验。科学教育的内容涉及天文、地理、物理、化学、自然环境与人类之间的关系等，这些内容可以让幼儿了解我们周围世界的多样性，帮助幼儿积累丰富的科学经验。代表性是指选择的科学教育内容要能典型地反映某领域的基本知识结构，具有该内容所在领域的典型特征，从而为幼儿今后学习相关领域的科学知识打下基础。教师在选择科学教育内容时要兼顾广泛性和代表性，要做到不能因为科学教育的内容广泛而对内容不加选择或限制。

（四）地方性与季节性

地方性与季节性是指幼儿园科学教育活动内容的选择应结合各地的自然条件和季节特点，做到因地、因时制宜，灵活地选择内容。这是因为各地的地理环境和自然状况不同，教师要根据自己所在地不同的自然条件和季节特征来选择内容。要注重从当地的自然和社会资源中挖掘和选择有价值的教育内容；同时，要根据当地季节变化特点，恰当地编排教育内容。

（五）时代性与民族性

时代性是指幼儿园科学教育活动内容要体现时代的特点和现代科技的发展。幼儿生活在现代科技环境中，必须将反映时代特征、突出现代科技发展的内容纳入幼儿园科学教育中来，以开阔他们的眼界，满足其好奇心和求知欲，如无土栽培、轻轨、动车、家用电器、现代通信设备等。民族性是指幼儿园科学教育活动内容要体现传统文化的特色，弘扬中华民族的优秀文化传统。我国古代的许多发明创造为世界科技的发展做出了卓越的贡献，如我国的四大发明。我们既要让幼儿了解现代科学技术和科技成果，也要让幼儿了解、传承和发扬中华民族优秀的传统文化，激发幼儿的民族自尊心和自豪感。

二、具体内容的范围

《纲要》对幼儿园科学教育提出了七条“内容与要求”，强调身边常见事物和现象的特点、变化规律，生活或媒体中幼儿熟悉的科技成果，自然、环境与人类生活的关系等，即幼儿园科学教育应从以上内容入手，引导幼儿展开探究。

根据《指南》科学领域方面的表述，可将幼儿园科学教育的内容分为六个方面，如表 9－4 所示。

表 9－4　幼儿园科学教育内容及分析

类别	内容分析	主题举例
常见的动植物	认识常见的动植物及其特征是幼儿认识生命体特征的重要经验。主要包括生物的多样性、生命体的特性、生命体的周期性、生物间的相互依存、生物与环境的关系等 • 生物的多样性是指自然界有数百万种生物，有些彼此类似，有些则大不相同，它们属于不同的纲目、它们吃不同的食物等 • 生命体的特性是指生命体都有一定的生长需求，如有的需要空气、水、食物，有的需要空气、水分和阳光。每种生物的形态、行为都是内部原因和外部原因共同作用的结果 • 生命体的周期性是指植物和动物都会经历诞生、发育成熟、繁殖和逐渐死亡的过程，有的生命特征从双亲继承而来，有的则是在后天环境中形成的 • 生物间的相互依存是指在一个生态系统中，每一种生物都与其他一种或多种生物有直接或间接的联系。植物为其他有机物提供食物、住处，很多动物也会帮助植物繁殖 • 生物与环境的关系是指环境的变化会影响动植物的繁衍和生长，生命体的生长可能也会引起生存环境的变化	• 可爱的小兔 • 各种各样的叶子 • 植物的旅行 • 动物怎样保护自己

续表

类别	内容分析	主题举例
常见物体和材料	• 常见物体和材料包括自然物和人造物两大类，常见的有沙石、泥土、水、纸、木和各种金属物品 • 对常见物体和材料的认识主要包括：材料的特性，指的是材料的物理属性（颜色、形状、软硬、轻重、冷热）、化学特性（溶解、燃烧等）和功能（用途）；材料的变化，指的是材料在某种条件下发生的变化（如在力的作用下材料发生形变、某些物质在水中会溶解）；物体的结构与功能之间的关系	• 有趣的海绵 • 各种各样的纸 • 糖不见了
常见物理现象	常见物理现象包括物体和材料的形态、位置及其变化条件，如斜面与物体的运动；沉浮、磁力、光和影等常见物理现象及其产生的条件和影响因素等	• 斜坡滚物 • 光和影子
天气与季节	了解天气与季节的特点和变化，重点是感知、体验和发现其与动植物和人们生活的关系	• 春天的信息
科技产品与人们生活的关系	感知和了解常用科技产品与自己生活的关系，知道科技产品有利也有弊。主要有：认识生活中的科技产品、简单的科学小制作、简单的科技产品发展史等	• 家用电器 • 好玩的降落伞
人们生活与自然环境的关系	让幼儿从小感受人与自然的联系，建立良好的环境保护意识和养成良好的行为习惯。主要有：感知体会人与动植物和自然环境的依存关系、动植物的贡献、自然环境的破坏对人和动植物的影响、爱护动植物、珍惜生命和保护环境等	• 把水变干净 • 国宝大熊猫

任务四 幼儿园科学教育活动的方法

一、观察法

微课

观察法是指教师有目的、有计划地组织幼儿运用多种感官，感知客观世界的现象、事物，以及认识事物之间关系的一种方法。观察法符合幼儿的学习特点，它是幼儿认识世界、增长知识、发展能力的重要方法，是幼儿园科学教育中最基本和最重要的方法之一。尽量为幼儿提供实物、实景，调动幼儿多种感官参与观察，引导幼儿从多角度观察，并引导幼儿学习观察的方法，如顺序观察法、比较观察法。

二、实验法

实验法是指在人为控制条件下，教师或幼儿（以幼儿为主）借助一些材料、仪器和设备，通过操作对周围常见的科学现象进行验证或发现的一种方法。实验设备和材料简单，可以在生活中就近取材。实验只是让幼儿重复前人的实验，不要求有新的科学发现，其操作应简便易行，具有游戏的性质，符合幼儿“动手做”科学的认知特点。在具体实施过程中，要给幼儿充足的实验时间，指导幼儿使用工具和材料，引导幼儿学习操作技能；实验前应交代好实验规则，在实验过程中要保证幼儿安全；教师要做好预备性实验，还要注意将演示和讲解、提问相结合。

三、信息交流法

信息交流法是指幼儿把自己获得的关于周围环境的信息，用语言或非语言的形式加以表达和分享。在科学活动中，幼儿需要以各种方式向教师、同伴、家长表达、传递自己的感受，告知他们观察周围世界的过程和结果，提出疑问，抒发愉悦、惊奇等情绪，和同伴分享所得的成果，评价别人科学探索的结果等。通过信息交流，教师可及时了解幼儿的学习情况，使教学及时得到反馈。教师要引导幼儿运用多种方式充分表达、交流探究的过程与结果，并耐心倾听、适当回应。信息交流的方式有：语言方式，主要包括讲述和讨论；非语言方式，主要包括图像、图表、照片、动作、表情等。

四、游戏法

游戏法是指幼儿利用自然界的物质材料、科技玩具、图片等物品进行的具有游戏性质的操作活动。它是对幼儿进行科学启蒙的一种有效方法。科学游戏寓科学内容于游戏之中，或将自然材料等作为玩具，使幼儿在轻松愉快的游戏中丰富科学经验。幼儿科学游戏大多属于规则游戏，明确制定规则是为了科学游戏能更好地展开，而非限制幼儿游戏的开展。幼儿科学游戏的主要类型有：感知游戏，如“走迷宫”“听筒”“奇妙的口袋”“气味瓶”；操作游戏，主要包括排序、分类、配对、拼图，如将小蝌蚪长成青蛙的系列图片按生长过程排列起来；情境游戏，如“着火了怎么办”；运动性游戏，如“捉影子”“玩纸风车”“吹泡泡”；此外还有口头游戏、多媒体游戏等。

五、制作法

制作法是指幼儿运用一定的材料和工具，通过实际操作，制作各种简单的玩具或陈列品的方法。科学小制作包括纸工、泥工和利用废旧材料制作等。从某种意义上说，科学小制作是带有科学探索性质的“手工”活动，是科学和艺术的自然融合。要根据幼儿年龄特点和活动主题安排制作内容，为幼儿提供适当的制作材料，让幼儿自己探索制作的方法和技巧，使其通过尝试、通过个人的经验（哪怕是失败的经验）来学习，而不是向幼儿灌输制作技巧。

六、分类法

分类法是指幼儿将具有某一个或几个共同特征的物体聚集在一起，以学习科学知识的一种方法。分类是观察过程的延伸和应用。如幼儿在认识各种各样的水果后，根据水果的颜色、大小等不同特征将它们分类；在“动物”主题活动中，幼儿按照动物生存环境的不同，将它们分成天上飞的、地上跑的及水里游的动物。

七、测量法

测量法是指幼儿运用各种感觉、仪器、自然材料等对物体进行简单、初级测定的方法，主要包括长度测量、重量测量、体积测量。幼儿通过简单的测量，可以更精确、更深入地了解周围世界。将事物的属性变化转化为数量进行认识，也是幼儿科学思维的一部分。幼儿期测量的类型有观察测量（如目测、手摸）、非正式量具测量（也称自然测量）、正式量具测量。教师指导重点应放在培养幼儿的测量意识和引导幼儿学习自然测量两个方面。

八、阅读法

阅读法是指幼儿通过阅读蕴含着科学知识的作品，包括故事、儿童诗、谜语、儿歌、科学童话等文学作品和专门的幼儿科普图书，来学习科学的一种方法。早期科学阅读有利于扩展、补充幼儿的科学经验，引起幼儿的想象，培养幼儿的科学兴趣，还有助于发展语言和培养良好的阅读习惯。该方法运用的关键是要为幼儿选择适宜的科学读物，并对幼儿阅读本身加以指导。

项目小结

本项目内容是幼儿园科学教育的基本理论。幼儿园科学教育活动是幼儿园教师激励、支持和引导幼儿对周围世界进行主动探究，以帮助幼儿形成早期科学素养的活动。幼儿园科学教育活动的特性包括目标的全面性、内容的生活化、过程的探究性、形式的多样性、评价的多元性。幼儿是天生的“小科学家”，他们学习科学是以直接经验为基础，在游戏和日常生活中进行的。幼儿园科学教育活动的目标包括总目标、阶段目标和活动目标几个层次，活动目标必须依据总目标、阶段目标制定，并且要具体、明确、可操作性强。幼儿园科学教育活动的内容非常广泛，主要有六个方面，教师要以《纲要》《指南》精神为指导，根据幼儿园科学教育的目标和幼儿学习科学的特点选择适宜的内容。相应地，幼儿园科学教育活动要采用多样化的途径和方法。

同步练习

一、简答题

1. 简述并举例说明幼儿学习科学的特点。
2. 分析《纲要》《指南》中提出的幼儿园科学教育的目标，指出其价值取向。
3. 简述并举例说明幼儿园科学教育活动的内容。

4. 以"春天"为科学教育主题，列举出实施幼儿园科学教育活动的三种途径和方法。

二、实践题

1. 收集幼儿园科学教育活动方案，分析活动目标制定的合理性及活动过程能否实现目标。

2. 观看幼儿园科学教育活动视频，分析其中运用的教学方法，并提出自己的看法和建议。

三、在线测试

项目十

幼儿园科学探究活动设计与指导

学习目标

1. 掌握幼儿观察认识类、实验操作类、技术操作类、科学讨论类活动的内涵与核心目标。

2. 基于幼儿科学探究的特点设计幼儿园科学探究活动，并能初步做出评价。

3. 重视幼儿园科学区域活动的开展，能创设区域环境和投放适宜的材料。

思维导图

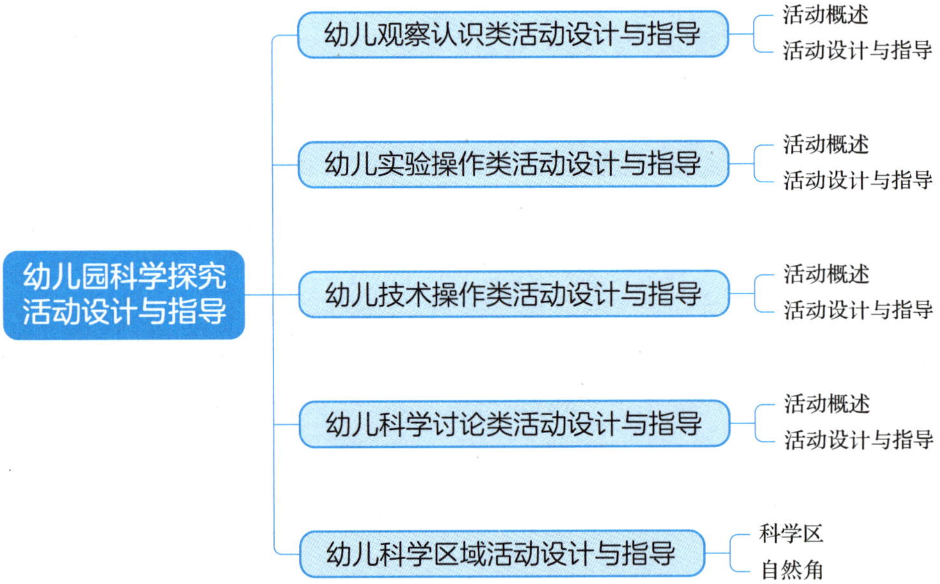

学习建议

1. 根据教师讲解和案例分析，理论联系实践，体会幼儿园科学活动设计与指导及评价的策略。

2. 撰写活动方案，采用模拟教学、片段教学、现场教学等方法，锻炼学生实践能力，增强专业认同感。

情景导入

秋游活动中，幼儿看到空中飘落的树叶，兴高采烈地张开双臂接住落叶，开心地叫道："落下来了！落下来了！"幼儿捡了许多树叶。随后，教师设计了关于各种各样的叶子的观察活动，让幼儿比较几种叶子的异同，发现叶子在生活中的用处。幼儿提出"叶子为什么会飘落下来"的问题，教师让他们进行分享和交流。教师又和幼儿收集了废报纸、树叶、沙包等材料，让幼儿把它们扔得高高的，仔细观察这些物体落下的情景。幼儿一边观察，一边兴奋地比画着与教师、同伴交流自己的发现："报纸落得很慢的！""叶子飘来飘去的！""沙包是最快落下来的！"……之后，教师引导幼儿用各种叶子拼出小鱼、蝴蝶等有趣的叶子贴画。

任务一　幼儿观察认识类活动设计与指导

一、活动概述

（一）活动内涵

幼儿观察认识类活动，指的是专门性的观察活动，即幼儿运用观察方法认识事物的特征、获取感性经验的科学活动。幼儿观察认识的对象主要有植物、动物、物体与材料、天气等。幼儿的观察可分为一般性观察、比较性观察和长期系统性观察。

微课

（二）核心目标

（1）观察技能：运用多种感官感知（或比较，或有顺序地观察）物体的特征。

（2）表达技能：运用简单（或较完整，或连贯）的语言讲述，或用多种方式记录自己在观察中的发现。

（3）观察经验：认识事物的明显特征、多样性、异同及变化。

二、活动设计与指导

（一）设计思路[①]

1. 激发观察兴趣

引起幼儿观察的兴趣，明确观察的目的。可用生动简练的语言或游戏的口吻、游

① 为帮助新手教师更快掌握各类科学探究活动的设计，此处提出具体活动设计的一般思路。但要注意根据实际灵活调整活动环节，做到高结构、低控制，给予幼儿更多操作、感知、体验的机会。

戏的方法导入活动，也可用儿歌、谜语、讲故事、提问题和启发性谈话等方式开启观察过程。

2. 幼儿充分观察

教师要提出观察要求，引导幼儿运用各种感官感知观察对象的各种属性。教师要注意提出有质量的问题，指导幼儿观察的方法，如看一看、听一听、闻一闻、摸一摸、捏一捏、掂一掂，能吃的还可以尝一尝。

知识链接 10-1

引导幼儿掌握观察方法

3. 幼儿充分表达

幼儿讨论观察结果，教师小结提升。让幼儿大胆讲述自己在观察中的发现，并用适当的方式记录下自己观察的结果。其后可由教师做小结，也可请能力强的幼儿做小结（中、大班），提升幼儿的经验，帮助幼儿形成初步的科学概念。

4. 巩固观察结果

可以结合幼儿的操作、分类，或通过儿歌、诗歌、谜语、唱歌、舞蹈、游戏等，巩固、加深幼儿所获得的印象；也可以让幼儿将所观察的动植物画下来，以保持幼儿的兴趣。

（二）指导要点

（1）尽量提供实物实景，利用观察对象的显著特征激发幼儿兴趣。

（2）观察要求要明确，提出启发性问题引导幼儿观察（比较）。

（3）引导幼儿运用多种感官感知事物的特征，观察和操作相结合，全面观察、了解观察对象的变化。

（4）给予幼儿足够的观察时间。

（5）鼓励幼儿用语言表达观察中的发现。认真倾听幼儿的“发现”，并适度回应。

（6）指导幼儿学习用各种方法记录观察结果。观察记录能反映幼儿的观察水平以及对观察对象的正确与错误认识，也是重要的评价资料。

案例分享 10-1

小班科学活动：海绵宝宝历险记

任务二 幼儿实验操作类活动设计与指导

一、活动概述

微课

（一）活动内涵

幼儿实验操作类活动是指幼儿通过动手操作改变变量，发现客观事物的变化及其简单因果关系的活动。实验要用到观察、操作、比较、猜想、表达等多种方法，体现“做中学”的探究特点。幼儿实验操作必须简便易行，具有游戏的性质。活动内容大致包括物理实验、化学实验、植物实验、动物实验四大类。

（二）核心目标

知识链接 10-2

科学猜想的类型

1. 科学好奇心

科学好奇心即幼儿乐于探究新异事物和现象。如经常问各种问题，或好奇地摆弄物品；喜欢接触新事物，经常问一些与新事物有关的问题；常常动手动脑探索物体和材料，并乐在其中；能经常动手动脑寻找问题的答案；探索中有所发现时会感到兴奋和满足等。

2. 科学探究能力

科学探究能力即幼儿能够通过自己的观察、操作获得发现。如能用多种感官或动作去探索物体，关注动作所产生的结果；能根据观察结果提出问题，并大胆猜测答案；能用一定的方法验证自己的猜测；能用数字、图画、图表或其他符号进行记录；探究中能与他人合作与交流等。

3. 在探究中获得有益的科学经验

有益的科学经验即探究结果，指幼儿在实验中获得的感性经验。如能感知和发现常见材料的溶解、传热等性质或用途；能感知和发现简单物理现象，如物体形态或位置变化等；能探索并发现常见的物理现象产生的条件或影响因素等。

二、活动设计与指导

（一）活动设计

幼儿实验操作类活动的设计思路与具体流程如表 10－1 所示。

表 10－1　幼儿实验操作类活动的设计思路与具体流程

活动类型	设计思路	具体流程
自由－引导式	幼儿探究经历“瞎忙”—“探究”—“领悟”三个阶段。教师通过材料引发幼儿的探究兴趣，幼儿可以先自由探究，然后教师在组织幼儿交流各自经验的基础上，引导其进行有目的、有计划的探究活动	出示材料、幼儿自由探索—交流—教师引导进行有目的的探索—交流总结 （根据实际，可以有两次操作）
猜想－验证式	针对某一问题，教师不是让幼儿先去探索，而是让幼儿先猜想可能会得到什么结果，然后进行实际的探究活动，来验证原先的猜想是不是正确	提出问题、猜想结果（做记录）—提供材料、操作验证—交流总结—迁移方法、继续探索 （根据实际，可以有两次操作）

（二）指导要点

（1）提供充足、多样的实验材料，以保证幼儿能反复操作、与客体相互作用，在实验过程中去探索、发现、判断，自己找出问题的答案。

（2）让幼儿理解实验的规则和要求，保证实验中的安全。

（3）保证充足的实验操作时间。鼓励幼儿大胆尝试，投入实验的观察、操作、交流和发现中，同时引导幼儿学习记录实验中的发现。中、大班幼儿实验一般会有两次递进性的探索操作，教师要观察幼儿操作情况，适时指导幼儿使用材料和工具，并引导幼儿讲述或记录实验的结果。

案例分享 10-2

中班科学活动：勺子里的哈哈镜

（4）组织幼儿讨论、交流实验的过程和结果。引导幼儿分析实验中观察到的现象，鼓励幼儿解释实验的结果。鼓励幼儿提出问题，但不要急于把问题的答案告知幼儿，以避免进行超越幼儿理解能力的灌输或变相灌输。

（5）适时结束，使活动成为一个系列探究活动的开端。把操作材料留在活动区供幼儿继续开展活动，以保持幼儿的兴趣，还可以引导幼儿在日常生活中进一步学习与探索。

任务三 幼儿技术操作类活动设计与指导

一、活动概述

（一）活动内涵

微课

《纲要》提出从生活或媒体中幼儿熟悉的科技成果入手，引导幼儿感受科学技术对生活的影响，培养幼儿对科学的兴趣和对科学家的崇敬。《指南》提出多为幼儿选择一些能操作、多变化、多功能的玩具材料或废旧材料，在保证安全的前提下，鼓励幼儿拆装或动手自制玩具。幼儿园越来越重视开展技术操作类活动。幼儿技术操作类活动是指幼儿学习制作产品、使用科学技术产品或掌握某些工具的操作方法、技能的科学活动，如制作风筝、降落伞、风车、不倒翁、跳舞的小人等。

（二）核心目标

幼儿技术操作类活动的核心目标是培养幼儿的技术操作能力，具体要求如下：（1）让幼儿掌握简单工具的使用方法，按程序进行操作或制作，设计并制作简单的物品。（2）培养幼儿的科学情感态度，让幼儿体验探究的乐趣、感受科技对生活的影响。

二、活动设计与指导

（一）活动设计

幼儿技术操作类活动的设计思路与设计要点如表 10－2 所示。

表 10－2　幼儿技术操作类活动的设计思路与设计要点

活动内容	设计思路	设计要点
科学小制作活动	认识制作品—讨论（或演示）做法—尝试制作—交流讨论—再次制作—展示分享	教师可不做演示操作，让幼儿独自进行简单的科技创作，也可重点演示或提供制作流程图供幼儿参考。第二次制作是在第一次尝试的基础上进行的正确的、较熟练的制作

（二）指导要点

1. 提供适当的工具和材料

材料应充足多样、简单易操作、收集方便。可以是原始材料、半成品或成品，以供不同能力水平的幼儿选择适合自己的操作材料；还可以在材料中融入实验因素，如制作“传声筒”玩具，可提供不同粗细的线和不同材质的杯子。

2. 选择适合的技术操作内容

根据幼儿年龄特点、直接经验和活动主题适当安排活动内容。如结合小班幼儿认识小鸡、水果等活动，指导幼儿用橡皮泥制作小鸡、苹果、梨子等泥工作品，中班再制作小兔、熊猫等其他造型较复杂的动物。中班结合认识磁铁的活动，指导幼儿制作磁铁玩具。大班结合幼儿认识空气、风的活动，可制作小火箭、降落伞等玩具。

3. 在制作中提高探究能力

引导幼儿明确制作的目的、方法和评价的标准。教师通过出示已制作好的成品，或演示制作的步骤和方法，让幼儿知道要做什么、怎样做。但教师的演示不能代替幼儿自己的操作。对动手能力较弱或者遇到困难的幼儿，教师可给予适当的启发和帮助。

引导幼儿探索使用工具或制作方法、技巧。注意将技术操作类活动与美术方面的手工活动区别开，给予幼儿主动探索的空间，在保证安全的情况下，让幼儿进行探索性制作。

让幼儿在分享、交流、展示中完善作品，体验快乐。引导幼儿在与同伴的相互交流中，梳理强化自己所获得的经验，相互学习、相互借鉴，调整完善自己的作品。

案例分享 10-3

大班科学活动：制作有趣的弹簧玩具

任务四　幼儿科学讨论类活动设计与指导

一、活动概述

（一）活动内涵

《纲要》中科学领域的目标要求幼儿能用适当的方式表达、交流探索的过程和结果。幼儿科学讨论类活动是指幼儿在亲自探究和收集资料、整理材料的基础上，通过集体的交流与讨论等手段，来获取科学知识，获得全面发展的科学活动。如“春天的信息”“种子的传播”等。此类活动信息量大，要求幼儿具备一定的交流能力，比较适合中、大班幼儿。

微课

（二）核心目标

（1）收集与整理信息技能：能通过简单的调查或制订简单的调查计划，收集信息。

（2）表达交流技能：运用语言大胆讲述自己的观点，并倾听、理解和评价他人的观点。

（3）科学知识经验：丰富有关讨论主题的科学经验。

二、活动设计与指导

（一）设计思路

1. 提出话题

幼儿的探究来自问题，确定恰当的话题是科学讨论类活动成功的基础。要创设适当的问题情境，鼓励幼儿带着问题收集资料。

2. 收集资料

幼儿收集的资料有两种：一是幼儿通过观察、参观等获得直接认知的第一手资料；二是幼儿在成人帮助下获取的间接信息。教师和家长应尽可能让幼儿通过亲自探索获取事实资料，还可以通过图书、杂志、询问等获得资料。幼儿收集的资料应是用其熟悉的方式表达的，如照片、图片、绘画、折纸、表格等，大班幼儿的资料可以有一些简单的文字，以图文并茂的形式引发幼儿对文字的关注。

收集的资料可以先在班级中展示，如专门的展板、主题墙面、科学区（角）或小组和个人的记录本，以期达到全部幼儿相互学习、互通信息、相互交流的目的，也为下一步全班集体性的交流讨论打下基础。

3. 交流讨论

在收集、展示资料的基础上，教师组织幼儿对探究的过程和结果进行集体分享，展开交流讨论。不能由教师“一言堂”，而应把充足的时间留给幼儿。最好的办法是激励幼儿运用多种方式尽情地表达，既要引导幼儿围绕主题进行讨论，又要注意及时拓展主题。

4. 归纳总结

集体交流讨论的最后要及时归纳，进行小结，帮助幼儿明确概念，形成整体认识。小结时应注意尽可能使用幼儿能理解的词句。有时，不一定非要得出结论，在有些情况下没有结论比有结论更有意义。

案例分享 10-4

大班科学活动：动物怎样过冬

（二）指导要点

（1）努力营造一个良好的交流氛围，教师耐心倾听幼儿的观点。

（2）鼓励幼儿学习用简单明确的语言表达、描述有关科学的发现。

（3）鼓励幼儿运用熟悉的、擅长的方式进行表达。

（4）利用网络、音像等视听媒体进一步丰富幼儿的知识经验，开阔幼儿的眼界。

任务五　幼儿科学区域活动设计与指导

一、科学区

（一）科学区环境创设

微课

科学区，也称科学发现区、探索区、科学角，是指为幼儿创设的，供幼儿自由选择，可以让幼儿自主进行科学探究、观察实验的场所。科学区可以单独设置，也可以和玩具吧、沙水区、益智区、操作区等结合起来设置。科学区的空间选择与布置要注意以下几点。

1. 空间足够

科学区要有足够的空间，用矮柜或屏风等隔开，有相对独立、半开放的空间。其大小与位置应因地制宜，根据班级活动室的面积、班级幼儿人数等因素来确定，要兼顾集体活动、小组活动、个别活动的需要。

2. 地点适宜

科学区最好临近水源、光源和电源，或者有特别的装置。因为科学区的活动内容丰富，在进行具体材料的操作时有的需要水，有的需要电，有的需要黑暗或光照。

3. 动静分开

科学区的探索活动需要幼儿专注、投入、动脑筋思考。所以，科学区与表演区等相对吵闹的区域应有一定间隔。

4. 结合主题

科学区的墙面要结合活动主题布置。应充分考虑操作墙的功用，将墙面布置与科学实践操作密切结合。如可以悬挂或粘贴部分操作材料，也可以张贴实验操作步骤和方法的示意图，还可以张贴幼儿的实验记录图表。有些弯管实验、传声筒实验等的材料甚至可以直接固定在墙上，让幼儿在墙面上进行操作。科学区的规则也要张贴在矮柜或者是墙面上，以达成幼儿自主管理的目的。

（二）投放科学区材料

知识链接 10-3

幼儿科学区材料

区角活动中材料和设备的提供是关键。材料数量的多少、质量的高低及材料之间的结构关系，都直接影响科学区活动的开展和幼儿的探索兴趣。科学区材料应具有探索性、层次性、多样性、开放性和安全性。教师应从多方面收集、准备材料，还要指导幼儿参与准备材料，丰富科学区的内容。科学区材料主要包括以下几类：科学玩具类、实验操作类、科技制作类、观察阅读类。

（三）科学区的观察与指导

1. 观察

幼儿进行区域活动时，教师要注意观察而不要急于介入指导，以免打扰幼儿活动或做出不恰当的指导。教师观察幼儿活动的方式主要有三种：扫描观察、定点观察、定人观察。观察幼儿的科学探究活动，了解幼儿的发展水平和实际能力，了解幼儿对科学区活动材料的喜爱和操作情况，才能在适宜的时候介入指导。

2. 指导

（1）指导时机。当幼儿还未进入活动状态或者对活动材料的操作及活动规则比较陌生时；当幼儿在操作中遇到困难不愿意再继续下去时；当幼儿对活动玩具的操作流于形式，没有达到预设目标时。

（2）指导方式。教师在科学区活动中应对幼儿采取支持性的指导策略，包括直接支持和间接支持。直接支持是指教师在幼儿科学探究活动的过程中，直接对幼儿给予建议、提出要求或者通过眼神、表情、动作等方式，给幼儿一定的支持、鼓励、帮助，促进幼儿自主性学习，推进其科学探究的发展。间接支持是指适宜心理氛围的营造、环境的创设、材料的提供，也可以是教师平行、合作参与幼儿探究活动等。如教师对幼儿进行范例指导，主要有三种形式：一是图示范例。图示范例通俗地说就是操作示意图，如电子积木拼插连接的示意图、操作玩具的组装示意图……在科学区提供图示范例就是为幼儿的学习搭建一个范例支架，即使教师未能在该区域中蹲下来指导，幼儿也能看着示意图独立地学习和完成任务。二是作品范例。作品范例是指在科学区中摆放幼儿或教师已经制作完成的比较成功的作品，如幼儿自制成功的跳舞的小人、各色颜料水、火箭、磁性汽车等。提供作品范例，可以让能力中等或能力较弱的幼儿模仿学习，让能力强的幼儿进行再创作。三是平行指导。教师作为游戏者，对科学区的材料进行操作，相当于隐形的示范，供幼儿观察模仿。

二、自然角

自然角是幼儿亲近自然、观察和认识动植物的窗口。其核心价值是能够让幼儿了解和认识生物的基本特征，感受生命的奇妙，主要包括生物的多样性、生命体的特性、生命体的周期性、生物间的相互依存、生物与环境的关系等。

（一）自然角环境创设

1. 巧选场地

陈鹤琴先生指出："幼稚园需布置一个科学环境，尽可能地领导儿童栽培植物（花卉、菜蔬），布置园庭从事浇水、除草、收获种子等工作，并饲养动物……"每个班级都要设自然角，自然角的地点可以选在走廊、过道、阳台、楼梯转角，或活动室内向阳的角落，安放桌子或设置几个分层的架子，将一些适于在室内生长和照料的动植物，或收集来的非生物（如工艺品），有秩序地布置在上面。

2. 分区规划

按照自然角目的和功能的不同，可以对自然角进行分区规划，如观赏区、种植区、实验区和饲养区等。可以用图片、幼儿能理解的标记、简洁的文字，图文并茂地做出分区说明，让幼儿的学习目标指向性更加明确。

3. 三维布置

巧妙利用三维空间，错落有致地呈现材料内容。通过空间、墙面、柜子、架子、地面的交叉组合，让幼儿处于一种抬头可见、低头可观的环境中，使有限的空间得到最大限度的利用。如从上往下悬挂一个个装满了种子的瓶子和种子袋，让幼儿在看看、摸摸、比比甚至是拍拍打打中感受不同种类种子的差异；将墙面与柜子综合利用，柜子上摆放各种种子，墙面上张贴与之匹配的植物，让幼儿通过寻找“植物妈妈”的游戏，探索“种子宝宝”与“植物妈妈”的关系及奥秘。陈列植物的架子可以高低错开，按观赏类、种植类从高到低交替排列，如最上面可以是绿色垂吊植物，中间是种子发芽的容器、瓜果，地上是种植的各种蔬菜，便于孩子更好地观察和了解。

（二）自然角的材料投放

1. 植物类

植物以适宜盆栽的品种为主，不宜过分高大，颜色鲜艳美观，生命力顽强，观赏价值高，无毒、无刺，必须是常见的、易于生长的、好照管的，如各个季节的花卉、常见蔬菜等。可以引导幼儿开展观察和种植活动。

微课

2. 动物类

宜选择体形较小、管理方便、无危险、便于喂养、幼儿感兴趣且便于幼儿抚摸、观察的动物，如小兔、金鱼、小乌龟、蚕、蝌蚪、鸟类以及各种小昆虫等。可以引导幼儿开展观察和喂养活动。

3. 特产和工艺品

可选择当地的一些特产和工艺品陈列在自然角，如本地的土特产或工艺品；也可以陈列幼儿制作的小玩教具，如传声筒、纸飞机、用贝壳制作的小动物、用各种废旧物品制作的小工艺品等。

4. 无机物及工具

如沙、石头、磁铁、放大镜、各种布头、毛线头、温度计，以及陈列标本的昆虫盒、小玻璃瓶等。

5. 观察记录本与学习档案

让幼儿与自然角充分互动，留下幼儿活动的印迹。为幼儿设计、准备观察记录本，引导幼儿对动植物进行细致、持久的观察和记录。如引导幼儿观察、比较并记录自然角中不同种子发芽速度的快慢；让幼儿以图片、照片、文字等多种方式记录自己种植植物的全过程。教师则要有目的地观察和记录幼儿与自然角互动的过程，如记录幼儿观察自然角的语言、表情及行为等作为学习档案；要支持个别幼儿学习和探究的需要，确保每个幼儿都能在自然角中进行有效学习。

（三）自然角的管理

1. 让幼儿参与布置和管理

知识链接 10-4

幼儿学习
照料植物

首先，让幼儿和教师一起来收集相关物品，将自己感兴趣的自然物或工艺品放入自然角。成人布置的自然角再美丽，幼儿也会感觉那不是自己的自然角，不会对它产生浓厚的兴趣。内容设置、材料选择、形式采用、过程管理等方面都应以幼儿的发展为出发点和归宿，教师需要和幼儿讨论决定如何布置自然角。

其次，每天利用一段时间邀请个别幼儿向同伴展示和介绍自己收集来的动物和植物。请幼儿参与制定自然角管理规则，可引导大班幼儿自定规则，以便幼儿共同遵守。

最后，让幼儿自己选择一样动物或植物学习照顾，比一比谁照顾得更好、谁的动植物长得更好。

2. 依据不同年龄班投放材料

小班幼儿对动植物的明显特征感兴趣，宜为他们提供具有明显特征的观察陈列物。如个头较大的植物果实，色泽鲜艳、形象奇特的水生动物外壳及标本，特征明显、花朵硕大的花卉。这些陈列物能引发幼儿的观察探索兴趣，也便于他们通过触摸、抓握感知其特征。为帮助幼儿形成一定的知觉形象，所提供的陈列物最好是一个系列，如各种大小不同，颜色也不同的苹果，这有助于幼儿开展按物体不同的外部特征进行分类、计数的操作。

对于中班幼儿，可提供一些外观上有一定相似之处的动植物，如黄瓜与丝瓜、仙人球与仙人掌、橘子与橙子、李子和葡萄、蝴蝶与飞蛾等。引导幼儿在相似之中寻找不同，以发展幼儿辨认物体的能力。

大班幼儿求知欲旺盛，应为他们提供能引起他们深入研究或细致观察的陈列品。可展示物种的多样性，如植物的种子系列、瓜果的纵切面，便于幼儿对动植物的多方面特点进行探索。也可展示动植物的不同存在方式，如将青菜籽与刚发芽的青菜，以及长大的青菜、长薹开花的青菜（可选用一些标本）放在一起，让幼儿辨认或根据生长过程来排序。还可提供一些发育过程中有变态现象的动物（如蝌蚪、蚕等），让幼儿更加细致地进行长期、系统的观察和比较。

3. 按照不同季节更新

自然界一年四季具有不同的特征，应根据季节交换更新自然角的布置和内容。“春有花、夏有荫、秋有果、冬有绿”是自然角布置的注脚。教师应把握不同季节所特有的动植物的特点，及时将四季动植物引进自然角，让幼儿零距离接触和亲近大自然。例如，春季教师与幼儿一起踏春赏花、播种植物、观察小蝌蚪、饲养蚕宝宝；夏季教师与幼儿一起在菜园里捕捉各种小昆虫，一起制作标本；秋季教师与幼儿一起品尝秋天的果实、收集秋天的落叶、欣赏秋天的美景。教师还可借与幼儿散步的机会拾来各种各样的石头，结合沙、小棍、盒盖制作微型盆景，以采集来的野花小草装点，使自然角处处有新意。

4. 结合主题丰富内容

自然角是班级环境的一部分，应将环境创设、材料和班上的主题活动、集中教学活动或其他活动联系起来，这样可以促进自然角与其他活动的互动，丰富自然角的内容，帮助幼儿形成整体性经验。例如，有些观察认识类活动，如幼儿集体探究蔬菜，可以事先在自然角投放几种常见蔬菜让幼儿自由观察，丰富经验；有些语言活动、绘本阅读活动需要幼儿具备知识基础，如《小蝌蚪找妈妈》阅读活动，让幼儿事先在自然角喂养小蝌蚪、观察小蝌蚪生长的过程，将有助于幼儿理解这些语言内容。

项目小结

本项目内容是幼儿园科学教育活动的具体设计与指导。幼儿观察认识的对象主要有植物、动物、物体与材料、天气等，重在发展幼儿的观察技能与表达技能，认识上述事物的明显特征、多样性、异同及变化。幼儿实验操作必须简便易行，具有游戏的性质，内容包括物理实验、化学实验、植物实验、动物实验等。实验能体现幼儿"做中学"的探究特点，重在激发幼儿的好奇心，发展初步的探究能力。技术操作类活动是让幼儿通过探究制作一些常见的科学玩具，感受科技对生活的影响。科学讨论类活动重在丰富幼儿的科学经验，开阔幼儿的眼界，发展他们收集与整理信息和表达的技能。科学区和自然角是幼儿自由探索和发现的场所，教师要与幼儿一起创设适宜的区域环境，为幼儿投放丰富多样的材料，支持幼儿自主选择，按照自己的学习特点与进程进行探究和游戏。

同步练习

一、简答题

1. 简述观察认识类、实验操作类、技术操作类、科学讨论类活动的核心目标。
2. 比较观察认识类、实验操作类、技术操作类、科学讨论类活动的不同设计思路。
3. 结合实例简述科学区的环境创设。
4. 观察某幼儿园的自然角，比较不同年龄班的自然角创设有什么异同。

二、实践题

1. 学生撰写幼儿园科学探究活动方案，分组开展模拟教学。建议主题："各种各样的叶子""光和影子""制作好玩的降落伞""种子的传播"。

2. 投放（制作）若干种科学区材料，并说明玩法和规则。

三、在线测试

扫码自测

项目十一

幼儿园数学教育活动设计与指导

学习目标

1. 阐述幼儿园数学教育的内涵与意义，以及幼儿学习数学的特点；理解幼儿园数学教育的总目标、阶段目标，能撰写规范的数学教育活动目标；能列举幼儿园数学教育的几种途径，运用幼儿园数学教育的多种方法。

2. 掌握幼儿集合认知、数概念、量、模式、几何形体、空间方位，以及数运算等的发展特点与教育要求；能基于幼儿数学认知特点设计数学教育活动，并能初步做出评价。

3. 对开展数学教育活动有信心，树立以幼儿为本、以学定教的观念；感受幼儿园数学教育的重要和有趣，关爱幼儿，增强专业认同感。

学习建议

1. 以教育情境或教学案例作为先导，导出理论知识，以利于学生领会理论知识。

2. 学生重点阅读《〈3～6岁儿童学习与发展指南〉解读》中关于科学领域的解读中周欣老师对幼儿数学学习的阐述[①]，明确各种数学名词，并能区分相似的概念，如基数、序数与数序。

3. 通过见（实）习和观看幼儿园数学活动实录，体会幼儿学习数学的特点，了解幼儿的数学认知能力，提出有针对性的回应和指导策略。

---

① 李季湄，冯晓霞.《3～6岁儿童学习与发展指南》解读. 北京：人民教育出版社，2013：129－140.

思维导图

- 幼儿园数学教育活动设计与指导
  - 认识幼儿园数学教育
    - 幼儿园数学教育的内涵
    - 幼儿园数学教育的意义
    - 幼儿学习数学的特点
    - 幼儿园数学教育的目标
    - 幼儿园数学教育的内容
    - 幼儿园数学教育的途径
    - 幼儿园数学教育的方法
  - 幼儿集合认知活动设计与指导
    - 幼儿集合认知的发展特点
    - 幼儿集合认知的教育要求
    - 幼儿集合认知活动设计与指导要点
  - 幼儿数概念认知活动设计与指导
    - 幼儿数概念认知的发展特点
    - 幼儿数概念认知的教育要求
    - 幼儿数概念认知活动设计与指导要点
  - 幼儿数运算活动设计与指导
    - 幼儿10以内加减运算能力的发展特点
    - 幼儿数运算的教育要求
    - 幼儿数运算活动设计与指导要点
  - 幼儿量的认知活动设计与指导
    - 幼儿量的认知的发展特点
    - 幼儿量的认知的教育要求
    - 幼儿量的认知活动设计与指导要点
  - 幼儿模式认知活动设计与指导
    - 幼儿模式认知的发展特点
    - 幼儿模式认知的教育要求
    - 幼儿模式认知活动设计与指导要点
  - 幼儿几何形体认知活动设计与指导
    - 幼儿几何形体认知的发展特点
    - 幼儿几何形体认知的教育要求
    - 幼儿几何形体认知活动设计与指导要点
  - 幼儿空间方位认知活动设计与指导
    - 幼儿空间方位认知的发展特点
    - 幼儿空间方位认知的教育要求
    - 幼儿空间方位认知活动设计与指导要点

情景导入

最近幼儿园活动的主题是“生活中的数字”，幼儿不断报告自己找到的数字：我衣服上有数字 1、鞋子上有 20（码），书上也有数字，从 1 到 15（页），妈妈告诉我今天 20℃，我家车牌上有 558，钱上的数字有 10、20、50 和 100（元）……小林老师组织幼儿讨论“找到的数字表示什么意思，它们有什么不同”。小林老师的做法合理吗？教师应如何设计与指导幼儿园数学教育活动呢？

任务一 认识幼儿园数学教育

一、幼儿园数学教育的内涵

数学是研究现实世界的空间形式和数量关系的一门科学，具有高度的抽象性、严密的逻辑性和广泛的应用性。幼儿园数学教育是指在教师的指导下，幼儿在与周围环境的相互作用中，通过自身的建构活动，获得早期数学素质的过程。

幼儿园数学教育是幼儿主动建构的活动：数学不是教师“教”会的，而是幼儿“学”会的，幼儿是通过行动来进行数学学习的；幼儿园数学教育是幼儿与环境相互作用的活动：在幼儿建构数学知识的过程中，幼儿与环境中的物相互作用，与同伴和成人相互作用；幼儿园数学教育是幼儿经历“数学化”过程的活动：幼儿从一个具体的情境问题展开，得出一个抽象的数学概念，在生活中解决数学问题；幼儿园数学教育是幼儿全面发展的活动：幼儿在学习数学的过程中，认知、能力、情感都得到积极的发展，不仅能获得简单的数学知识和经验，发展思维能力，还能培养学习数学的自信，感受数学的乐趣，形成良好的学习品质。

知识链接 11-1

幼儿园数学教育的意义

二、幼儿园数学教育的意义

幼儿生活中到处都有数学，幼儿园数学教育有利于幼儿形成对周围世界的正确认识，有利于培养幼儿的好奇心、探索欲及对数学的兴趣，有利于培养幼儿的思维能力及良好思维品质，有利于幼儿日后的小学数学学习。

三、幼儿学习数学的特点

（一）需要依赖于操作

皮亚杰提出“抽象的思维起源于动作”，这已经成为幼儿园数学教育中广为接受的观点。幼儿在学习数学时，会经历从外部动作到内部动作的过程。小班幼儿在完成某些任务时，经常伴随着外显的动作。幼儿表现出的这些外部动作，实际上是幼儿协调事物之间关系的过程，这对于他们理解数学关系是不可或缺的。

微课

（二）需要借助于表象思维

幼儿学习数学会经历从具体到抽象的过程。在幼儿期，数学概念对幼儿来说，还没有成为头脑中一个抽象的逻辑体系，他们必须借助于具体的事物和形象来理解。幼儿对数学知识的理解开始于外部的动作，要把它们变成头脑中抽象的数学概念，还有赖于内化的过程，即在头脑中重建事物之间的逻辑关系。表象的作用在于帮助幼儿完成这一内化的过程。

在幼儿操作的基础上，引导幼儿观察实物或图片及其变化，并鼓励他们将其转化为头脑中的具体表象，不仅能帮助幼儿在头脑中建立事物之间的逻辑关系，对于幼儿抽象思维能力的发展也有极大的帮助。例如，在学习加减运算时，在幼儿进行一定操作的基础上，可让幼儿通过观察一幅图中物体之间的关系来理解加减，或者通过三幅图之间的细微变化来表现加减的关系以帮助幼儿理解，也可通过口述应用题让幼儿自己在头脑中形成相应的表象并进行运算，这些都有助于幼儿在抽象的水平上进行加减的运算。

（三）需要与日常生活情景相联系的学习背景

幼儿从真实的生活和游戏中感受事物的数量关系并体验数学的重要和有趣，是一种自然、愉快的学习。因此，把幼儿的数学学习置于有意义的、真实的日常生活情境之中，可以激发幼儿主动建构的动机，引导意义建构的方向，促使幼儿以已有的知识经验去学习新知识，同时，真实情景也为幼儿提供了将数学知识与其他知识加以整合，实现“生活化数学”“应用性数学”的契机。

幼儿许多的数学学习是发生在非正式的学习情境和日常生活问题背景中的。例如，“分类整理玩具”“统计人数”“分发碗筷”等经常发生在幼儿日常生活中；种植植物或饲养小动物的过程中，可以引导幼儿去测量它们的生长情况；在商店游戏中让幼儿学习买东西、计算商品的价格；等等。这其中实际上都隐含着数学学习活动，幼儿在不自觉之中，积累了丰富的数学经验，而这些经验又为他们以后学习数学知识提供了广泛的基础。

（四）有赖于练习和应用的活动

幼儿数学知识的掌握是一个持续不断的过程，他们用自己已有的认知结构同化外部世界，同时也建构新的知识，会经历从同化到顺应的过程。以数数的策略为例，幼儿起初是通过直觉判断比较数量多少，如根据物体所占空间多少来判断（同化），这一策略有时是有效的，但有时就会发生错误。有些小班幼儿不能正确比较数量多少，是因为他们用了不适合的认知策略来同化外部的问题情境。在这个时候，尽管幼儿知道一一对应和点数也是比较数量多少的方法，但他们还不会自觉地运用一一对应或点数去比较多少（教师也会观察到，有些中班幼儿还不能做到不受物体排列形式影响，通过对应或点数比较数量多少，而是通过直觉判断）。直到幼儿自己感到现有的认知策略不能适应问题情境了，才会去寻求新的解决办法，这时幼儿会主动改变自己的认知策略（顺应），如通过一一对应或点数的方法去适应外部环境，与环境之间达到新的平衡。幼儿园数学教育应多提供练习和运用数学的机会和条件，让幼儿在与环境相互作用的过程中，不断尝试新策略，练习和检验新获得的策略，并在应用中巩固新策略。

四、幼儿园数学教育的目标

制定幼儿园数学教育的目标，要考虑社会以及幼儿教育总目标对幼儿园数学教育的要求、幼儿身心发展的特点和幼儿园数学学科本身的规律。

（一）总目标

《纲要》将数学纳入“科学”领域，并在该领域“目标”第四条中强调，“能从生活和游戏中感受事物的数量关系并体验到数学的重要和有趣”。具体来说，幼儿园数学教育总目标可概括如下。

1. 情感与态度目标

（1）对环境中事物的数、量、空间等感兴趣，喜欢参加数学活动，具有好奇心与探究欲，具有参与和选择数学活动的主动性和独立性。

（2）养成按规则进行数学操作的习惯，以及良好的数学学习习惯。

（3）初步形成交流、合作学习的意识。

2. 认知与技能目标

（1）能从生活和游戏中感受事物的数量关系、数学思想和方法，获得有关集合、数、量、空间等方面的感性经验，并逐步形成一些初步的数学概念。

（2）具有良好的使用与操作数学材料的技能，主要包括对应、比较、分类、排序、统计、计数、简单的加减运算和自然测量等。

3. 能力目标

（1）能运用已有的数学知识经验解决简单的生活问题，培养数学运用能力，发展初步的逻辑思维能力。

（2）初步学会用适当的数学方式表达、交流数学探索的过程和结果。

（二）阶段目标

《指南》科学领域中“数学认知”方面的目标有三点：一是初步感知生活中数学的有用和有趣；二是感知和理解数、量及数量关系；三是感知形状与空间关系。幼儿数学认知三个目标的关键词是“感知”，并且是初步感知，这是基于幼儿身心特点及幼儿园数学教育的性质提出的。《指南》针对三个目标还分别提出了3～4岁、4～5岁、5～6岁的不同目标要求。数学认知目标的特点是：

（1）强调幼儿对数学的情感态度以及数学学习过程性能力方面的期望。数学认知的目标不仅仅是获得数学知识，更重要的是获得数学表征、分析与解决问题、表达与交流的能力，体验数学的重要与有趣以及学习数学的成就感。

（2）各年龄段幼儿的目标要求更多的是一种参考、参照或观察的抓手，不同幼儿具有年龄差异和个体差异，不宜直接将目标要求作为某个幼儿的评价标准。

（三）活动目标

幼儿园数学教育活动的目标在内容上一般包括情感与态度、认知与技能以及能力三方面。这些都不是一次活动就能培养完成的，大多是从幼儿获取哪些数学经验这一角度提出的。

数学活动目标应是具体的、可操作的、可评价的，尽量用行为化的语言加以描述，并结合具体内容对幼儿兴趣、情感、态度、社会性和操作技能的发展提出相关目标。

教师在活动中（或活动后）要根据目标的要求观察幼儿掌握目标的情况，判断幼儿的发展状况，对活动及时做出诊断性评价，并对后续的数学教育活动做出相应改进，提出更具有针对性的、更贴近幼儿实际的数学教育活动目标。

五、幼儿园数学教育的内容

幼儿园数学教育内容的选择既要符合数学知识本身的科学性、系统性，符合幼儿的认知发展特点和规律，又要满足幼儿为入小学做准备的需要。根据各年龄段幼儿的发展特点及不同班级幼儿的实际，有选择地将数学教育内容科学、合理地安排到各年龄班，以利于幼儿学习。具体如表 11－1 所示。

表 11－1　幼儿园数学教育的内容

类别	具体内容
集合与模式	1. 感知集合及其元素，认识“1”和“许多”及其关系 2. 用对应或计数的方法比较两种物体数量的相等和不等 3. 初步感知集合间的包含关系（真包含与相等关系）；集合的交、并、补运算 4. 学习对物体进行分类（一维特征、二维及以上特征、多角度、层级分类等） 5. 初步学习简单的统计方法（初步对生活中的资料进行收集、整理与分析，并学习用简单的记录表、统计图表来解释与判断） 6. 模式（按物体量的差异排序、按特定规则排序）
数与运算	1. 基数（包括数的实际意义、数的形成、数的守恒、相邻数和自然数列的等差关系等） 2. 序数 3. 数的组成 4. 认读和书写阿拉伯数字 5. 10 以内数的加减运算 6. 10 以内数的加减应用题
量与测量	1. 比较物体的大小、长短、粗细、高矮、厚薄、宽窄、轻重、容积等量的差异 2. 量的相对性和传递性 3. 量的守恒 4. 自然测量 5. 时间
形状与空间	1. 认识平面图形：圆形、三角形、正方形、长方形、半圆形、椭圆形、梯形等 2. 认识立体图形：球体、圆柱体、正方体、长方体等 3. 学习等分，了解图形之间的简单关系 4. 初步认识空间方位：上、下，前、后，左、右，里、外，远、近等 5. 初步认识空间运动方向：向前、向后，向左、向右，向上、向下等

六、幼儿园数学教育的途径

（一）专门性的数学活动

专门性的教学活动包括教学活动和区域活动。可参考第一章幼儿园教育活动类型的相关内容。

（二）渗透性的数学活动

数学教育可以渗透在主题活动、游戏活动、其他领域活动和幼儿日常生活中。例如，在“中国人”主题中渗透认识空间方位、数数的教育；建构游戏中，在选择积木、辨认形体、拼搭建筑物的过程中运用和巩固数学知识；进餐时，让幼儿数数有几个人吃饭，比较碗、勺的数量多少；等等。

七、幼儿园数学教育的方法

微课

知识链接 11-3

常用的数学操作材料

（一）操作法

操作法是指提供给幼儿合适的材料与环境，让幼儿自己在摆弄材料的实践过程中进行探索，获得数学感性经验和知识的一种数学教育方法。它是幼儿在头脑中构建初步数学概念的必要手段，是幼儿获得各种抽象数学概念的必经之路，也是幼儿学习数学的一种最基本的方法。操作法的显著特征是将数学概念转化成幼儿可以操作的学习活动。运用操作法时要让幼儿明确操作的要求或程序，动手、动脑、动口，通过与环境、材料充分互动，实现数学操作的价值。

（二）游戏法

游戏法是指为了学习和巩固数学知识，以游戏形式进行数学教育的方法。运用游戏法时要将抽象的数学知识寓于游戏规则中，让幼儿完成一定数学任务，实现玩中学、学中玩。将幼儿所学的数学知识与游戏形式相结合，使抽象的数学知识具体化、形象化、童趣化，符合幼儿的年龄特点。数学游戏主要包括操作性数学游戏、情节性数学游戏、感官性和运动性数学游戏、口头数学游戏、智力性数学游戏、竞赛性数学游戏。游戏法和操作法往往是相互交融的，游戏过程是离不开幼儿动手操作这一环节的，如在“图形宝宝找家”游戏中，让幼儿操作，把“图形宝宝”送到相应形状的“家”里。

（三）比较法

比较法是通过对两个（组）或两个（组）以上物体的比较，让幼儿找出它们在数、量、形等方面异同的一种方法。比较法有“同中求异”“异中求同”两种，不限于目测（观察）比较，一定要和幼儿的观察、摆弄、操作结合起来。形式有对应比较和非对应比较。

对应比较具体有三种形式：重叠比较、并放比较、连线比较。非对应比较也有三种形式：一是单排比较，将物体摆成一排或一行进行比较（可用于量的比较）；二是双排比较，将物体摆成双排进行比较（可用于数的比较，见图 11－1）；三是不规则排列的比较，将物体没有规则地摆放进行比较（可用于认识数的守恒）。

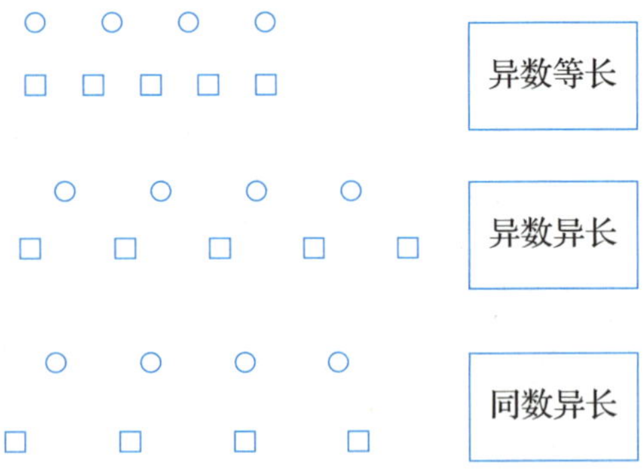

图 11－1　双排比较

（四）讲解演示法

讲解演示法是指教师通过语言讲解和运用直观教具把抽象的数学知识、技能、规则具体地呈现出来的一种方法。该方法常用于对新、难数学内容的讲解，其显著特征是既能使抽象的数学知识具体化、形象化，使幼儿获得丰富的感性经验，又能启发幼儿的思维，帮助幼儿理解内容的难点。运用该方法时要突出讲解的要点且语言要简练、准确、形象，演示的教具要直观、美观、稍大些，但不宜用太新奇的教具。

（五）寻找法

寻找法是指引导幼儿从周围环境或事物中寻找数、量、形及其关系的一种方法。该方法主要有三种形式：一是在准备好的环境中寻找；二是在自然环境中寻找；三是运用记忆表象进行寻找。运用寻找法可以将数学知识与幼儿生活联系起来，有利于数学教育的生活化。

（六）语言法

数学活动还会运用到多种语言方法，包括讲述、描述、记录、讨论等。如幼儿操作中、操作后要引导幼儿讲述、阐明自己的观点，有时需要用符号、图画、数字等进行记录，还要通过讨论让幼儿相互交流经验，教师再用简洁的语言进行梳理、小结，提升幼儿零散的经验，帮助幼儿形成初步的数概念，促进幼儿思维的发展。

案例分享 11-1

小班数学活动：饼干真好玩（大和小）

各种数学教育方法有着各自的特点，相互之间也有着密切的联系。教师应从实际出发，根据数学教育的不同内容、不同目标以及幼儿的个体差异，选择一种或几种最适合的教学方法，灵活、综合加以运用。

任务二　幼儿集合认知活动设计与指导

幼儿出现计数困难、手口不一致的情况，根本原因在于幼儿头脑中没有集合的“类与类包含”观念。例如，幼儿要准确数出一串珠子中的四颗黄色珠子，首先需在头脑中把要数的黄色珠子从其他颜色珠子中分离出来归为一个子集（求同、分类），再通过计数得出有四个，这对必须借助于动作来思考问题的孩子来说是很困难的。可见，感知集合是幼儿计数、理解数的实际意义的前提和基础。

一、幼儿集合认知的发展特点

（一）幼儿集合概念的发展阶段

幼儿集合概念的发展阶段主要有泛化笼统的知觉阶段、感知有限集合阶段、感知集合元素阶段、感知集合的包含关系阶段。

1. 泛化笼统的知觉阶段（3 岁前）

2～3 岁的幼儿产生了对集合的笼统知觉，但这种知觉是泛化的（见图 11－2），表现为他们在要更多的糖果或其他物品时常常用“多多”“好多”等词汇来表示，但意识不到集合的范围和界限。同时他们也不能一个接一个地感知集合中的元素，还无法精确地意识到元素的数量。如果悄悄把糖果拿走一两个，幼儿也不会发现。

图 11－2 笼统感知：幼儿能辨别盘子里的糖果多，盘子外的糖果少

2. 感知有限集合阶段（3～4 岁）

3～4 岁的幼儿逐渐能够在集合的界限以内感知集合，但其注意力往往集中在集合的界限上。如让 3～4 岁幼儿给四只小猫喂食物，幼儿往往只喂第一只和第四只，而不注意排在中间的两只小猫。幼儿把注意力集中在集合的界限（集合的两端元素）上，从而削弱了对所有组成元素的注意。

3. 感知集合元素阶段（4～5 岁）

4 岁左右的幼儿一般已经能把一个集合的元素与另一个集合的元素进行一一对应的摆放，并能不超出集合的界限，逐步达到准确的一一对应。此阶段幼儿已能注意到集合中元素的个数。幼儿开始准确感知集合元素，运用对应比较，并能运用计数方法比较物体多少（见图 11－3）。

图 11－3 幼儿能感知到红花和黄花一样多

4. 感知集合的包含关系阶段（5 岁后）

幼儿数数后，如果说不出总数，说明他还没有形成集合的包含概念。有人做过实验，桌上摆放着 4 朵红花、2 朵白花，问一个 4 岁幼儿：“花多还是红花多呀？”幼儿回答：“红花多。”幼儿的回答受到了具体物的影响，他所见的红花是多的，而这个年龄阶段的幼儿尚不具备对花与红花之间的包含关系的感知与抽象理解。5 岁以前的幼儿对集合中全集与子集的包含关系的理解存在一定的困难。幼儿对全集与子集包含关系的理解一般在 5 岁以后才会逐步发展与提高。

（二）幼儿集合比较能力的发展特点

幼儿集合比较能力的发展是一个逐步和缓慢的过程。幼儿先学会比较两个等量的集合，然后才学会比较两个不等量的集合。幼儿可能会运用目测估猜、对应比较、计数的方法来比较两个集合中元素的多少。幼儿一一对应的能力在 4 岁已开始发展，但发展得并不理想。研究发现，幼儿这一能力的表现是有条件的，即只有在把物体一一对应摆放时，幼儿才会使用这种方法来比较，反之他们不会自发地采用一一对应的方法。如果他们还不会运用数数来比较的话，往往会采用估猜的方法。

从 2 岁半开始，幼儿已逐步开始辨认 4 与 5 的大小。到 3 岁半以后，几乎所有的幼儿都能比较 4 与 5 的大小。4 岁幼儿即使会数数，能够运用数数的方法准确说出一个集合中元素的总数，但对两个集合进行大小比较时，也很容易受到其他因素，如物体排列方式的影响，会认为物体摆放松散的那一排数量更多。

（三）幼儿分类能力的发展特点

分类活动是幼儿感知和理解集合及其元素的同类性特征的一种表现，是幼儿数概念形成以及正确计数的基础。分类活动所涉及的分析、比较、观察、判断等基本思维过程对提高幼儿的逻辑思维能力具有重要影响，还有助于幼儿良好思维品质的培养。

为了解幼儿分类能力的发展，教师出示“狗”“人”“船”“鸟”四张图片，要求 4 ～ 5 岁幼儿从中挑出一张不同的。几位幼儿拿出了“船”，理由分别是：狗、人、鸟常常是一起出现的，船不是；狗、人、鸟都有头、脚和身体，而船没有；狗、人、鸟是会长大的，而船是不会长大的。该案例反映出幼儿分类能力的特点有：

（1）4 ～ 5 岁幼儿已具备基本的分类能力。幼儿 3 岁前往往按照自己的意愿或当时的心境摆弄物品，3 岁以后逐渐学会按照物体的一些简单外部特征分类，如在教师的要求下，按物体的颜色、大小对物品进行分类。

（2）幼儿的分类具有具体性和情境性。4 ～ 5 岁幼儿主要依据物体明显的外部特征和情境进行分类。

（3）幼儿的分类能力存在明显的个体差异。即使是同一年龄段，幼儿的分类水平也不同，有联系情境进行分类的，有依据外部特征进行分类的，有的幼儿的分类还具有一定的抽象性。一般 5 ～ 6 岁幼儿已能按照物体的功能等内部特征进行分类。

二、幼儿集合认知的教育要求

幼儿集合认知的内容包括：感知集合及其元素，认识“1”和“许多”；比较两组物体的多少（一一对应）；分类。具体要求如表 11－2 所示。

表 11－2 幼儿集合认知的教育要求

内容	教育要求
认识“1”和“许多”（小班）	1. 能区分 1 个物体和许多个物体 2. 理解“1”和“许多”之间的关系。即 1 个、1 个……合起来是许多，许多可以分成 1 个、1 个…… 3. 能在生活中运用“1”和“许多”等词汇来表达物品的数量关系
比较两组物体的多少	1. 小班：用一一对应的方法来比较两组物体的多、少和一样多（物体个数在 5 ～ 6 个） 2. 中班：用一一对应的方法来比较不同类物体或圆点的多、少和一样多（物体个数在 10 个以内）

续表

<table>
<tr><th>内容</th><th>教育要求</th></tr>
<tr><td rowspan="3">分类</td><td>小班：
1. 能按照物体的名称分类，将名称相同的物体集中在一起；或根据范例和口头指示从一堆物体中分出一组物体
2. 按照物体的某一种外部特征（如颜色、形状、大小等）进行分类
3. 能按照物体量的差异（如大小、长短、高矮等）进行分类
4. 学习与分类有关的词语，如相同、不同、不一样、一样等</td></tr>
<tr><td>中班：
1. 能从一堆物体中把不属于这一集合的元素找出来
2. 按照物体外部或量的某一特征（如轻重、粗细、厚薄等）进行分类
3. 按照物体间的数量关系进行分类
4. 初步学会对物体进行多角度分类
5. 初步学习运用分类标记
6. 学习并掌握相关的词语，如分开、分成、合起来等</td></tr>
<tr><td>大班：
1. 能按物体某一特征的肯定与否定进行分类
2. 能按照物体的两种不同特征进行分类并学会做记录
3. 能按照物体的用途、联系、材料的性质和包含关系等进行分类
4. 能自己确定分类标准进行多角度分类，并表述自己分类的理由
5. 能进行层级分类，理解类与子类的包含关系</td></tr>
</table>

三、幼儿集合认知活动设计与指导要点

（一）认识“1”和“许多”

微课

1. 活动设计

（1）通过观察比较，区别1个物体和多个物体。区分“1”和“许多”是幼儿认识“1”和“许多”的第一步。教师可以先选用数量分别为1个和多个（以看上去觉得有很多为宜）的实物教具来引导幼儿观察比较。

（2）运用多种感官感知“1”和“许多”。如让幼儿通过听声音来辨别什么东西响了1下、什么东西响了许多下。

（3）通过寻找物体的活动，加深幼儿对“1”和“许多”的认识。教师可以给幼儿创设一些情境，引导幼儿在自然或有准备的情境中寻找存在1个和许多个的对应关系的事物。如在幼儿的活动室里可以引导幼儿找出有1个老师、许多个小朋友；有一架钢琴、许多个小手鼓。

（4）在各类游戏活动中，通过分与合的操作，巩固幼儿对“1”和“许多”关系的理解。如小兔子拔萝卜游戏，其步骤如下：

第一步，引导幼儿观察，有几个兔妈妈的头饰（1个），有几个兔宝宝的头饰（许多个）。

第二步，引导幼儿观察萝卜地里的萝卜，第一块萝卜地里有几个大萝卜（1 个），几个小萝卜（许多个）。每只小兔拔一个萝卜，感知“许多”萝卜被分成一个一个的。

第三步，兔妈妈要求每个宝宝边放边说“我往篮子里边放了一个萝卜”，感知理解一个一个的萝卜合在一起变成“许多”萝卜。

小兔子拔萝卜的游戏情境中隐含了多个“1”和“许多”的关系，幼儿通过扮演兔宝宝的角色，在分与合的具体操作中感知、理解“1”和“许多”的关系。

2. 指导要点

（1）运用多种感官，启发幼儿观察比较。

（2）先区分“1”和“许多”，再理解“1”和“许多”的关系。

（3）多种方式相结合帮助幼儿理解“1”和“许多”的关系。

（二）比较两组物体的多少

比较两组物体，即找出两个集合元素间的对应关系，一般有数量与数量的对应、形状与形状的对应、物体与位置的对应以及各种关系的对应。此处主要讨论物体的数量与数量的对应比较。如图 11－4 至图 11－6 所示。

图 11－4　给小熊戴围巾（重叠比较）

图 11－5　请小熊吃蜂蜜（并放比较）

图 11－6　动物爱吃什么（连线比较）

1. 活动设计

（1）运用日常生活中幼儿熟悉的物品，遵循“学会对应—观察比较—判定表达”的程序，此处重点介绍引导幼儿掌握重叠和并放对应比较技能的方法，具体步骤如下：

第一步，教师可选择适宜重叠对应的物体和并放对应的物体，通过讲解演示或发出指令性语言引导幼儿操作，启发幼儿学习将两组物体一一对应的方法：一是一组物体一个对一个地分别叠放在另一组物体的上面或里面（重叠对应）；二是一组物体一个对一个地分别摆放在另一组物体的前面或旁边（并放对应）。

第二步，引导幼儿观察比较两组物体的对应情况，注意对应的结果。如幼儿完成了将若干对象进行重叠或并放比较的操作之后，教师要启发幼儿注意到“盘子摆完了，每个娃娃前面都有一个盘子”或“盘子摆完了，每个娃娃前面都有一个盘子，但现在还有一个盘子”或“盘子摆完了，但现在还有一个娃娃前面没有盘子”的结果。

第三步，根据对应结果，教师提问“什么多、什么少?”，引导幼儿对两组物体数量的相等与不等进行判定并表述。如“小碗和小勺一样多”“娃娃和盘子不一样多，娃娃多，盘子少”“娃娃比盘子多一个，盘子比娃娃少一个”。

（2）创设情境，引导幼儿巩固运用重叠、并放的方法进行比较的技能。幼儿初步掌握了重叠比较和并放比较的技能之后，教师可以创设游戏和生活情境，引导幼儿进行练习，巩固对应技能。

2. 指导要点

（1）匹配的物体要是幼儿生活中熟悉的，匹配的形式可以多样，教师不要将匹配固定化、唯一化，如小碗可以和勺子匹配，也可以和盘子匹配。

（2）对应比较两组物体时要有层次性。先学习重叠比较，再学习并放比较；先比较两组数量一样多，再比较数量不一样，物体的数量相差 1（小班，以后可增加）；表述时不要出现数词，用“一样多”“不一样多”“多些”“少些”来表达比较结果。

（3）对应比较两组物体时数量应为 5 个以上。超出目测范围的对应比较才有实际意义，4 以内的数量比较采用目测方法即可得出结论，有的幼儿还会说出有 3 个、4 个。对小班幼儿来说，建议两组物体数量为 5 ～ 6 个。

微课

（三）分类

1. 活动设计

（1）小班分类活动的设计。

1）学习按物体名称分类，初步形成“类”的印象。

根据幼儿的生活经验，选择诸如“花”“球”“石头”等幼儿熟悉其名称的物体，通过多种方式来引导幼儿动手将相同名称的物体摆在一起，在亲自感受和体验的过程中，形成“类”的最初印象。

2）感知和辨认物体的特征差异，为分类做准备。

教师利用幼儿认识物体相同名称的经验，启发幼儿仔细观察、发现物体的特征差异（如颜色、形状、大小、高矮、长短等），以便确定分类标准，为进一步的归类活动做准备。

3）在游戏情境中学习按照某一个特征进行分类。

在幼儿对物体的颜色、大小、形状、高矮、长短等特征和差异进行了观察、比较、辨别的基础上，教师可以通过创设游戏情境，从以下几个方面引导：

- 给予示范引导。先拿出一个物品作为范例，再让幼儿和教师一起摆放。
- 给予口头提示。让幼儿按教师的口头要求进行分类。例如，教师让幼儿注意到叶子“有的是绿色的、有的是黄色的”之后，可以直接发出口令，要求幼儿“将绿色的叶子放进第一个盒子，把黄色的叶子放进第二个盒子”。
- 给予标记暗示。教师启发幼儿理解一定的标记，让幼儿在标记的提示下进行分类。如预先将○、△、□形的小卡片分别贴在三个盒子的外面，教师可以先让幼儿注意到其标记形状的区别，启发他们学习按照形状标记来分类，如图 11 - 7 所示。

图 11－7 动物商店：按形状分类

（2）中、大班分类活动的设计。

1）多角度分类活动的设计。

知识链接 11-4

分类标记

● 学习多角度观察物体特征，为多角度分类打下基础。充分利用身边资源，如利用班级的玩具启发幼儿从材料、名称、玩法等不同角度进行观察比较。幼儿通过从不同角度观察比较物体而获得对物体多方面的初步感受和领悟，学习灵活地确定分类标准。

● 提出开放性问题，逐步引导幼儿对物体进行多角度分类。教师提出“可以怎么分？还可以怎么分？”“可以用哪些不同的方法来分？”等具有挑战性的开放性问题，激发幼儿的发散性思维和探索欲望；还可以采用小组讨论、竞赛等组织方式，以适应幼儿不同的能力水平。

● 逐步引导幼儿学习运用分类标记。

2）层级（多层次）分类活动的设计。

这类活动通常在大班开展。最初的层级分类活动只设计到二级分类，即教师引导幼儿进行一级分类之后，启发幼儿发现一级分类之后的物体特征，再进行二级分类，之后也可再进行三级分类。整个过程遵循“观察差异，确定分类标准—分类操作（第一级）—表达，思考是否还能再分，再次确定分类标准—分类操作（第二级）—表达、贴上分类标记”的程序。

教师向幼儿提供“层级分类板”（见图 11－8）等辅助材料，使分类的层次、集合与子集的包含关系能直观地反映出来。

图 11－8 层级分类板

3）按照物体两种及以上特征分类活动的设计。

● 利用层级分类的结果，学习按物体两种及以上特征分类。物体经过多层次分类所构成的集合，其元素所具有的相同特征便是多个的。对物体两种及以上的相同特征同时产生注意正是幼儿按照物体两种及以上特征分类的必需经验。例如，在大班“分积木”活动中，教师引导幼儿观察两次分类后的四堆积木，幼儿用分类标记记录结果，如将画有相应的色块和形状的记录卡片分别放在各堆积木上面，引导幼儿用语言表述分类的结果，如“这堆都是红色的、方形的积木，这堆都是……”，以此来帮助幼儿同时注意到这些物体有两种及以上的特征是相同的，从而理解其分类的标准。利用层级分类的结果，可以帮助幼儿迁移经验学习按物体两种及以上特征分类。

- 在具体情境中将具有两种及以上相同特征的物体进行归类。教师可以结合生活或游戏情境，向幼儿提出一定的规则要求，引导幼儿将具有两种及以上相同特征的物体进行归类。例如，结合生活中的整理书架情境，教师向幼儿提出“把厚的、宽的图书放在最下边一层”；在“开超市”的游戏中，教师向幼儿提出“把相同颜色、外形的饮料按大小分开摆放”。无论在哪种情境下，教师都要尽可能地组织引导幼儿用语言表达分类的结果，用分类标记记录结果，促使幼儿在头脑中进行抽象和概括。

知识链接 11-5

分类材料的层次性

2. 指导要点

（1）充分利用自然条件和日常生活情境。如根据运动方式给动物分类，根据生长环境给植物分类；整理图书时按照大小摆放。

（2）精心选择和投放材料，材料要具有针对性和层次性。

（3）明确分类标准，引导幼儿观察和思考，拓展和尝试多种分类形式（见图 11－9）。教师要提醒幼儿不要立刻开始分类，先引导幼儿仔细观察材料并进行充分思考来确定分类标准；在幼儿动手分类的过程中，教师还有必要提醒幼儿恪守分类的标准。

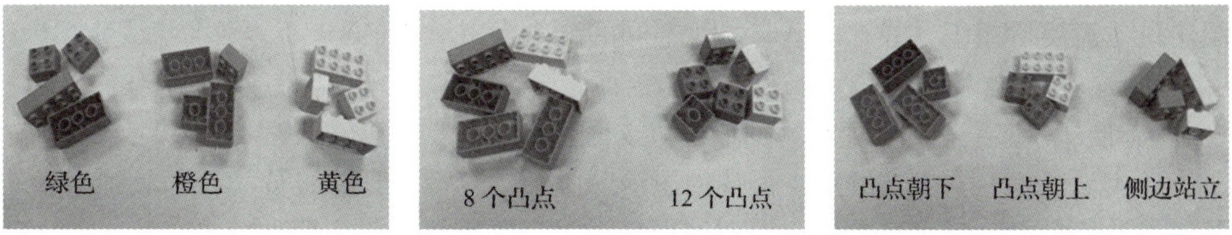

图 11－9 多角度分类

（4）鼓励和引导幼儿表达和交流分类结果。如请幼儿回答看到哪些小朋友分的与自己的不一样、自己是怎么分的、别人是怎么分的、哪些地方不一样等。当然，在幼儿交流和表述的基础上，教师要适时进行归纳和提升，帮助幼儿梳理有关分类的关键性经验。

任务三 幼儿数概念认知活动设计与指导

一、幼儿数概念认知的发展特点

（一）幼儿计数能力的发展

计数是一种有目的、有手段、有结果的操作活动。计数活动实质上是在具体集合的元素与自然数列里从“1”开始的自然数之间建立起一一对应关系，数到最后一个元素所对应的数就是计数的结果，即总数。幼儿计数能力的发展程度标志着其对数的实际意义的理解程度，通过计数活动，幼儿的数概念得以初步形成。幼儿的计数活动涉及的元素较多，需要手、口、眼、脑等多种感官的协调配合运用。幼儿计数能力的发展过程一般可分为以下几个阶段：口头数数、按物点数、说出总数、按数取物、数的守恒、按群计数等。

知识链接 11-6

幼儿计数能力的发展阶段

（二）幼儿认识数序的发展

数序是指每一个数在自然数列中的位置以及与相邻两数之间的大小关系。幼儿对数序的认识一般依次经历以下几个阶段。

1. 学习比较前后两数的大小

幼儿比较数的大小的能力比计数能力的发展要晚一些。

（1）3～4 岁幼儿多数能按物点数数量在 5 以内的物体，但只笼统地知道“4 个多、3 个少”，不能比较前后两数“多 1、少 1”的大小关系，也不能准确表达数的大小关系。

（2）4～5 岁幼儿基本上能领会数的形成（如 2 个物体加上 1 个物体就是 3 个物体），逐步理解前后两个数之间“多1、少 1”的关系。此阶段幼儿对两数之间关系的理解一般是借助实物并依赖一定的计数活动的比较来实现的。

知识链接 11-7

正确数数要遵循的五个原则

2. 理解相邻数之间的关系

相邻数指的是自然数列中与任意一个数相邻的前后两个数（如 3 的相邻数是 2 和 4，4 的相邻数是 3 和 5）。相邻三个数之间的关系实际上是自然数列的等差关系的一种具体表现。在比较前后两数大小经验的基础上，5～6 岁幼儿基本可以理解某个数与其相邻两数之间的大小关系，初步理解“每个数都有两个邻居，它比前面的邻居多 1、比后面的邻居少 1”。6 岁左右幼儿能在成人的指导下对相邻数的关系做进一步的抽象和概括，在按顺序排列好的 1～10 中，初步理解随便哪一个数都比它前面的一个数多 1，比它后面的一个数少 1。

3. 初步对数进行排序

正确排列 10 以内的自然数，需要具有能比较前后两数大小和理解相邻数之间关系的基础。因此，幼儿 4 岁以后才能逐步开始按物体的数量多少进行排序，5 岁以后基本上能过渡到对数进行排序。

（三）幼儿认识序数的发展

幼儿认识序数，需具有按物点数和对物体顺序进行排列的经验基础。因此，幼儿对序数的认识迟于对基数的认识，并且会出现序数与基数相混淆的现象，如问“第几个”，幼儿会回答“3 个”。一般在 4 岁以后幼儿对序数的认识才能逐步得以正确的发展。

4～5 岁幼儿能从一个方向（如从左到右）正确说出 10 个以内排列的物体中，某个物体是“第几个”或按要求取出“第几个”物体。5～6 岁幼儿能分别从两个相对方向（如从左到右、从右到左）正确说出在 10 个以内排列的物体中，某个物体是“第几个”。

（四）幼儿认识数的组成的发展

数的组成（幼儿阶段只学习一个数分成两个部分数）是一种概念水平上的运算，也是进一步理解数之间关系的标志（总数与两个部分数间的包含关系，部分数与部分数之间的互换关系和互补关系）。幼儿在抽象概念水平上掌握数的组成关系，是学习加减数群关系的基础。因此，幼儿掌握数的组成比理解基数、序数等都要困难。

5 岁以后幼儿多数能够借助实物进行分合操作，初步理解数的组成的含义。如会按要求把数量在 10 以内的物体分为不同的两个部分，再把这两个部分合起来成为原来的整体，理解总数与部分数之间的关系。

6 岁左右幼儿基本上能掌握 10 以内数的组成，能掌握和用语言表达出数 2 ～ 10 各数的所有组成形式，理解总数与部分数、部分数与部分数之间的关系。

（五）幼儿认读和书写阿拉伯数字的发展

数字是数学“符号语言”的一种重要的表示形式，当人们使用数字时，实际上就是在“抽象”地运用数目了。幼儿认识数字不仅要知道数字的读法与写法，更重要的是要逐步感知数字所代表的意义。

4 ～ 5 岁幼儿已经能感知并理解一定数目的含义，对许多符号产生了兴趣，因此可以引导幼儿感知与认读 10 以内的阿拉伯数字，通过认识、理解数字符号的意义来形成数量的表象，是幼儿形成数概念的一个重要过程。

5 ～ 6 岁幼儿握笔能力和绘画能力增强，能开始学习书写 1 ～ 10 这 10 个阿拉伯数字。这能够为幼儿学习抽象数字符号运算打下一定的基础。

二、幼儿数概念认知的教育要求

幼儿数概念认知的教育要求具体如表 11－3 所示。

表 11－3　幼儿数概念认知的教育要求

班级	内容	教育要求
小班	10 以内基数	1. 能手口一致地点数数量在 5 以内的物体，并说出总数，初步理解 5 以内基数的实际意义 2. 会按要求取出数量在 5 以内的物体（按物取物、按数取物、按物取数） 3. 能用数词描述事物或动作，如“我有 4 本书”
中班	10 以内基数	1. 能正确点数数量在 10 以内的物体并说出总数，按要求取出数量在 10 以内的物体 2. 认识数的形成，知道 10 以内相邻两数之间“多 1、少 1”的关系 3. 能不受物体的大小、形状或排列形式等的影响，正确判断 10 以内的物体数量，建立初步的数的守恒观念
	10 以内序数	1. 理解序数的意义，会区别“第几”和“几个” 2. 能从不同方向（从前到后、从后到前，从上到下、从下到上，从左到右、从右到左）确定物体的排列顺序 3. 能用序数词正确地表示物体的排列次序，并能初步联系生活中的实际问题进行简单的运用
	认读数字	能正确认读阿拉伯数字 1 ～ 10，并能用数字正确地表示 10 以内的物体数量

续表

班级	内容	教育要求
大班	10 以内基数	1. 能以 2 个、5 个物体为单位进行计数，并能认识单、双数和零 2. 掌握 10 以内数的相邻数，理解相邻数间的关系 3. 掌握 10 以内数的顺序并能正确地进行排序，能对 10 以内数列进行顺数、顺接数，倒数、倒接数 4. 能用简单的记录表、统计图等表示简单的数量关系
	10 以内数的组成	1. 掌握 2 ～ 10 各数的组成形式，理解数的组成的含义（一个数可以分成两个数，所分成的两个数合起来就是原来的数） 2. 初步理解数的组成中总数与部分数的关系（包含关系、大小关系、等量关系） 3. 初步理解数的组成中部分数与部分数的关系（互换关系、互补关系）
	书写数字	能正确书写阿拉伯数字 1 ～ 10，养成良好的书写习惯（笔顺正确、书写工整、姿势标准等）

三、幼儿数概念认知活动设计与指导要点

（一）10 以内计数活动

1. 学习按物点数，初步理解数的实际意义

微课

（1）讲解演示，训练数数常规，学习用手进行 5 以内点数技能，并说出总数。

小班重点是让幼儿知道该怎样按物点数和知道点数的最后一个数就表示“一共有几个”。引导幼儿掌握三方面技能：口说数字；手点实物；数字与要数的单位物体一一对应，并用数字表示点数结果。在小班幼儿刚接触计数活动时，宜将物体摆放成一行，以便幼儿观察和点数。

案例分享 11-2

娃娃过生日
（认识基数 4）

（2）变式训练，让幼儿独立练习，巩固点数的技能。

在幼儿数学教育中常用变式训练的方式，即变换物体的种类或排列形式，或者变换点数方式，让幼儿用手指从模仿练习到独立地练习按物点数，在此期间注意强调“一共有几个”。常用的数数变式训练方法有以下几种：

1）变换物体的种类：点数数量相同的多种不同实物，如数量相同的蔬菜、水果、玩具、动物等；

2）变换物体的排列形式：可以将数量相同的物体排成行、列、圈或进行不规则排列，也可以改变物体排列的疏密程度等；

3）变换点数方式：如移动物体点数、边摆放边点数、点数静态物体、在书面作业单上点数。

（3）用数字表征数量、认读数字，理解数的实际意义。

通过反复的点数训练，促使幼儿手口动作达到协调一致，在幼儿的头脑中建立起

数字（如“4”，抽象数字）与相应数量（如“4 个物体”，实物数量）之间的联系，知道点数的最后一个数是几就表示一共有几个。如教师通过提问引导幼儿：“娃娃、小蛋糕、苹果的数量都是 4 个，可以用数字几表示？”

（4）幼儿认读后，教师可以让幼儿找出一定数量的物体，如 4 把椅子，再总结：4 可以表示任意 4 个相同物体的数量。

每一次点数活动都始终围绕着“最后数到几就表示一共有几个物体”“一个数可以表示相同数量的任何东西，任何东西只要数量相同都可以用同一个数来表示”来进行，让幼儿掌握用手指点数物体与口说数字一致的技能，感知 5 以内基数的含义。

2. 学习目测数数，体会数与物体数量的对应关系

中班幼儿计数活动的主要任务是计数范围的扩大和计数方式的改变，即点数的物体数量从 5 个逐步扩展到 10 个；不用手只用眼睛点数物体（目测数数）。同样采取演示讲解和变式训练的方法，如果刚开始幼儿目测数数有困难，可允许幼儿用点头、跺脚或隔空点数的动作进行辅助，如“看一个东西，点一下头，说一个数”，点数的物体可以是不同颜色、大小、形状和排列方式的不同数量的物体，如点数不同颜色的 5 朵小花和 6 个气球、不同大小的 7 辆飞机、不同排列形式的圆点图卡等，这有助于幼儿初步建立数的守恒观念。

3. 学习默数的技能，达到对 10 以内基数的初步理解

大班幼儿需要进一步巩固目测数数的能力，并从大声说出数字发展到小声甚至不出声的默数（在头脑中进行点数）。结合单双数、按群数数的认识来学习，教师要和幼儿一起收集丰富多样的材料，让幼儿在教学活动、区域活动、游戏、实际生活操作中练习和运用默数的技能。

（二）学习按数取物，初步掌握基数概念

在幼儿能手口一致点数物体、说出总数的基础上，教师根据幼儿的发展水平，设计不同难度、不同形式的按数取物活动。一般采用操作法、游戏法，运用多种感官进行，中、大班还可以结合竞赛性活动来进行。

知识链接 11-8

按数取物练习的形式

（三）认识 10 以内数序

数序，指数的排列顺序。掌握数序是建立在比较数的大小和认识相邻数的经验基础上的，学习顺序为：比较数的大小→认识相邻数→认识数序。

1. 结合数的形成，比较相邻两数的大小

此类活动一般在中班进行。比较数的大小一般有两种形式：一是比较 10 以内的自然数列中相邻两个数的大小（如 1 与 2）和两个数之间“多 1”与“少 1”的数差关系（如 2 比 1 多 1，1 比 2 少 1）；二是比较 10 以内自然数列中某个数与其他数的大小，如“认识比 4 大的数”只要能说出“5 比 4 大”“6 比 4 大”等即可，并不强求幼儿掌握这些数比 4 大多少。本任务重点讨论第一种。

第一步，感知数的形成（以 5 为例）。首先，以并放对应的形式出示数量相等的两排物体，让幼儿通过对应比较确定其数量相等，并说出数字；其次，教师在下面一排物体的末端添上一个同样的物体，让幼儿直接观察到物体数量的变化过程，引导幼儿计数并说出新的数字；最后，启发幼儿用语言表达这个新数的形成过程，如“4 添上 1 就是 5”。

第二步，理解、体会相邻两数的大小关系。引导幼儿观察比较两排物体的数量，启发幼儿对两数进行大小比较，理解相邻两数之间“多 1”和“少 1”的关系，并用语言表达“5 大 4 小，5 比 4 多 1，4 比 5 少 1”。

第三步，变一样多或不一样多，感知两数之间的数差。引导幼儿用“添上”和“拿走”的方法将两排物体的数量由不等变成相等或由相等变成不等，在数量的转换中感受、体会和理解相邻两数之间“多 1”和“少 1”的数差关系。

2. 认识相邻数

学习相邻数在大班一般分为两个阶段进行，即认识 2 ～ 5 的相邻数与认识 6 ～ 9 的相邻数。下面以 5 的相邻数为例说明引导幼儿认识相邻数的基本过程：

第一步，一一对应摆放三组实物，匹配数字。创设“动物乐园”的情景，要求幼儿将三种动物（3 只小猫、4 只小兔、5 只小狗）从少到多对应排好，说说动物分别有几只，并将数卡放在对应的动物下方。

第二步，比较、感知相邻数的含义。要强调中间一组与前后两组的比较，引导幼儿说出 4 只小兔比 3 只小猫多 1 只、4 只小兔比 5 只小狗少 1 只，4 比 3 多 1、4 比 5 少 1。之后教师和幼儿小结出：一个数有两个相邻数，前一个数比它少 1，后一个数比它多 1。

第三步，探索、发现相邻数的规律。在幼儿充分感知 2 ～ 5 相邻数的基础上，启发幼儿思考：2 ～ 5 的相邻数有哪些相同的地方，有什么秘密？引导幼儿发现自然数列中任何一个数与其相邻数之间都存在着“多 1”和“少 1”的等差关系。

第四步，通过游戏和操作巩固对相邻数的认识。如音乐游戏“找朋友”“坐火车”；口头游戏“好邻居”；纸牌朋友接龙；书面作业单填空等。

3. 认识数序

（1）利用比较数的经验，感受数的排列顺序。

下面以“给 6 以内的数字排队”为例说明“按物体数量排序→数字的匹配→理解数序”的过程：

第一步，给幼儿每人 6 张分别画有 1 ～ 6 个圆点的圆点卡片和相应的数字卡片，要求幼儿按圆点数量将六张圆点卡片“从少到多”排序；之后，在圆点卡片的下方配上相应的数卡，并鼓励幼儿读一读，让幼儿感受数的正向排列顺序。

第二步，要求幼儿按圆点数量将六张圆点卡片“从多到少”进行排序；排序之后，在圆点卡片的下方配上相应的数字卡片并鼓励幼儿读一读，让幼儿感受数的逆向排列顺序。

第三步，教师和幼儿一起讨论、概括出数的排列顺序。

第四步，教师随机抽取数字卡片，提出“5 应该排在几和几的中间？”“4 的前面应排哪个数、后面应排哪个数？”“6 的前面有哪几个数？”等问题，让幼儿应用、巩固数序知识。

（2）利用不同形式的数数，掌握数序。

1）顺数和顺接数。

顺数：指按递增的方向有序地进行数数（1，2，3…）。在数的过程中帮助幼儿理解数序，随着对10以内自然数列的等差关系的掌握，幼儿会慢慢发现“从1数到10越来越大，后面一个数都比前面一个数大1”的数序特征。

顺接数：指按顺数的方向从任意一个数开始接着往后数（3，4，5，6，7…）。顺接数有利于幼儿理解数序的规律、训练思维的敏捷性。

2）倒数和倒接数。

倒数：指按递减的方向有序地进行数数（10，9，8，7…）。由于倒数时，幼儿要在头脑中对数序进行逆向转换，因此，倒数的难度大于顺数，有利于培养幼儿的逆向思维能力。学习倒数时，首先，出示实物教具让幼儿看着实物大声地慢慢数，所数的教具要能直观地呈现10到1的递减规律。其次，在幼儿倒数的过程中引导其发现“从10数到1越来越小，后面一个数都比前面一个数小1”的递减规律。最后，让幼儿逐渐摆脱教具并加快速度进行倒数的练习。

倒接数：指按倒数的方向从任意一个数开始接着往前数（8，7，6…）。学习倒接数时，首先，采取从顺向转换为逆向的方式，帮助幼儿进行倒接数的练习，如1，2，3，3，2，1；4，5，6，7，7，6，5，4。其次，出示10以内的任意一个数，让幼儿大声念出从该数倒接数数到1的各数。最后，通过游戏形式对倒接数进行训练与巩固。

（四）学习10以内数的守恒

让幼儿通过操作来感知与体验数的守恒，教师要注意在活动过程中运用各种变式，关键是要让幼儿掌握“数数”这个基本的方法来判定集合中元素数量的不变性。

首先，从操作材料的外部特征和排列形式入手，创设具有视觉性暗示因素的情境。

其次，在幼儿对物体的操作与摆放等各种活动的过程中，创设感知机会，让幼儿通过“数数”这一基本方法，初步感知物体数量的不变性。

最后，与幼儿一起归纳出“数的守恒规律”，使幼儿在活动中逐步理解数的守恒。

知识链接 11-9

认识单、双数

知识链接 11-10

认识数字“0”

（五）认识序数

幼儿认识序数需要具备按物点数与初步理解基数意义的经验，一般分为两个阶段：一是认识5以内的序数；二是认识10以内的序数。幼儿认识序数的关键有两点：一是从哪里开始数（起点）；二是朝什么方向数（方向性）。

1. 认识5以内序数

活动重点是：初步理解序数的意义，掌握判定物体排列次序的基本方法；难点是：

理解序数的方向性。

（1）演示讲解：感知物体序列与序数词，理解序数的含义。

选择 5 个不同的对象按一个维度从左到右进行排序，用计数的方法确定其位置。

在讲解时突出序数词“第几”，注意提问的灵活性，如：“××排在第几位？第 2 位排的是谁？”

（2）变式练习：学习物体的各种变式序列，理解序列的方向性。

让幼儿在游戏和操作过程中，按一个维度变换序列的方向，即从左到右或从右到左、从上到下或从下到上。在确定序数时，一定要引导幼儿先确定序数的方向，明确是从什么方向开始数的，是从左到右还是从上到下，再开始数数，判定物体的位置。

注意事项：1）教具排列要具有多样性，为从不同方向判断序数创设条件。2）明确从哪里数起、按什么方向数的问题，必要时对方向做出标记。3）强调运用计数的方法确定序数。4）初步区分基数与序数，比如通过操作拿“第几个”和“几个”来体验二者的不同。

微课

案例分享 11-3

中班：小动物排队坐车（序数）

2. 认识 10 以内序数

在认识 5 以内序数的基础上，做出以下两个方面的调整：

一是扩大范围，熟练掌握 10 以内的序数：方法与认识 5 以内的序数相同，掌握序数的起点和方向。

二是拓展维度，提高幼儿判定物体排列次序的能力：从两个方向综合考虑来判定物体的排列次序。

以“小动物搬新家”为例，具体过程如下：

第一步，操作、表达，二维确定序数。每组发一张有若干层，每层有若干个房间的“楼房”挂图，以及“小动物”若干，让幼儿帮助小动物搬新家，把小动物贴在不同楼层的不同房间，再从两个不同方向确定房间位置，并描述操作结果。

第二步，思考、梳理，归纳重难点。从两个方向综合考虑来判定物体的排列次序。如从上到下、从左到右，小鸟住在第 10 楼的第 3 间；从下到上、从右到左，小鸟住在第 1 楼的第 8 间。

（六）认识 10 以内数的组成

1. 活动设计

可以将整个学习过程分为递进性的几个阶段：小数字（2、3、4）重点是学习分合、理解含义；认识 5、6、7 的组成，将重难点放在探索数的组成规律上；认识 8 ～ 10 的组成，引导幼儿运用规律分析数的组成。

（1）分合操作，理解含义。

引导幼儿认识 2、3、4 几个数的组成，可以是一次集中活动，也可以是若干次区域活动。教师在幼儿操作的基础上讲解演示，帮助幼儿理解数的组成的含义。重点是掌握数的组成的含义，理解整体与部分的关系（如 4 可以分成 3 和 1，3 和 1 合起来是 4，

4 比 3 和 1 大）；难点是掌握数的组成的多种形式及多种形式的排列关系（4 的组成有 3 种形式，分别是 3 和 1、2 和 2、1 和 3）。教师还要向幼儿介绍数的组成的表示方法，讲解分合式。

（2）归纳规律，提升概念。

通过操作，启发幼儿探索数的组成规律。从 5、6、7 几个数的组成入手，引导幼儿将两个部分的数进行交换操作，并思考“两数位置交换后有什么变化”，启发幼儿发现并归纳出“互换律”：“一个数分成两个数，这两个数前后位置交换后，合起来还是原来的数”（也称为数的组成的互换关系）；将数的所有分法列在一起，得到两列数字（见图 11－10），引导幼儿思考“左右两列数字分别是怎么排列的，有什么规律”，归纳出数的组成的“互补律”：“一个数分成两个数，一个数减少 1，另一个数增加 1，这两个数合起来还是原来的数”（也称为数的组成的互补关系）；最后讲解这样分的优点，即有次序，很整齐，也记得牢，不会漏掉或重复，分的速度也快等。

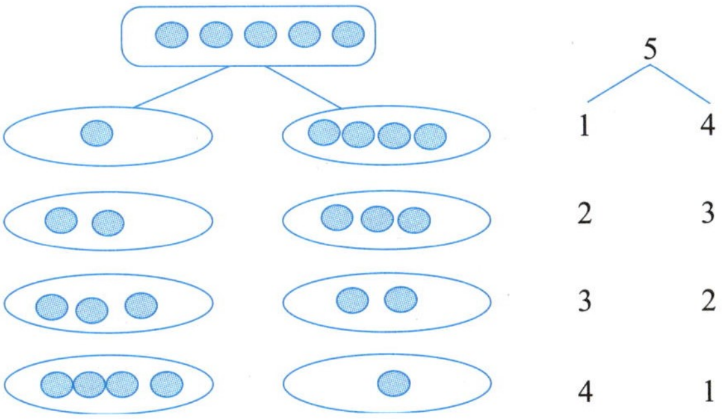

图 11－10　5 的组成

（3）运用规律，学习新知。

8、9、10 几个数的组成的认识，不必再像前几个数一样采用操作归纳的学习方法，而要借助已有经验进行推导，运用数的组成规律推导出新数的组成。下面以 8 的组成为例进行说明：

第一步，复习。出示数字 7，复习 7 的组成，按互换律、互补律，列出 7 的全部分合式。

第二步，推导。启发幼儿按数的组成的互换律、互补律，共同讨论、探讨、表达出 8 的 7 个分合式。

第三步，验证。提供材料让幼儿进行分合操作，加以检验，论证 8 的全部组成形式。

知识链接 11-11

数字的认读与书写

（4）多种方法，复习巩固。

结合各种分合操作、撒瓶盖、对数游戏、碰球游戏、书面作业等方式巩固对数的组成的认识。

2. 指导要点

（1）学习数的组成要注意从直观到抽象，先实物操作，再用圆点表示，最后用抽象数字表示（见图 11－11）。

（2）用分合式表示并完整表述，包括数的分与合的过程（见图 11－12）。

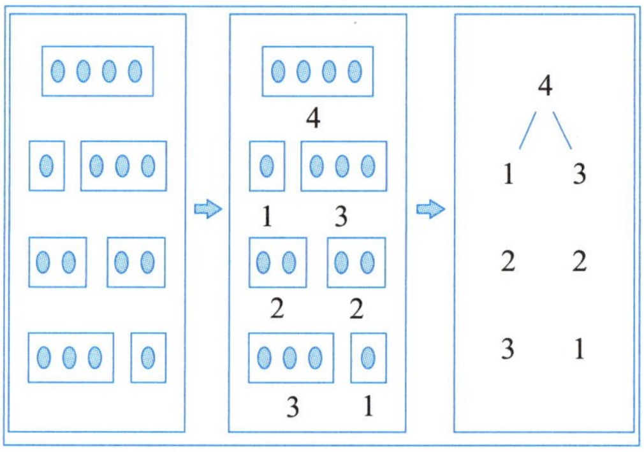

（用圆点表示数）（给圆点配数）（用分合式表示）

图 11－11　用圆点和数表示数的组成

3可以分成1和2　1和2可以合成3

图 11－12　用分合式表示数的分与合

任务四　幼儿数运算活动设计与指导

一、幼儿 10 以内加减运算能力的发展特点

（一）经历从具体到抽象的过程

微课

1. 动作水平的加减

这是指幼儿要以实物、图片等直观材料为工具，借助于合并、分开等动作进行加减运算。如幼儿用移动实物、逐一点数的方法寻求得数，或者是伸出自己的手指进行逐一点数寻求得数。一般认为，4 岁幼儿处于该水平。

2. 表象水平的加减

这是指幼儿可不借助直观的实物和动作，而依靠头脑中呈现的物体表象进行加减运算。运用表象进行加减是 5 岁左右幼儿学习加减的主要手段，最典型的是口述应用题，它以表象为依托，能帮助幼儿理解题意、数量关系和运算符号，选择正确的方法进行运算。如问幼儿：“草地上来了 2 只小鸡，又来了 1 只小鸡。现在草地上一共有几只小鸡？”幼儿听后会马上回答“一共有 3 只小鸡”。

3. 概念水平的加减

概念水平的加减也称作数群概念水平的加减，是指直接运用抽象的数概念进行加减运算，无须依靠实物的直观作用或以表象为依托，这是较高水平的加减运算。如口述或直接呈现加法题“2 + 1 = ?”，让幼儿单纯依据抽象的数字来进行加减运算。

（二）学习减法比加法难

幼儿减法运算的错误率比加法运算高，减法学习起来比较困难。原因主要有三点：

（1）受生活经验的影响。幼儿在生活中接触加法先于减法。（2）受运算方法的影响。在进行加法运算的时候，幼儿可以运用顺接数的方法；而在进行减法运算时，要运用倒接数的方法，这种逆向思维对幼儿来说很困难。（3）受数群关系的影响。减法是加法的逆运算，幼儿用数的组成知识学习减法时，需具备三个数群关系的逆向思维能力，即将两个部分数合起来等于总数，转换成总数减去一个部分数等于另一个部分数。即将 A＝B＋C 转换成 A−B＝C 或 A−C=B。如问幼儿："请你种 8 粒豆子，如果你第一次种 5 粒，第二次要种几粒才能完成任务？"幼儿回答："第二次还要种 3 粒，因为 5 和 3 合起来是 8。"

（三）幼儿学习加减法依赖于口述应用题

1. 幼儿解答应用题易受题目中情节内容的干扰

知识链接 11-12

口述应用题的作用

幼儿刚开始解答与日常生活相联系的加减应用题时，往往不注意题目中的数量关系和要计算的问题，而更注意题中的情节和事实内容。如教师口述一道应用题："红红有 5 支笔，分给冬冬 3 支，红红还剩下几支笔？"有的幼儿会说"为什么要分给冬冬"或"分给冬冬太多了"。显然幼儿受题目中情节的干扰，而不注意题目中的数量关系和问题。还有的幼儿把应用题当作一个故事或谜语，被情节、内容所吸引而产生一些情绪或联想，忘记了计算的任务。如教师问："停车场先开来 3 辆汽车，又开来 4 辆汽车，现在一共有几辆汽车？"有的幼儿会说："我爸爸会开汽车。"

2. 学习自编应用题时，常常出现问题

（1）幼儿缺乏实践经验，不能掌握应用题的结构。常见的问题有三种：第一，编题不完整，不会提出问题。如"池塘里有 6 只小鸭子，后来游走了 3 只"。第二，题中会出现运算结果，没有提出问题。如"池塘里有 6 只小鸭子，后来游走了 3 只，还剩下 3 只小鸭子"。第三，缺少已知条件。主要表现为两种情况：一是缺少一个已知条件，如"池塘里有 6 只小鸭子，现在有几只小鸭子"；二是一个条件不明确，如"妈妈买苹果花了 5 元钱，后来买梨子又花了好多钱，妈妈一共花了多少钱"。

（2）可能出现一些不符合社会生活和自然规律的情景。主要表现为两种情况，一是违反生活逻辑，如"妈妈早上吃了 5 个苹果，后来又吃了 3 个苹果，妈妈一共吃了几个苹果"。二是不符合自然规律，如"树上先长出 3 个西瓜，后来又长出 2 个西瓜，树上一共长出几个西瓜"。

二、幼儿数运算的教育要求

（1）借助实际情境和操作（如合并或拿取）理解加和减的实际意义。

（2）能通过实物操作或其他方法进行 10 以内的加减运算。

（3）认识加、减算式，会解答简单的加减口述应用题（求和、求剩余）。

（4）学习自编口述应用题，能解决生活中有关加减运算的问题。

三、幼儿数运算活动设计与指导要点

（一）以实物运算为主，理解加减法的含义

案例分享 11-4

3 以内的加法

借助实际情境和操作（如合并或拿取），向幼儿说明题意（可以编成应用题），帮助幼儿理解“加”和“减”的实际意义。一般不出现符号、算式。

（二）学习列式运算

提供材料，借助应用题，让幼儿通过各种操作活动学习列式运算。教师在引导幼儿理解加减法含义的基础上，把运算过程用简单的符号记录下来，借此引入“加号”“减号”“等号”等数字符号，引导幼儿认识算式的含义。

1. 认识加号、减号和等号，学会排出算式

下面以 4 的加法为例进行说明（减法同法）：

第一步，教师结合教具编加法应用题，让幼儿说出得数。

师：“草地上先来了 2 只小兔，又来了 2 只小兔，一共有几只小兔？”

第二步，分析题意，并把题中的两个已知数和幼儿算出的得数分别用数字表示。

师：“草地上先来了 2 只小兔，用数字几表示？”（幼答，师把数字 2 放在 2 只小兔下面）

师：“又来了 2 只小兔，用数字几表示？”（把 2 放在 2 只小兔下面）

师：“一共是几只小兔呢？”（4 只，出示数字卡 4 放在 2 的后面）

第三步，分析运算方法，出示符号进行介绍、认读。

师：“用什么方法算？”（加法）

师：“这道题是把两个数合起来，要用加法来算。（出示加号）加法里有个符号叫加号，表示合起来的意思，放在两个数的中间，（指着“2＋2　4”）我们一起念‘2＋2 是 4’。（出示‘＝’）这是等号，表示算式两边是一样多的，念‘等于’。”（再让幼儿完整念“2＋2＝4”的算式）

第四步，幼儿练习，排出算式。

可以在幼儿列式后提问：“这个算式表示什么意思呢？”（如 1＋3＝4，表示 1 个萝卜和 3 个萝卜相加，合起来是 4 个胡萝卜）

2. 看图列式

看图列式是幼儿在理解题意基础上的一种更抽象的运算解题形式。在实践中，教师可以把这一教学要点分别安排在加法、减法学习的相应阶段进行，让幼儿先看图再用应用题的形式说明图意。在列式的要求上，要体现由易到难的递进过程，从看一张图列出一道算式到列出多道算式。如图 11－13 所示，按鱼的不同特征，可列出以下算式：

图 11－13　鱼的不同特征

按大小：1 + 4 =　　5 − 1 =

按方向：4 + 1 =　　5 − 4 =

按颜色：2 + 3 =　　5 − 2 =

　　　　3 + 2 =　　5 − 3 =

3. 运用数的组成知识学习加减法

幼儿在学习加减运算的过程中，一般不会自觉地运用数的组成的经验来解答加减问题。因此，教师要给予指导，使幼儿逐步学会运用数的组成的经验进行加减运算。讨论法是利用数的组成学习加减运算的常用方法，它可以让幼儿理解数的组成与数的加减之间的转换关系。同时，还可以让幼儿在列出分合式的同时，用手中的教具摆一摆，列出加减算式。

案例分享 11-5

6 的加减法（学习分合式列式）

教师要有意识地引导幼儿运用数的组成的知识进行加减运算，特别是要引导幼儿感知体验加减法中的逆转关系，从而超越逐一加减的水平，达到按数群运算的程度。

（三）自编应用题

知识链接 11-13

得数为零的列式运算

幼儿学习自编应用题要在懂得解答应用题的基础上进行，从模仿开始。在幼儿获得大量的感性经验后，让幼儿尝试自编。关键是让幼儿掌握应用题的结构，联系生活实际，体验一道算式可以编出许多不同应用题的乐趣。

1. 教师示范编题，引导幼儿了解应用题结构

让大班幼儿学习自编应用题，需要先让幼儿掌握应用题的结构，即讲的是一件事情；要有两个数，这两个数说的是一样的东西；最后还要提出一个问题。教师可以看图编应用题为例，和幼儿一起讨论分析应用题中的这三点要求。

知识链接 11-14

数的加减游戏

2. 通过仿编、补充、改错等多种形式，引导幼儿学习编题的方法

教师可以先示范编题，并结合题目讲清应用题中的“一件事、两个数和一个问题”间的关系，然后让幼儿进行模仿编题。在其过程中，先着手让幼儿模仿与教师所编题目意思相仿、运算方法相同的题目，再让幼儿参与或补充编题，如教师编一道题，讲清一件事、两个数，让幼儿接下去提一个问题。教师可以特意收集一些幼儿常见的错误编题方法，引导幼儿进行改错，编出正确的应用题。

3. 引导幼儿独立自编应用题

教师应创设环境，提供各种材料，让幼儿在操作的基础上独立编题，并相互解答。幼儿编题的形式有多种，可以综合起来使用，避免编题雷同，但要注意循序渐进。

（1）活动编题：如教师给小红 2 支铅笔，给小军 3 支铅笔，要求幼儿根据这个活动编题。

（2）看图编题：根据图上事物的特征编题。

（3）实物编题：根据所提供的实物的特征编题。

（4）看点子卡编题：根据圆点卡片上的圆点数量编题。

（5）根据数字、分合式、算式编题：根据所提供的数字卡、分合式或者算式卡编题。

（6）改编：如将加法应用题改编为减法应用题。

（7）幼儿自由编题：教师不提供任何条件，幼儿通过自己想象一个情节，确定两个数及运算方法，提出一个问题进行编题，这是幼儿非常喜欢的编题形式。

任务五　幼儿量的认知活动设计与指导

量是指客观世界中物体或现象所具有的可以定性区别或测定的属性，一般可以分为连续量和不连续量（或称分离量，是表示物体的集合元素多少的量）。幼儿初步认识的是生活中的一些连续量，如大小、长短、高矮、粗细、厚薄、宽窄、远近、轻重等。幼儿对物体量的感知是靠视觉、触觉、运动觉获得的，也就是说，各种感官协调活动是幼儿感知量的基础，语言则在感知量的过程中起概括的作用。本任务主要论述幼儿对连续量的认知。时间也可以被认为是一种连续量，因此放在本任务进行阐述。

微课

一、幼儿量的认知的发展特点

（一）幼儿量的比较的发展特点

1. 从明显差异到不明显差异

3～4 岁的幼儿往往只能区分差异明显的量，能在差异明显的变量中辨别出最大的（最长的）或最小的（最短的）。随着年龄的增长，幼儿逐渐能够对差异不太明显的量进行认识和区分，能根据物体量的差异（如大小、长短、高矮、厚薄、粗细等）进行数量在 10 以内的正、逆排序，其认识、区别量的精确性相应提高。

2. 从绝对到相对

幼儿对量的认识最初是一种绝对化认识，他们常把所掌握的具体事物量的特征（如大小、长短等）看成是完全绝对的，如幼儿常争论“我的爸爸高”，因为幼儿将“爸爸高”当成一个不变的绝对量了。幼儿只有在从两个物体的选择、比较逐渐过渡到三个或更多物体的选择和比较的过程中，才能逐步理解量的相对性。

知识链接 11-15

不同年龄幼儿量的比较的发展

3. 从模糊、不精确到逐渐精确

虽然幼儿在生活中已经积累了关于物体大小或长短的不同经验，能区分它们，但有时还不能用准确的词汇来表达它们的意义，如

3～4岁的幼儿常常用大、小来代替长度等其他变量的准确名称（把长的、粗的、厚的等都说成是大的；把短的、细的、薄的等都说成是小的）。幼儿对量的词汇的运用和表述具有从不精确到逐渐精确的发展特点。

（二）幼儿时间认知的发展特点

1. 一般特点

（1）易受生活实际经验的影响。幼儿认识时间是非常困难的，理解时间概念时往往需要与具体的活动相联系。如对“晚上”的理解，就会与看电视、洗脸、刷牙、睡觉等生活事件相联系，而不是以抽象的、标准的时间单位为支持来确切感知时间。幼儿年龄越小，对时间的理解越狭窄，往往表现得不够精确、带有模糊性。越是与他们的生活有联系的时间单位，如早上、中午、晚上等，幼儿越容易掌握，而那些与幼儿生活联系不紧密的时间单位，如分钟、小时等，则较难掌握。

（2）易受知觉影响，把时间和空间等同起来理解。幼儿理解时间概念易受知觉的影响，是指在对时间的认知上易受物体运动速度的影响而产生错误的判断。对于这一特点，皮亚杰曾经做过实验：把两个布娃娃放在起跑线上，发出一个信号后，实验者操控两个娃娃开始赛跑，一个跑得快些，一个跑得慢些；再发出一个信号，两个娃娃同时停下。问幼儿两个娃娃是否在同一时间起跑、同一时间停下，幼儿的回答就表现出明显的将空间和时间混淆等同的特点，会认为一个娃娃要比另一个娃娃晚停下，因为他跑得更远。

（3）更易理解短的周期时间顺序。幼儿对时间的理解是从和生活紧密联系的“一天”开始，然后逐渐向更长和更短的时间延伸的。在对时间顺序和周期的理解上，幼儿往往较易理解的是短的周期，如一天（早上、中午、晚上），再逐渐发展到理解更长的时间周期，如一星期→一个月→一年（四季）。这是因为在“早、中、晚”概念的理解上，幼儿容易找到明显的时间参照物和具体的标志性事件，而星期、月、年没有较明显的时间参照物，幼儿也缺乏对这些时间概念变化顺序的认知，由此就会给幼儿理解此类长周期时间顺序带来困难。

（4）表达时间的词语发展存在一定困难。调查研究发现，幼儿在掌握时间概念上的困难之一表现为：幼儿言语中表示时间的词汇出现得既晚又少。幼儿倾向于使用表示时间顺序的和表示不确定时间阶段的词汇，如“先”“然后”“后来”（时间顺序），“有一天”“有时候”“老早”“我小时候”（不确定时间阶段）等；而且幼儿使用时间单位词汇时，也不能确切地理解它们的含义。

2. 年龄特点

（1）3～4岁：幼儿一般能掌握一些最初步的时间概念，如早上、晚上、白天、黑夜，但对时间的理解往往和生活中的事件相联系，对于具有相对意义的时间观念，如昨天、今天、明天还不能掌握。

（2）4～5岁：幼儿已经能够比较准确地确定不太长的时间间隔，借助于个人的经验，基本能知道经过早晨、白天、晚上、夜里就是经过了一天，能逐步认识今天、昨天和明天。

（3）5～6岁：幼儿对时间的认识逐渐向更长、更短的时间段扩展。他们能认识前天、后天，具有“星期”及“几点钟”的概念，初步建立起时间更替（周期性）观念，能区分较小的时间单位（如认识时钟上的整点和半点等）。

二、幼儿量的认知的教育要求

幼儿量的认知的教育要求具体如表11－4所示。

表11－4　幼儿量的认知的教育要求

班级	常见量的教育要求	时间的教育要求
小班	1. 会用观察、比较的方法，区别大小、长短、高矮不同的物体，会正确运用“大小”“长短”“高矮”等词汇 2. 能从3个大小、长短、高矮不相等的物体中找出并说出哪个最大（长、高）或最小（短、矮）	初步理解早上、晚上、白天、黑夜的含义，并能正确地运用这些词汇
中班	1. 能区别并说出物体的粗细、厚薄、宽窄等特征 2. 能从五六个大小（长短、高矮、粗细、厚薄）不同的物体中找出等量的物体（其中两个是相同量）	理解昨天、今天、明天的含义，知道它们之间的关系，并能正确地运用这些时间词汇
大班	1. 初步感知量的相对性 2. 初步感知量的传递性和可逆性关系 3. 学习量的守恒，感受物体的外形、摆放位置等发生变化时，它的量不变（备选） 4. 初步学习长度自然测量的方法，正确表达测量的结果，初步形成测量的意识	1. 认识钟表，学会看整点和半点 2. 学会看日历，知道一个星期有7天，以及这7天的名称和顺序。能说出今天是星期几，昨天是星期几，明天是星期几

三、幼儿量的认知活动设计与指导要点

活动重点是：掌握量的比较方法，并用相应词汇准确表达；要让幼儿通过看看、摸摸、摆弄等方式多种感官相结合进行比较；物体量的特征差异要明显。

活动难点是：认识量的相对性。

（一）量的比较

1. 调动感官感知、比较物体的量

（1）目测比较。认识物体的大小、长短、厚薄、粗细、高矮等特征时，都可以让幼儿用视觉进行观察比较。如出示大小不同的皮球，让幼儿看看哪个大、哪个小。

（2）触摸觉比较。如引导幼儿摸一摸不同粗细的积木、纸筒等，或让幼儿用拇指、食指等触摸自己的单衣、毛衣和羽绒衣等，感知其不同的厚薄，同时用正确的词语进行表述（粗细、厚薄）。

（3）运动觉感知比较。物体的轻重要靠肌肉的运动觉来感受，可让幼儿用手掂一掂或提一提两个不同重量的物体来获得对重量的直接经验。

2. 运用重叠法、并放法比较物体的量

这类活动指导的关键点是，引导幼儿掌握量的比较方法，如同一个起点，一端要对

齐。运用重叠法比较时，要注意小的（短的）放在大的（长的）上面进行比较。运用并放法比较时，比长短要一头对齐横放比较；比高矮要在同一平面竖放比较；比厚薄要在同一平面平放比较。

3. 运用寻找法描述物体的量

让幼儿从周围生活环境和事物中，运用记忆表象寻找相应的量，从而加深对量的特征的判断，如“生活中你们还看见哪些东西粗，哪些东西细？”。

4. 运用游戏法、操作法巩固对量的认识

创设一个游戏情境，让幼儿在有趣的游戏中巩固对量的特征的认识。如“反动作游戏”，教师边说边做一个“大”的动作，幼儿就要边说边做一个“小”的动作，看谁反应快，以此加深幼儿对相应量词实际意义的理解，训练幼儿思维的敏捷性。也可以结合量的分类、排序等活动来进行，比如收拾物品时，根据情况，鼓励幼儿按照物体量的特征分类整理，如整理图书时按照书的大小摆放。

5. 日常生活中运用量的知识解决问题

教师可以创设一定的情境，准备大小、粗细不同的材料，如绳子、瓶子、瓶盖、积木、串珠等，让幼儿在区角活动中发现物体量的不同，达到认识与比较量的目的。还可以结合玩水等活动，巩固幼儿对量的守恒、自然测量的认识。

（二）认识量的相对性

结合具体事物让幼儿通过多次比较逐渐理解“量”是相对的。下面以认识高矮为例进行说明：

第一步，提供3个不等高的人形玩偶（小亮、小明、小强），两两比较。如小亮和小明比高矮，小亮比小明高；小亮和小强比高矮，小亮比小强矮。

第二步，提出量的相对性问题，归纳小结。教师问幼儿：“为什么一会儿说小亮高，一会儿说小亮矮？”引导幼儿说出“看他和谁比”。由此归纳出：人或物体的高矮是比较出来的，和不同的对象比，高矮不是固定不变的，而是相对的。

刚开始引导幼儿进行量的比较时，教具的选用应只突出某一种量的比较，以免幼儿在辨别和描述时遇到困难。如比较长短，应选用粗细相同、长短不同的物体；比较粗细，应选用高矮相同、粗细不同的物体；比较厚薄，应选用长和宽相同、厚薄不同的物体（参考蒙台梭利感官教具的孤立性）。同时还要注意教具的摆放，如比较物体的长短时教具要横放，比较物体的高矮时教具要竖放。

（三）认识量的守恒

量的守恒教育应在幼儿认识了相应的量的基础上进行，包括长度、面积、体积和容积的守恒教育。运用变式、还原操作是幼儿感知体验量的守恒的主要方法。

例如，在容积守恒教学中，教师以某一容器为测量的基本单位，来帮助幼儿比较和判定细长容器里的水（或沙、米）与粗矮容器里的水（或沙、米）是否一样多。具体操作如下：

教师往两个大小一样的细长杯子里注入等量的水，问：“这两杯水一样多吗？”幼儿回答“一样多”。然后教师将其中一杯水倒入一个又粗又矮的杯子，让幼儿回答两杯

水是否一样多，幼儿回答“不一样多”。有的指着粗矮的杯子说“这个多”，有的认为原来的杯子水多。这时，让幼儿操作、还原，体会水量是不变的，是杯子的形状不一样。如图 11－14 所示。

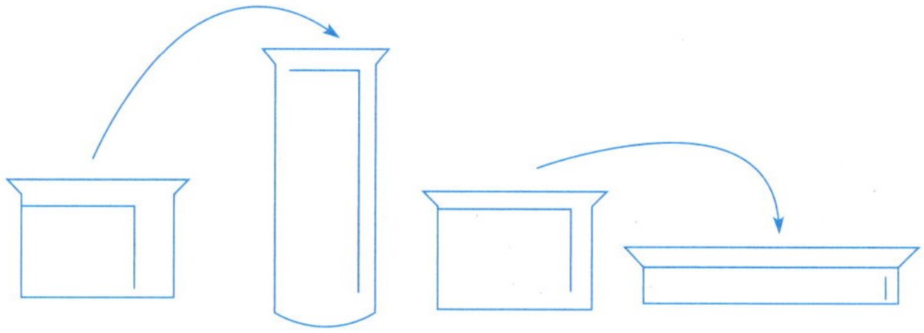

图 11－14　认识容积守恒

教师提供给幼儿进行比较的实物应是和生活相联系的，这不仅有利于幼儿理解概念，也有助于幼儿将获得的经验迁移到生活中其他问题的解决上，思考在日常生活中遇到的量的守恒现象。

（四）学习自然测量

幼儿学习用自然物作为量具进行计量，即自然测量。自然测量的工具不是成人常用的计量工具。自然测量过程包括两种逻辑活动：一是知道整体是由若干个部分组成的；二是逻辑相加，进行易位和替换，即把每次测量的一部分和另一部分连接起来，建立测量单位体系。基于幼儿身心发展水平，本任务主要讨论长度的自然测量。

1. 设计不同层次要求的活动

通过设计一些不同层次要求的活动引导幼儿学习自然测量，如区域活动及日常生活中的练习。在区域活动中测量物体的长度，可以让幼儿在被测量的物体上摆放量具，将量具一个接一个地摆放在被测量的物体上，摆好后，数一数所有的量具，数出的量具总数就是被测量物体的长度。

幼儿初步学会自然测量后，要注意在日常生活中创造机会让幼儿进行测量活动的练习。例如，量小朋友和小娃娃的床的长度并做比较；量玩具柜的长度和高度；量门和窗的宽度；用脚步量房间的长度和宽度；用小绳量树干或柱子的不同粗细；玩沙、玩水游戏时量一下小桶可以装几碗（杯）水；等等。

2. 组织专门的教学活动

在探索的基础上讲解演示，引导幼儿掌握正确的测量方法和测量的要领，具体步骤如下：

第一步，幼儿用相同的工具测量，探索测量方法。教师要讲清楚测量的对象（以桌子的长为例）和测量工具，启发幼儿从桌子一端对齐进行测量，最后要说出测量的结果。

第二步，讨论交流，发现同一张桌子的测量结果不一样，通过展示幼儿的测量过程、发现问题与纠错，最后梳理出测量的要领：测量的工具要和测量的东西一端对齐；量一次后做个记号；第二次量的时候，要和前一个记号对齐了再量，中间不能留空隙，并且要沿着直线量；量一次记一次，也可以在心里记住次数；在记录表上画上用的工具和量的物体，记上量的次数。可以重复测量一次，看看与第一次的结果是否一样，最好

知识链接 11-16

幼儿认知时间的活动

再记录一次。

第三步，用不同的工具进行测量练习，进一步掌握测量的方法和技巧，体验测量的意义。对于活动室的物品、幼儿的身高，都可以启发幼儿运用吸管、长积木、筷子等不同的工具测量，使幼儿测量、移位、统计数量、记录等动作越来越协调熟练，并引导幼儿感知、比较使用不同的量具所得到的不同结果，量具越长，测量的次数越少，反之则测量的次数越多。同时要让幼儿明确，要比较两个物体等量与否，必须用同一种测量工具进行测量，才能得到正确的结果。

任务六 幼儿模式认知活动设计与指导

模式是指在物理、几何或数中可发现的所有具有预见性的序列。排序是指将两个以上物体按某种特征的差异或规则排列。我们来看几个幼儿用串珠做成的“项链”：小玲是用红色和黄色的串珠间隔排列，直到用完所有红色和黄色的珠子；兰兰的“项链”是由红色、蓝色、白色、黄色、绿色等各种颜色的串珠组成的；蛋蛋是根据颜色来选择珠子的，穿了一串全部是红色珠子的“项链”。根据上述定义判断，兰兰的串珠是随机穿的，不能归入某种模式。小玲的串珠属于 AB 模式，也可以说是按照红黄颜色间隔排列的规律排序，蛋蛋的串珠是最初级的红 A 模式。

一、幼儿模式认知的发展特点

（1）幼儿对模式的认知会经历模式的识别→复制→扩展与填充→创造→比较与转换的过程。婴儿已经开始感知模式，最初是感知空间上的模式，如房间里有规律摆放的家具、摇篮上方有规律悬挂的铃铛等，也能感知一些习惯性的动作，如“推开门—妈妈走进来—喂宝宝”等。3 岁左右的幼儿具有了初步的模式认知能力。3 岁以后，随着数认知能力以及逻辑思维能力的发展，幼儿的模式认知能力呈现出以下发展过程：模式的识别（辨别模式单元有哪些组成元素，模式各单元之间的关系是怎样的）→模式的复制（复制出与原有模式具有相同结构的模式）→模式的扩展与填充（在模式识别基础之上对模式的发展或变化做出预测）→模式的创造（获得对模式结构的新的经验和反应，能够自己创造出一种模式结构）→模式的比较与转换（能够在分析模式结构异同的基础上，把握决定模式结构的要素，用不同的表现形式表征同一模式）。一般而言，3 ～ 4 岁幼儿模式的复制能力较强，4 ～ 5 岁幼儿模式扩展能力发展较为迅速，5 ～ 6 岁幼儿模式的创造能力得到发展，能设计新的排列规律。

（2）从重复性模式、具体材料模式到发展性模式、抽象符号模式。4 岁左右的幼儿对重复性模式是可接受的，但对发展性模式的认知显然要困难一些；认知以具体的实物或动作、声音为材料的模式往往比较容易，而要认知以抽象的符号和数字、字母等为材料的模式则比较困难。

二、幼儿模式认知的教育要求

幼儿模式认知的教育要求具体如表 11－5 所示。

表 11－5　幼儿模式认知的教育要求

班级	教育要求
小班	1. 能按大小、长短、高矮差异对 3 ～ 4 个物体进行正向排序、逆向排序 2. 能初步发现生活中简单的模式，并加以模仿
中班	1. 能按大小、长短、高矮、粗细差异对 5 ～ 6 个物体进行正向排序、逆向排序 2. 能对 6 以内数量逐一增多或逐一减少进行正向排序和逆向排序 3. 能发现并扩展物体排列的规律，会简单的模式排列
大班	1. 能按大小、长短、高矮、粗细、厚薄、宽窄差异对 10 个以内的物体进行正向排序和逆向排序 2. 能对 10 以内数量逐一增多或逐一减少进行正向排序和逆向排序 3. 能发现事物简单的排列规律，并尝试创造新的排列规律

三、幼儿模式认知活动设计与指导要点

幼儿模式认知活动的一般顺序是：首先通过感知规律及规律产生的美，模仿模式排列；其次发现模式规律，让幼儿积累模式经验，复制、延续、填充规律，帮助幼儿形成次序概念；再次让幼儿学习创造模式规律，幼儿能自主发现一定的规律，关注到物体之间的关系，并通过具体的物品、声音和肢体动作来运用规律。

模仿模式多在小班进行。一般通过以下三个环节进行：（1）呈现规律排序的物体，让幼儿观察、发现规律；（2）在排序物体上用重叠放置的方法，一一对应地摆放相同物体，体验规律排序；（3）欣赏、检验操作结果，进一步感知模式规律。

发现模式多在中班进行。一般通过以下三个环节进行：（1）呈现规律排序的物体，让幼儿观察、发现规律；（2）按发现的排序规律延续规律；（3）欣赏、检验操作结果，形成次序概念。

创造模式多在中、大班进行。幼儿经过在小、中班规律排序经验的积累，能看出生活中各种排序规律；能用重复的声音和动作表现不同的规律；能使用不同的材料遵循一定的规律来美化环境，并对规律做出描述；能知道“红—绿—绿”“三角形—正方形—正方形”“拍手—跺脚—跺脚”的规律是一样的。

任务七　幼儿几何形体认知活动设计与指导

一、幼儿几何形体认知的发展特点

（1）从感知几何形体的外部特征到能说出其名称，会经历配对→区分（指认）→命

名的过程。对幼儿来说，几何形体比数更直观，更易于被幼儿所感知。幼儿对几何形体的认识是从生活经验、从具体而熟悉的物体开始的，是通过视觉和触觉的联合活动，借助语言表达来实现的。幼儿对几何形体命名的发展趋势如下：将几何形体与实物等同（如将圆形叫作饼干）→将几何形体与实物做比较（如解释圆形像太阳）→将几何形体作为区分实物形状的标准（如说明盘子、镜子是圆形）。

（2）从局部、粗略的感知到完整、精细的辨认。3 岁左右幼儿的手会抓握物体，往往只限于匆忙而草率的视觉运动，只注意到图形的某一个部分或个别特点。4 岁左右幼儿能用手掌和手指前部表面进行触摸，但不会用指尖触摸。5 岁左右幼儿能用两手相向或相反触摸物体，且开始用指尖触摸整个形体的轮廓，并且注意到图形的典型部分。幼儿对几何形体的认识受生活经验和形体本身的复杂程度的影响。认识平面图形的顺序是：圆形→正方形→三角形→长方形→半圆形→椭圆形→梯形；认识立体图形的顺序是：球体→正方体→长方体→圆柱体。

（3）从受外部特征、摆放方式的影响到认识形体的特征。对 3 ～ 4 岁幼儿来说，当形体大小发生变化或不按原来的位置摆放时，幼儿常常会认不出。如将正方形偏转 45°后，幼儿往往就认为它不是正方形了；遇到钝角三角形，幼儿有时会辨别不出。4 ～ 5 岁幼儿能认识到形体的结构特征，但还不能掌握形体的本质特征。相当一部分 5 岁幼儿开始具有图形守恒能力，即不受形体大小、颜色、摆放位置的影响，能正确辨认和命名形体，6 岁后儿童的形体组合和转换能力有明显的发展。

二、幼儿几何形体认知的教育要求

幼儿几何形体认知的教育要求具体如表 11－6 所示。

表 11－6　幼儿几何形体认知的教育要求

班级	教育要求
小班	1. 感知和发现周围物体的形状是多种多样的，对不同的形状感兴趣 2. 能注意物体较明显的形状特征，并能用自己的语言描述 3. 认识圆形、正方形和三角形的名称与特征
中班	1. 在教师指导下，感知和体会到有些事物可以用形状来描述 2. 能感知物体的形体结构特征，画出或拼搭出该物体的造型 3. 能感知和发现常见几何图形（如长方形、梯形和椭圆形）的基本特征，并能进行分类 4. 能不受颜色、大小和摆放位置的影响，正确辨认和命名图形，逐步理解图形守恒 5. 能对平面图形进行比较，初步了解平面图形之间的简单关系
大班	1. 认识球体、正方体、长方体和圆柱体的基本特征并分类，能根据形体的名称在周围的环境中找出相应的物体 2. 能用常见的几何形体有创意地拼搭和画出物体的造型 3. 能区分平面图形和立体图形 4. 能对图形进行二等分和四等分，理解图形之间的转换关系以及整体与部分的关系

三、幼儿几何形体认知活动设计与指导要点

（一）认识几何形体的特征

1. 在观察、触摸感知实物轮廓的基础上认识形体的基本特征

让幼儿认识平面图形时，应当用幼儿熟悉的物体，教师要引导幼儿用观察、触摸、摆弄的方法去感知形体，数一数物体有几条边、几个角，说一说触摸图形的感觉，让幼儿从实物出发感知平面图形，然后再使用标准的图形。例如，认识圆形时，要提供圆形物品，如大小不同的圆形的小镜子、饼干、盖子、小环（材料均接近平面），教师引导幼儿触摸、观察物体的面，感知物体面的轮廓，然后出示与物体的面形状相似的几何图形，介绍其名称（这些东西都是圆形的）、特征（平平的、圆圆的、光滑的）。

认识球、圆柱等立体图形时，可选用皮球、乒乓球、积木中的圆柱子、杯子、易拉罐等物品，引导幼儿认真观察，并从各个方向去触摸物体，还可以让幼儿将这些物品放在桌上或地上滚动几下，以此来了解立体图形的特征：球摸起来是光滑的，放在地上可以向任何方向滚动；圆柱的上下是一样粗的，上下的两个圆形一样大，旁边摸上去是光滑的，倒下来才能滚动；等等。

2. 运用重叠比较法认识图形之间的关系，进一步感知图形的特征

把要认识的新图形与认识过的相近图形重叠，找出相同点与不同点，从而掌握新的图形名称及特征。如认识长方形时，把长方形和已经认识的正方形进行比较。选用宽和正方形的边一样长的长方形，用重叠法将正方形放在长方形上，这样幼儿就可以清楚地感知到长方形有两条相对的边是比较长的，另两条相对的边是比较短的，而正方形的四条边是一样长的。

比较平面图形与立体图形，让幼儿说一说二者的不同与相同之处。认识球体时要和圆形比较，知道圆形是平平的、只能从一个方向滚动，球是鼓鼓的、很容易滚动；认识正方体时要与正方形比较，知道正方体有 6 个面，6 个面都是正方形。运用有趣的绘本《寻找消失的爸爸》，引导幼儿将平面图形与立体图形（生活中的物体）联系起来。

3. 出示颜色、大小、摆放形式不同的图形，认识图形的守恒

在幼儿初步感知和区分几何图形的基础上，还必须出示图形的多种变式，以帮助幼儿巩固和加深对几何图形的认识。例如，在幼儿认识三角形后，教师应出示不同类型（锐角三角形、钝角三角形、直角三角形、等腰三角形、等边三角形等）、不同大小、不同颜色以及不同摆放位置的三角形（标准的和非标准的形式），这样就可以避免幼儿在辨别三角形时受一些与图形特征无关的因素的影响，从而正确辨认图形，巩固对图形特征的认识。

（二）认识几何形体之间的关系

1. 图形的分割与拼合

分割是指把一个平面图形分成两个或两个以上的图形；拼合是指把两个或两个以上的图形拼合成一个图形。如将一个正方形分成两个小三角形或小长方形，将两个小长方形拼合成一个正方形或长方形，也可以利用各种积木来玩分割拼合的游戏，让幼儿认识

不同图形之间的关系。

2. 图形的等分

（1）理解含义。等分一般安排在大班进行。充分利用幼儿折纸、生活中均分物体的经验，让幼儿学习二等分和四等分，理解其含义，感知整体和部分的关系。幼儿刚开始学习等分时，教师应选择同样的教具 2 份，进行重叠比较，帮助幼儿理解等分的含义。先等分平面图形再等分立体图形，先学习二等分再学习四等分（见图 11－15）。

图 11－15　正方形的四等分

知识链接 11-17

图形游戏

（2）探索等分的多种方法。应选择幼儿熟悉的规则图形（以后再进行实物、数量等分），在幼儿进行等分时，要鼓励幼儿用折叠、分割等方法进行等分，当幼儿掌握了一种等分的方法后，再让幼儿想想还有没有其他不同的方法。

（3）探索等分前后图形之间的关系。等分是帮助幼儿理解图形之间关系、获得整体与部分关系的有效方法，这也是等分的教学重点，要引导幼儿运用语言表述自己的发现。

任务八　幼儿空间方位认知活动设计与指导

狭义的空间概念，即指空间方位概念，是对客观物体的相互位置关系的认识；而广义的空间概念，除空间方位外，还包括对各种空间变换关系的认识，如物体在空间中的移位、翻转或旋转等。幼儿认识的空间方位包括上下、前后、左右、里外、远近、中间、旁边等。对于幼儿来说，初步辨认一些空间方位，不仅有利于其空间知觉的发展，而且有利于增强处理日常生活问题的能力。

一、幼儿空间方位认知的发展特点

（一）依照上下→前后→左右的顺序发展

微课

上下位置的区别较明显且不会因方向的改变而改变，幼儿容易辨别；前后、左右的位置具有方向性，会随着幼儿自身位置的改变而改变，幼儿认识起来存在一定困难。理解空间位置关系的相对性、连续性和可变性是幼儿空间方位认知活动的重点和难点。

（二）以自身为中心到以客体为中心

幼儿对空间方位的定向通常是从日常生活中自身的身体运动开

始的，他们以自身或周围物体为参照物，通过移动自己的身体，感知位置、方向、距离的关系，学习与应用相应的空间方位词。幼儿首先学习辨别自己身体部位的方位，将不同方位与自己身体的一定部位相联系，然后以自身为中心确定客体相对于自己所处的方位。如“我的上面有电扇”“我的前面有桌子”“我的左边是小红”。

（三）从近的区域范围扩展到远的区域范围

在幼儿形成空间概念的过程中，需要运动觉、触觉、视觉的参与。一开始，幼儿对空间方位的认知往往局限于离自己身体不远的、较狭窄的空间范围内的、面向自己的客体。随着年龄的增长，幼儿开始意识到并且辨别出离自身较远的上下、前后或左右的空间方位，同时对于主体斜前方、斜后方或偏左、偏右的客体位置有了正确的定向。

二、幼儿空间方位认知的教育要求

幼儿空间方位认知的教育要求具体如表 11－7 所示。

表 11－7　幼儿空间方位认知的教育要求

班级	教育要求
小班	1. 能区分并说出以自身为中心的上下、前后方位 2. 知道“里面”“外面”的含义，会用“里面”“外面”描述物体的位置 3. 能按含有方位词（上下、前后、里外）的指令行动
中班	1. 能使用上下、前后、里外、中间、旁边等方位词描述物体的位置和运动方向 2. 能按指定的方向运动（包括向上、向下、向前、向后等）
大班	1. 能区分并说出以自身为中心的左右方位，能按指令向左或向右运动 2. 能根据语言指示或简单示意图中所标的位置取放物品

三、幼儿空间方位认知活动设计与指导要点

（一）认识空间方位

通过创设日常生活情境或游戏情境，运用观察、操作和游戏等方法，遵循感知、辨识→按指令行动→语言表征的教学程序来引导幼儿认识空间方位。

1. 以自身为中心认识空间方位

让幼儿直接感知自己身体有关部位的方位，再配合适当的方位词描述，以逐步理解方位词的含义，确立有关的空间方位概念。如在认识上下时，让幼儿感知自己身体上面有头、下面有腿，鼻子上面是眼睛、鼻子下面有嘴巴，再让幼儿说说头在身体的什么地方、腿在身体的什么地方、眼睛在鼻子的什么地方、嘴巴在鼻子的什么地方，让幼儿重复回答“上面”“下面”等方位词，以加深对方位词含义的理解。

2. 以客体为中心认识空间方位

通过分解式的、结合实物对象的观察比较活动和一定的演示讲解，帮助幼儿理解如

何以客体为中心区分方位。例如，在以客体为中心认识上下时，一般可以某一客体为界区分上下方位。如桌子上有花瓶，花瓶里插了鲜花。如果以桌子为中心，花瓶在桌子上面；如果以花瓶为中心，花瓶里面有花，花瓶下面是桌子。

这类活动指导的关键是让幼儿明确客体的上下、前后、左右、里外是如何规定的。

（二）对视觉图像的感知与空间表征

知识链接 11-18

数学区活动

1. 从不同角度观察

要有意识地培养幼儿在图片中的物体与实际情景中的物体之间建立联系的能力，认识到“从不同的角度看同样的物体，它的形状可能是不同的”。以游戏的方式引导幼儿辨别物体照片拍摄的角度，如提供从不同角度拍摄的幼儿熟悉的建筑物照片，让幼儿找一找，这些照片是站在什么地方拍的。

2. 运用方向标记

案例分享 11-6

幼儿数学活动计划

引导幼儿感知生活中的箭头方向并运用它们标记表征方位，这有利于发展幼儿的空间认知能力。可选择幼儿熟悉的生活环境，通过设计情境任务来帮助幼儿理解并进行空间推理。如从幼儿园到某公园（家），尝试用不同方向的箭头画出路径，也可利用现成的“走迷宫”游戏，这也是一种有效的练习运用方向标记的活动。

（三）巩固对空间方位的认识

主要是采用操作、游戏、寻找等方法进行巩固。如“捉迷藏”游戏，让幼儿说一说是在哪里找到同伴的；“开汽车”游戏，让幼儿根据语言指令（示意图）往不同方向前进；“寻宝”游戏，对年龄小的幼儿要求他们按语言指令寻找，对年龄大些的幼儿可要求他们按照简单的示意图寻找。此外，还可以在体育、音乐和舞蹈活动中，引导幼儿感知空间方位和运动方向。

项目小结

本项目内容是幼儿园数学教育的基本理论与实践操作。幼儿园数学教育是指在教师的指导下，幼儿在与周围环境的相互作用中，通过自身的建构活动，培养早期数学素质的过程。幼儿数学认知的核心内容侧重于数和形，具体包括集合认知、数概念、量、模式、几何形体、空间方位以及数运算等，主要涉及三个方面：一是有关数学的感知体验与态度，即数学的有用和有趣；二是数、量和数量关系；三是形状和空间。幼儿数概念的发展需要较长时间的后天学习和建构，要以操作和游戏为基本方法，采用教学、区域和个别化活动等多种途径。教师要以幼儿园数学教育目标为指引，基于幼儿数学认知活动特点设计和指导不同内容的数学教育活动。

同步练习

一、简答题

1. 简述并举例说明幼儿学习数学的特点。
2. 分析《指南》中的幼儿数学认知目标并举例说明。
3. 简述幼儿集合认知的发展特点。
4. 简述幼儿数概念认知及数运算的发展特点。
5. 简述幼儿量的认知的发展特点。
6. 简述幼儿几何形体认知与空间方位认知的发展特点。

二、实践题

1. 学生撰写幼儿集合认知、数概念、量、模式、几何形体、空间方位以及数运算等的数学教育活动方案，并分组开展模拟教学。

2. 投放（制作）若干种数学区的材料，并说明玩法和规则。

三、在线测试

模块五

艺术教育

项目十二

幼儿园艺术教育概述

学习目标

1. 明确幼儿园艺术教育的意义和目标，熟悉幼儿园艺术教育的内容。
2. 掌握幼儿园艺术教育的方法，并能结合所学对幼儿园艺术教育实际进行反思。
3. 初步确立幼儿园艺术教育的科学理念，增强开展幼儿园艺术教育活动的兴趣。

思维导图

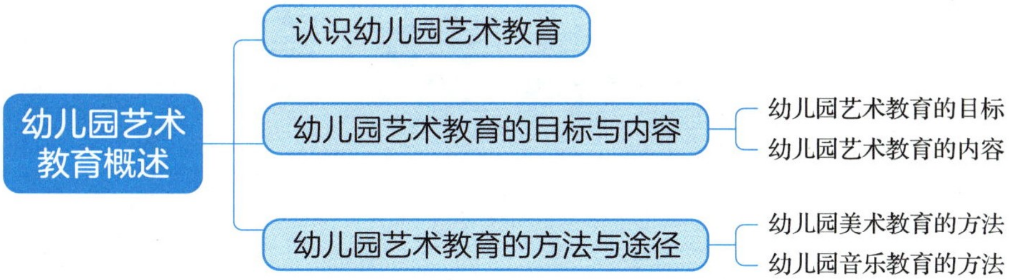

学习建议

认真阅读《纲要》《指南》对艺术领域的阐述，结合见（实）习的经验，理论联系实际，体会幼儿园艺术教育的科学理念。

情景导入

在韵律活动“盛开的花”中，教师请幼儿自由想象并创编一个“花开”的动作，大部分幼儿在自己的面前张开双手所有的手指，代表“花开了”，造型单一、如出一辙。教师示范了几个不同的“花开”动作，让全体幼儿跟着她一起做。依据《指南》艺术领域的指导精神，教师应如何引导幼儿进行动作的创编和表现呢？

任务一　认识幼儿园艺术教育

艺术是人类感受美、表现美和创造美的重要形式，也是表达自己对周围世界的认识和情绪态度的特有方式。广义的艺术教育是指在日常生活中，一切因接触艺术与艺术创作或艺术欣赏活动而产生艺术兴趣、获得艺术能力与修养的活动。狭义的艺术教育是指按照一定的社会要求，有目的、有计划、系统性地对受教育者施加艺术影响的活动。艺术教育是幼儿素质教育的重要组成部分。《纲要》将美术教育与音乐教育两个学科合并为艺术领域。

知识链接 12-1

幼儿园艺术教育的意义

幼儿园艺术教育，是指在专门的幼教机构中针对 3 ～ 6 岁幼儿开展的各类艺术教育活动。它包括音乐、美术、戏曲表演、认识和感受环境与生活中的美好事物等，是从幼儿的兴趣、需要、愿望及长远发展等角度来考虑的。幼儿园艺术教育能够通过美的形象和令人愉悦的形式，潜移默化地感染幼儿。

任务二　幼儿园艺术教育的目标与内容

一、幼儿园艺术教育的目标

幼儿园艺术教育的目标是艺术教育活动的导向，体现了幼儿园艺术教育的价值取向。

（一）总目标

幼儿园艺术教育总目标是确定其他层次幼儿园艺术教育目标的依据。《纲要》和《指南》对艺术领域目标的规定即幼儿园艺术教育总目标，如表 12－1 所示。

表 12－1　幼儿园艺术教育总目标

《纲要》	《指南》
1. 能初步感受并喜爱环境、生活和艺术中的美 2. 喜欢参加艺术活动，并能大胆地表现自己的情感和体验 3. 能用自己喜欢的方式进行艺术表现活动	1. 感受与欣赏 （1）喜欢自然界与生活中美的事物 （2）喜欢欣赏多种多样的艺术形式和作品 2. 表现与创造 （1）喜欢进行艺术活动并大胆表现 （2）具有初步的艺术表现与创造能力

从表 12－1 中可以看出，两份文件的表述中多次出现了“感受”“喜欢”等词汇。

这告诉我们，幼儿园艺术教育重在幼儿艺术兴趣的培养。①

知识链接 12–2

幼儿园美术教育年龄阶段目标

根据《纲要》和《指南》的精神，幼儿园艺术教育活动不是为了培养专门的艺术人才，也不仅仅是教给幼儿一些简单的艺术知识与技能，而是为了让幼儿在艺术中获得美的熏陶。通过艺术教育活动激发幼儿对艺术的兴趣，培养幼儿的审美情趣和能力，满足幼儿进行艺术表现与创造的需要，让艺术真正走进幼儿的生活，最终达到促进幼儿全面健康、和谐快乐成长的目标。

（二）阶段目标

《指南》对各年龄段幼儿艺术领域的目标要求，详见表 12－2 至表 12－5。

表 12－2　喜欢自然界与生活中美的事物

3～4岁	4～5岁	5～6岁
1. 喜欢看花草树木、日月星空等大自然中美的事物 2. 容易被自然界中的鸟鸣、风声、雨声等好听的声音所吸引	1. 在欣赏自然界和生活环境中美的事物时，关注其色彩、形态等特征 2. 喜欢倾听各种好听的声音，感知声音的高低、长短、强弱等变化	1. 乐于收集美的物品或向别人介绍所发现的美的事物 2. 喜欢模仿自然界和生活环境中有特点的声音，并产生相应的联想

表 12－3　喜欢欣赏多种多样的艺术形式和作品

3～4岁	4～5岁	5～6岁
1. 喜欢听音乐或观看舞蹈、戏剧等表演 2. 乐于看绘画、泥塑或其他艺术形式的作品	1. 能够专心地观看自己喜欢的文艺演出或艺术品，有模仿和参与的愿望 2. 欣赏艺术作品时会产生相应的联想和情绪反应	1. 艺术欣赏时常常用表情、动作、语言等方式表达自己的理解 2. 愿意和别人分享、交流自己喜爱的艺术作品和美感体验

表 12－4　喜欢进行艺术活动并大胆表现

3～4岁	4～5岁	5～6岁
1. 经常自哼自唱或模仿有趣的动作、表情和声调 2. 经常涂涂画画、粘粘贴贴并乐在其中	1. 经常唱唱跳跳，愿意参加歌唱、律动、舞蹈、表演等活动 2. 喜欢用绘画、捏泥、手工制作等方式表现自己的所见所想	1. 积极参与艺术活动，有自己比较喜欢的活动形式 2. 能用多种工具、材料或不同的表现手法表达自己的感受和想象 3. 艺术活动中能与他人相互配合，也能独立表现

① 李季湄，冯晓霞.《3～6 儿童学习与发展指南》解读. 北京：人民教育出版社，2013：166.

表 12－5　具有初步的艺术表现与创造能力

3～4岁	4～5岁	5～6岁
1. 能模仿学唱短小歌曲 2. 能跟随熟悉的音乐做身体动作 3. 能用声音、动作、姿态模拟自然界的事物和生活情景 4. 能用简单的线条和色彩大体画出自己想画的人或事物	1. 能用自然的、音量适中的声音基本准确地唱歌 2. 能通过即兴哼唱、即兴表演或给熟悉的歌曲编词来表达自己的心情 3. 能用拍手、踏脚等身体动作或可敲击的物品敲打节拍和基本节奏 4. 能运用绘画、手工制作等表现自己观察到或想象的事物	1. 能用基本准确的节奏和音调唱歌 2. 能用律动或简单的舞蹈动作表现自己的情绪或自然界的情景 3. 能自编自演故事，并为表演选择和搭配简单的服饰、道具或布景 4. 能用自己制作的美术作品布置环境、美化生活

（三）活动目标

1. 目标要体现领域核心经验

审美教育是幼儿园艺术教育的主要功能，活动目标要围绕审美感知与表现能力、审美情感等审美的核心要素来制定与表述。

微课

2. 目标难度要适宜

制定幼儿园艺术教育活动目标时，要先了解班级幼儿在艺术方面的实际水平，根据幼儿的实际情况制定活动目标，以保证活动过程顺利进行以及幼儿在活动中有所发展。

3. 目标要有整合性

目标的整合性具有两个方面的含义：一是指领域内的目标整合，即活动目标应当包含认知目标、情感目标、动作技能目标等。即使某次活动可根据实际教学内容侧重于某个方面，但综合多次活动时也应完整考虑上述三个层面目标的达成。二是指领域之间的整合，即幼儿园艺术教育活动目标要挖掘其他领域有价值的活动目标进行渗透。

4. 目标要具体

目标要具体详细，避免泛泛而谈，目标越具体，可操作性越强。如“培养幼儿想象力、创造力”，这样的目标表述就太过笼统，应结合活动的具体内容加以具体化，如“在观察多种书包款式的基础上，设计自己想象中的书包”。

5. 目标主体要一致

目标主体要统一，同一条目标表述前后主体要一致，不同目标之间主体也要一致。提倡采用“发展目标”方式撰写，即以幼儿为主体进行目标表述，如“尝试运用多种材料，大胆表达自己的想法”。

二、幼儿园艺术教育的内容

（一）幼儿园美术教育的内容

幼儿园美术教育的内容主要包括绘画活动、手工活动和美术欣赏活动。此外，还可以美术为主线，有机整合其他学科和领域设计综合性艺术表现活动。

1. 绘画活动

绘画是指运用线条、形状、色彩等艺术语言，通过造型、设色和构图等艺术手段，在二维空间内塑造出静态的视觉形象，以表达作者审美感受的艺术形式。绘画的形式语言主要有以下几种：

（1）线条。线条有直线、曲线和折线等不同的形态，有方向、长度、质感等方面的变化。

（2）形状。形状包括基本几何形状、几何形状组合以及连续不断的线条勾画的自然形体。

（3）色彩。色彩包括色相、明度和纯度三要素以及色彩的运用。其中，色彩的运用主要包括主题与背景色关系的处理、色彩的装饰和色彩的情感表现等。

（4）构图。构图主要包括单独构图、并列构图和均衡构图。单独构图是指把单个形象大胆、清楚地画在画面的中心位置；并列构图是指有节奏地在画面上并列安排主要形象和次要形象；均衡构图是指均衡地安排、布置画面，这一点对幼儿来说比较困难。

2. 手工活动

手工活动的基本形式包括泥工、纸工与手工综合制作等。手工活动的题材主要有玩具（如折纸、泥塑）、节日装饰物（如拉花、窗花）、游戏头饰（如帽饰、面具、纸花）、日常布置用品（如染纸，点、线、面状材料贴画，蔬果造型，瓶盒造型）和贺卡等。幼儿手工活动的常见材料和工具如表 12－6 所示。

表 12－6 幼儿手工活动的常见材料和工具

手工材料	点状材料	沙子、小石子、小珠子、纽扣、饮料瓶盖、谷物、果壳、种子、木屑、贝壳、牙膏盖等
	线状材料	绳、毛线、火柴棒、吸管、麦秸、树枝、柳条、高粱秆、细铁丝、毛线等
	面状材料	各类纸张、布、树叶、花瓣、羽毛、塑料薄膜、铁片等
	块状材料	泥团、面团、石块、木块、水果、蔬菜、蛋壳、瓶子、纸盒、核桃、乒乓球、纸杯等
手工工具	刀、剪刀、泥工板、牙签、糨糊、胶水、抹布等	

知识链接 12－3

幼儿美术欣赏的类型

3. 美术欣赏活动

康定斯基说过，“凡是由内在需要产生又来源于灵魂的东西就是美的”。幼儿美术欣赏的范围可以很广，主要有绘画、雕塑、建筑艺术、工艺美术、民间美术、儿童作品、自然景物和周围环境等类型。

（二）幼儿园音乐教育的内容

幼儿园音乐教育的内容主要包括歌唱活动、韵律活动、演奏活动和音乐欣赏活动四种类型。此外，还可以音乐为主线，有机整合其他学科和领域设计综合性艺术表现活动。

微课

1. 歌唱活动

歌唱活动是指用嗓音来演唱歌曲或有节奏地进行朗诵的一种音乐活动。歌唱活动能提高幼儿运用嗓音进行艺术表现和创造的能力，发展幼儿用歌声表达、交流情感的能力，还能帮助幼儿掌握正确的歌唱姿势、发声方法等与歌唱有关的简单知识和技能。

2. 韵律活动

韵律活动是指伴随音乐进行并与音乐相协调的、有节奏的身体动作表现活动。幼儿园韵律活动包括律动、舞蹈、各种身体节奏活动、动作表演游戏等类型。韵律活动不仅能有效地提高幼儿的身体运动能力和动作协调能力，还能促进幼儿运用身体动作进行艺术表现与创造能力的发展。

3. 演奏活动

演奏活动是指运用小型打击乐器、自制乐器或生活物品进行有节奏的演奏的一种音乐活动。幼儿园演奏活动既可以使用小型打击乐器、自制乐器或生活物品来“讲故事”，也可以演奏这些乐器来为歌曲或器乐曲进行伴奏。演奏活动不仅能发展幼儿演奏乐器进行艺术表现与创造的能力，还能提高幼儿听辨与演奏节奏、音色的能力，促进幼儿动作协调能力的发展。

4. 音乐欣赏活动

音乐欣赏活动是指通过倾听音乐作品或观赏音乐表演，以及聆听周围环境中的各种乐音来获得审美享受的一种音乐活动，是以倾听、感受和体验音乐及创造性地表现音乐为主要形式的音乐实践活动。在音乐欣赏活动中，幼儿可以接触到更多优秀的音乐作品，开阔音乐眼界，丰富欣赏音乐的经验，培养对音乐的喜爱之情，初步发展感知、理解音乐作品的能力。

任务三 幼儿园艺术教育的方法与途径

一、幼儿园美术教育的方法

卢梭在《爱弥儿》中写过这样一句话：“如果一个人从未在干燥的原野上跑过，而他的脚也没有被灼热的沙砾烫过，如果他从未领受过太阳从岩石上所反射出的闷人的热气，那么他怎能领略那美丽的清晨的新鲜空气呢？”在开展幼儿园美术教育活动的过程中，教师要注意采用多种方法，注重幼儿感知、体验与想象等能力的发展。

（一）以直接感知为主的方法

1. 观察法

观察法是指有目的、有计划地让幼儿感知事物的形状、色彩、结构及事物之间的空间位置、相互关系等，从而获得对事物或现象的具体感性的认识。观察法包括直接观察和间接观察，是美术教育活动的基本教学方法之一。运用观察法时要注意：（1）引导幼儿有目的地观察；（2）教师要恰当选择观察对象；（3）教会幼儿观察的方法，如先大体印象后局部特征、从整体去观察、有层次地观察等。

2. 演示法

演示法是指教师在传递信息的过程中，向幼儿直观地展示教具，示范绘画、制作等过程，帮助幼儿获得对事物或现象的感性认识的一种教学方法。运用演示法时要注意：（1）选择适宜的演示对象；（2）演示要与讲解有机结合；（3）演示要选择恰当的时机。

（二）以语言传递信息为主的方法

1. 讲授法

讲授法是指教师通过语言的描述、说明和解释，向幼儿传递信息，从而使幼儿获得美术知识和技能的一种方法。运用讲授法时要注意：（1）讲授的内容要具有科学性、教育性；（2）讲授语言要生动形象、富有情感，体现出艺术性。

2. 对话法

对话法是指教师和幼儿就作品进行相互交流、相互作用的一种教学方法。运用对话法时要注意：（1）对话双方的关系是平等的，让幼儿有自己的解释；（2）教师的提问要有启发性和艺术性，少提封闭式问题；（3）对话过程中教师应适时追问；（4）引导幼儿学会发问。

3. 讨论法

讨论法是指教师指导幼儿以全班或小组形式，围绕教学内容中的某个话题进行讨论，以帮助幼儿获得知识和经验的一种方法。运用讨论法时要注意：（1）讨论法适合在中、大班幼儿中使用，因为讨论法的使用需要幼儿对某个问题进行认识、研究甚至发现规律。（2）幼儿需具备与讨论话题相关的知识经验。（3）讨论结束时，教师应对师生讨论情况进行小结，概括幼儿讨论的内容，可以用多元的、开放的观点对幼儿讨论的结果进行小结。

（三）以指导练习为主的方法

指导练习是指幼儿在教师的指导下进行绘画、制作等实践活动，从而熟悉和掌握各种美术知识、技能及技巧的方法。运用此类方法时要注意：（1）教师指导要有目的性，及时发现共性和个性问题；（2）练习方法要多样化，如变换主题、材料，通过游戏、竞赛等方式进行练习。

（四）以欣赏活动为主的方法[①]

1. 音乐渲染法

音乐渲染法是指幼儿在进行美术作品欣赏与创作时，教师选择与作品情感基调和意境相匹配的音乐，从而帮助幼儿借助听觉通道更好地感受、理解作品，更好地表现作品。如欣赏徐悲鸿的《奔马》（见图 12－1）时，可以同时播放《赛马》的音乐，让幼儿通过听觉感受音乐欢快、紧张的节奏，从而更好地感受画面中马儿在草原上自由、欢快

① 陆兰，张晓红，徐志国．幼儿艺术（美术）教育与活动指导．南京：江苏凤凰教育出版社，2013．

奔跑的意境。运用音乐渲染法时要注意：（1）配乐尽量和作品的意境、情感基调相匹配；（2）平时要善于积累各种风格和表现方式的音乐作品。

2. 动作模仿与表达法

动作模仿与表达法是指在欣赏美术作品时，幼儿可以尝试着用身体动作去模仿作品的某些特征，或表达自己对作品的感受，以达到对作品内涵的深刻理解和体验，充分表达自己对作品的感受和想法。如在欣赏凡·高的《星月夜》（见图 12－2）时，由于幼儿语言表达能力有限，教师便鼓励幼儿用动作表现作品中线条的特征，幼儿有的用一扭一扭的身体、有的用走圆圈、有的用手指画出波浪线的方式表达对作品线条的理解。在运用动作模仿与表达法时，要注意选择那些对作品理解起关键作用的元素，否则不但浪费时间，也会干扰幼儿对作品本身的专注欣赏。

图 12－1 徐悲鸿《奔马》

图 12－2 凡·高《星月夜》

3. 对比法

对比法是指通过对作品表现手段、表现形式和表现风格的比较，提高幼儿对作品的审美感受和理解能力。如蒙克的作品《呐喊》，画家用版画、油画等不同表现手法创作了相同的内容，通过比较不同版本的作品，幼儿可以感受到不同表现手法所带来的不同视觉效果；在欣赏人物作品时，可以对毕加索《哭泣的女人》和《梦》进行对比欣赏，引导幼儿感受人物的不同情感和画家的不同表现方法。

4. 联想法

联想法是指在幼儿欣赏美术作品时，引导其对作品进行大胆想象，以深入地理解作品内涵，也即对作品展开审美想象。如在引导幼儿欣赏《蛙声十里出山泉》时，教师可以提问“泉水从哪儿来，会流到哪里去？”“小蝌蚪们要去哪里？”“在这样的地方你会听到什么声音，想做些什么？”，引导幼儿在仔细观察画面后大胆联想，拓展画面内容，进入更广阔的审美空间。

5. 情境法

情境法是指教师根据美术教育的需要，为幼儿创设生动、形象的学习情境，使之产生身临其境的感觉，从而引发幼儿相应的情感、态度的方法。如教师在引导孩子画短直线的活动中，设置“小兔子喜欢吃嫩嫩的青草”的情境，激发幼儿的绘画兴趣。运用情境法时要注意：（1）情境要新颖、多变，能引发幼儿的好奇和兴趣；（2）创设的情境要与作品基调相匹配；（3）情境要具有启发性。

此外，还可以采用尝试法和探究法，即在教师指导下，由幼儿自己发现问题、探索问题和解决问题，培养幼儿独立探索、解决问题的能力和创新能力。

二、幼儿园音乐教育的方法

（一）示范表演法

示范表演法是指教师通过演唱、演奏、动作表演使幼儿获得审美艺术形象，为幼儿学习提供示范性榜样的一种方法。教师的示范应自然、准确、熟练且富有艺术表现力，应在每位幼儿都能清楚看到的位置进行示范，必要时可辅以一定的语言讲解或提示。示范动作时注意使用镜面示范法。

（二）直观演示法

直观演示法是指教师演示一定的图片、实物、课件、视频等直观性材料，使幼儿获得清晰的音乐学习表象，激发幼儿的音乐学习兴趣，从而优化音乐学习效果的一种方法。教师选择进行演示的材料应在性质、风格、内容形象等方面与音乐作品保持一致，并富有艺术性和趣味性。教师的演示动作应清晰、熟练，速度适宜；演示要适度、适量，并可根据需要面向集体、小组、个人进行重复演示。

微课

案例分享 12-1

绘画活动：我的自画像

知识链接 12-4

幼儿园艺术教育的途径

（三）游戏法

游戏法是指通过有规则的音乐游戏来引导幼儿进行音乐学习的一种方法。运用游戏法的要点是：首先，教师可以在音乐活动开始处、中间处或结束处嵌入传统游戏或幼儿玩过的某种游戏，也可以为实现一定的音乐教育目标而编制贯穿整个活动始终的游戏。其次，教师应引导幼儿关注音乐与游戏玩法、规则之间的联系，提醒幼儿遵守规则、克服困难，独立或与同伴一起随音乐进行游戏。

（四）练习法

练习法是指在教师的指导下，幼儿通过多次实际操作掌握某些音乐知识和技能的一种方法。运用练习法时应注意：（1）在练习前，应引导幼儿明确练习的要求和方法；（2）要以幼儿感兴趣的方式，循序渐进地引导幼儿进行练习；（3）教师要认真观察幼儿练习的情况，对幼儿良好的表现给予鼓励与表扬，针对出现的问题及时给予改进建议。

（五）多感官参与法

多感官参与法是指调动幼儿多种感觉器官，让幼儿运用听觉、视觉、运动觉、言语知觉等多种感知觉协调参与，帮助幼儿更好地感受、体验和表现音乐艺术美的一种方法。运用多感官参与法时应注意：（1）根据幼儿年龄、活动目标和内容的不同，选择适宜的感知觉通道，并巧妙组合；（2）以听觉通道为主，其他通道为辅，围绕音乐作品展开实践活动。

项目小结

幼儿园艺术教育综合了幼儿园美术教育和幼儿园音乐教育领域，更加符合幼儿阶段审美发展特点。幼儿园艺术教育对于幼儿的发展具有多方面的促进作用，如审美能力发展、身体发展、认知发展、社会情感发展等。幼儿园艺术教育目标重点在于艺术兴趣的培养，同时兼顾艺术感受与欣赏、表现与创造两个子领域。在教育内容上，美术领域包括绘画、手工和美术欣赏活动，音乐领域包括歌唱、韵律、演奏和音乐欣赏活动。幼儿园艺术教育通过专门性的艺术教育活动和渗透于一日生活及其他教育活动两种途径实施；教学方法具有多样性，重在引导幼儿进行直观感受与欣赏。

同步练习

一、简答题

1. 简述幼儿园艺术教育的总目标。
2. 简述幼儿园音乐教育的内容。
3. 简述幼儿园美术、音乐教育的方法。

二、实践题

1. 观摩幼儿园的一项美术和音乐集体教学活动，从该活动目标的定位、内容的选择与采用的教学方法角度进行评议。

2. 利用见（实）习的机会，访谈班上负责美术和音乐教育的教师，说说《指南》颁布后对其教育实践产生的影响。

三、在线测试

项目十三

幼儿园美术活动设计与指导

学习目标

1. 了解不同年龄段幼儿绘画、手工与美术欣赏三方面能力的发展特点。
2. 熟悉幼儿绘画、手工与美术欣赏活动的内容。
3. 能对幼儿绘画活动、手工活动和美术欣赏活动进行设计与指导。

思维导图

- 幼儿园美术活动设计与指导
  - 幼儿绘画活动设计与指导
    - 幼儿绘画能力的发展特点
    - 幼儿绘画中独特的表现形式
    - 幼儿绘画活动的内容
    - 幼儿绘画活动设计与指导要点
  - 幼儿手工活动设计与指导
    - 幼儿手工能力的发展特点
    - 幼儿手工活动的内容
    - 幼儿手工活动设计与指导要点
  - 幼儿美术欣赏活动设计与指导
    - 幼儿美术欣赏能力的发展特点
    - 幼儿美术欣赏活动设计与指导要点

学习建议

查阅幼儿园美术活动的优质方案，观看幼儿绘画、手工和美术欣赏活动的优质视频，理论联系实践，体会不同类型幼儿园美术活动设计与指导的策略。

情景导入

某位教师在中班开展了泥工活动“小鸡”，活动基本流程为：教师出示卡通小鸡图片，引导幼儿感知其构成，接着出示范例作品并完整示范制作小鸡的过程。在评价环节，教师选择部分幼儿作品进行展示，以教师自评为主。该教师在组织手工活动的过程中存在哪些问题？应如何调整？教师设计与组织幼儿园美术活动的要点有哪些？

任务一　幼儿绘画活动设计与指导

一、幼儿绘画能力的发展特点

（一）涂鸦期（1.5 ～ 3.5 岁）

微课

1 岁左右的幼儿，都爱拿他们能接触到的工具，如蜡笔、粉笔、钢笔，甚至树枝，在能留下痕迹的平面上涂画，而且感到非常高兴和满意，这就是涂鸦现象。他们画出来的东西虽然看起来不规则，通常是以点、线为主的图案，却代表了他们对周围世界的探索，是他们的感知觉和动作有了一定的发展之后做出的一种新的动作练习。

1. 无控制的涂鸦（1.5 ～ 2 岁）

涂鸦开始后的半年左右时间里，由于幼儿的肌肉控制能力比较差，动作不精确、不协调，因此，用笔画画时还不能很好地控制线条的方向。此时，他们画出的线条不分化，横线、竖线、斜线、弧线、螺旋线等掺杂在一起，长短不一、方向各异，也无法辨别起笔、落笔，甚至会涂到纸外（见图 13－1）。

2. 有控制的涂鸦（2 ～ 3 岁）

2 岁左右，幼儿手眼配合逐渐协调，对手的控制能力增强了，喜欢在涂鸦活动中体验重复动作的节奏。他们能够在纸上画出一些重复的，具有上下、左右方向性及圆形的各种线条，并能将涂鸦控制在纸张内。不过，此时幼儿还没有明确的创作意图，主要是满足于有控制的运动感觉和涂涂画画的过程（见图 13－2）。

图 13－1　23 个月幼儿的涂鸦作品

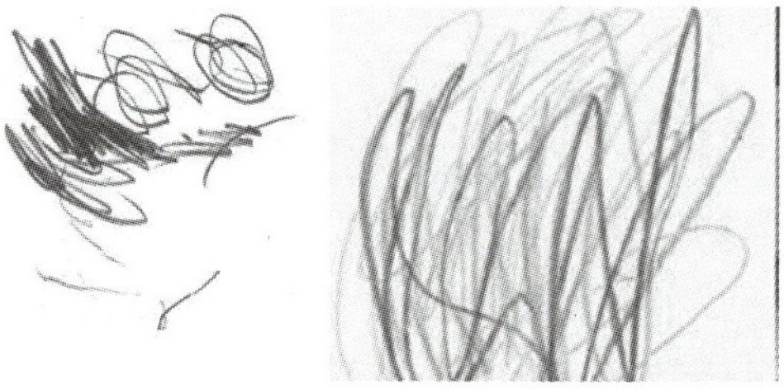

图 13－2　29 个月幼儿的涂鸦作品

3. 命名涂鸦（3 ～ 3.5 岁）

3 ～ 3.5 岁幼儿在不断的涂鸦过程中，逐渐将图形和线条结合起来，并能偶然地从中认出某些形状，发现它们与自己经验中的某些事物相似，于是给自己的图形和线条起名字，即“见形赋义”。这个时期的涂鸦，如果离开了幼儿的语言解释，成人一般无法辨认其内容。幼儿对自己涂鸦的命名往往是发生在作品完成后的，意味着这个时期的涂鸦还不属于有计划的作画活动。然而，这个时期的到来却意味着一个有意义的转变，即幼儿从之前单纯的肌肉运动转变为对图画的想象思考。

总之，在整个涂鸦期，从幼儿实际的涂画行为和过程上来看，涂鸦是无目的的，但却是有意义的，为后期画出可以识别的形状奠定了基础。因此，成人要正确对待幼儿的涂鸦行为，发挥其积极作用：一是重视幼儿涂鸦，鼓励幼儿涂鸦；二是为幼儿涂鸦创设良好的条件。同时，引导幼儿在日常生活和游戏中多观察，帮助幼儿建立起象征符号与现实中各种事物之间的联系，从而积累起较为丰富的视觉经验和情感经验，为艺术表现打下基础。

（二）象征期（3.5～5岁）

幼儿开始有意识、有目的地创造视觉形象，画面中表现的往往是自己想象中的事物。这个时期，幼儿所画的图像多是一些简单几何图形和线条的组合，与想表现的真实事物相去甚远，具有象征的意义。如典型样式“蝌蚪人”，即头上长着四肢的人，幼儿用一个大大的圆代表人脸或人的头部，圆外画上单线表示四肢，躯干往往被省略，因其外形类似蝌蚪，所以叫“蝌蚪人”。图 13－3 所示是一位中班幼儿的作品，幼儿解释道：“这是我们幼儿园，一楼是小班，二楼是中班，三楼是大班，这个是楼梯，从这里爬上去。”

图 13－3　中班幼儿作品《我的幼儿园》

在色彩方面，幼儿开始关注并注意按照物体固有的颜色选择相应的颜色涂染，如用红色表现太阳，用绿色表现树的叶子，用棕色表现树干。但是很多情况下，幼儿依然按照自己的喜好来选择颜色。

在空间构图方面，这时的幼儿在画面上所画形象较多，但是这些形象之间基本上没有联系，各个形象在大小、位置、间隔等方面并没有刻意的安排，主要是零乱式和并列式构图。①

总之，象征期是幼儿把自己看到的或记忆中的表象，用简单的形状加以表现的时期。教师要注意保护幼儿的绘画兴趣，鼓励幼儿大胆作画，激发他们通过绘画表达自己的愿望；为幼儿提供适当的绘画工具和材料；创造机会让幼儿获得开放的生活与视觉经验，让他们去观察、体会一些具体的、直观的、简单而常见的物体形象，激发他们表现的欲望和运用色彩的兴趣。

（三）图式期（5～7岁）

5岁左右的幼儿开始有意识、有目的地通过绘画的方法表现周围世界和自己的生活，这也是幼儿绘画最充满活力的时期。他们以自我为中心，创造了许多独特的绘画方法。

在造型方面，幼儿能够使用流畅的线条完整表现物象的主要特征，能够用细节表现事物的基本特征。如图 13－4 所示，画中明确表现出了两位戏剧人物的性别、衣着特征，四肢不再从头部而是从身体延伸出来；头部不仅有眼睛、鼻子、嘴巴，还有了眉

---

① 林琳，罗瑾璟．幼儿绘画构图能力的发展及指导．学前教育研究，2005（12）．

毛、耳朵、睫毛、发型等细节。

（a）

（b）

图 13－4　大班幼儿水粉画作品

在色彩方面，幼儿能够比较灵活地使用原色、间色。在着色时，能够均匀地涂色，能够注意按照物体的固有色调涂色，一些幼儿还可以按照冷暖色调来涂色，表现出客观事物的固有色调和主观意愿的搭配色调相混合的特点。

在构图方面，画面内容丰富，主题明确。幼儿开始注意物体的大小比例、上下左右的位置关系和构图的层次感，但还把握不到位。这个阶段的幼儿喜欢把自己印象深刻或自己认为重要的东西画大，把其他的东西画小。图式期幼儿的构图还会出现基底线。

部分幼儿在绘画表现上会出现 X 光式透明画法，如画出车内的部件（见图 13－5）、画出长在地下的土豆等。这种绘画乍一看令人啼笑皆非，但细细品味却充满了幼儿独有的创造性和趣味性。当然，这其中也有幼儿绘画技能限制的原因。

图式期幼儿所表现的遮挡关系较为混乱，他们往往为了表现画面尽量不去让一个物体挡住另一个物体。曾有研究者以“一间房子后面有一棵树”为题让幼儿作画，结果 5 岁幼儿直接忽视主题，将树与房子并列画出，如图 3－16 所示。6 岁幼儿则将房子画在树下或者直接重叠，或者将树与房子分开两边画。[①]

图 13－5　中班幼儿作品《坏掉的出租车》

图 13－6 《一间房子后面有一棵树》

① 陆雅青．艺术治疗：绘画诠释：从美术进入孩子的心灵世界．重庆：重庆大学出版社，2009：59．

在图式期，教师要注意：（1）让幼儿有序观察，尽可能多地利用感官去感受外界，鼓励他们大胆表现和创造；（2）教给幼儿一些色彩使用和构图方面的技巧。

二、幼儿绘画中独特的表现形式

（一）夸张

“夸张”是指幼儿在绘画过程中，常不自觉地把自己认为最重要、印象最深刻、最关心的事物画得突出而仔细，而忽视事物整体以及自己觉得不重要的地方。

（二）拟人

“拟人”是指幼儿将世界万物——有生命的和无生命的，均看成像人一般有生命的存在，并将人的各种特点和感受赋予他们。在幼儿的绘画作品里，日月星辰具有人类的面孔，花儿草儿也会绽开笑脸。

（三）独特的空间表现

由于空间知觉能力的发展水平有限，加之自我中心意识的影响，幼儿对空间中物体之间的相互关系以及自身与物体之间的关系还不能很好地把握，在作品中呈现出以下两种独特的空间表现形式：

（1）展开式构图：幼儿将从不同视角观察到的事物在同一个画面上表现出来，画面中的形象由中心点向四周展开。如图 13－7 所示，在幼儿笔下，老虎的四肢、头部、尾巴等部位向四周展开，充满了趣味性。

（2）鸟瞰式构图：幼儿仿佛从空中鸟瞰一般记录地上的一切，他们把画纸当作地面，将地面上的事物互不遮挡地呈现在画面中。

图 13－7　中班幼儿作品《老虎》

三、幼儿绘画活动的内容

（一）常见的绘画种类

随着对幼儿绘画活动认识的不断深入，人们为幼儿提供的绘画工具、材料越来越丰富。幼儿常见的绘画类型有水粉画、油画棒画、水彩画、水墨画、趣味性绘画等。

1. 水粉画

（1）基本工具和材料。

包括水粉笔、颜料、调色盘、水桶、抹布，有的还用到画架。

（2）基本画法。

根据调色方法可分为干画法、湿画法、干湿结合；根据用笔方法可分为点彩法和平涂法。其中，点彩法是指用密集的小色点组成物体形象，犹如建筑装饰上的“马赛克”

拼贴镶嵌，给人一种闪烁震荡的色彩感受，能够增强画面的趣味性和“玩颜色”的意味（如图 13－8 所示）。

2. 油画棒画

（1）基本工具和材料。

1）油画棒。油画棒色彩鲜艳、饱和，质地细腻，涂色方便，覆盖力强，表现手法多样，是低年龄段的孩子们喜闻乐见的绘画工具。

2）画纸。油画棒对纸张的选择要求不高，着色较好、较厚的纸即可，如素描纸、水粉纸、色卡纸等。如有条件，也可在砂纸、布等材料上作画。

（2）基本画法。

油画棒常用的涂色方法有平涂法、点彩法、叠加法、刮画法、渐变法等。

油画棒也可以和其他美术形式相结合共同表现画面。如油水分离画（排水画），是先用油画棒涂抹主要形象，再用水粉或水彩颜料刷涂背景，使油水分离，画面呈现出特殊效果（如图 13－9 所示）。采用这种画法，既可以用油画棒进行细节描绘，又可以用水粉快速渲染，使画面色彩饱满、明快，效果更为生动，避免了幼儿用油画棒大面积涂抹而产生的疲倦和烦躁情绪，使绘画过程更加轻松愉快。此外，油画棒还可以和剪纸、撕纸、折纸等形式结合，共同表现画面形象。

图 13－8　保罗·西涅克点彩作品

图 13－9　中班幼儿排水画《赛龙舟》

3. 水彩画

（1）基本工具和材料。

1）彩色水彩笔。彩色水彩笔的色彩在纸上的透明度很高，渗透力很强。可以利用笔尖画细线、用笔头的侧面画粗线，大面积的上色还可以利用笔芯直接染出，而且各色之间可以相互覆盖，进行色彩的配置。

2）画纸。较厚的各色卡纸或白纸都可以。

（2）基本画法。

水彩画有画线、画点和画面三种基本涂色方式。此外，水彩画的表现方法有多种，如适合年龄较小幼儿的平涂法（见图 13－10），适合年龄稍大幼儿的叠加法（见图 13－11）。

图 13－10 运用平涂法创作的作品

图 13－11 运用叠加法创作的作品

4. 水墨画

（1）基本工具和材料。

主要包括毛笔、宣纸、颜料、墨等。墨分五色，即焦、浓、重、淡、清五色。

（2）基本笔法。

主要有中锋运笔、侧锋运笔、顺锋运笔、逆锋运笔和散锋运笔等。

（3）基本墨法。

主要有破墨法、泼墨法、积墨法和蘸墨法等。

5. 趣味性绘画

（1）刮画。

刮画是指在涂有一层颜色的画纸上，用牙签或刀片轻轻刮出图案的绘画形式。刮去表层的颜色后，露出下面单彩或多彩的底色，色彩艳丽，对比强烈，有着良好的视觉效果。刮画不适合反复修改，有利于培养幼儿果断的作画习惯，适合中、大班的幼儿（见图 13－12）。

（2）印画。

印画是指用各种工具进行着色（如用油画棒、水粉、墨水等颜料），并在平面上进行印画的方法。根据印画的工具不同可将其分为不同的种类，如手指印画、手掌印画、树叶（积木、纸团、蔬菜、玩具、海绵）印画、印章画等（见图 13－13）。

图 13－12 大班幼儿刮画作品

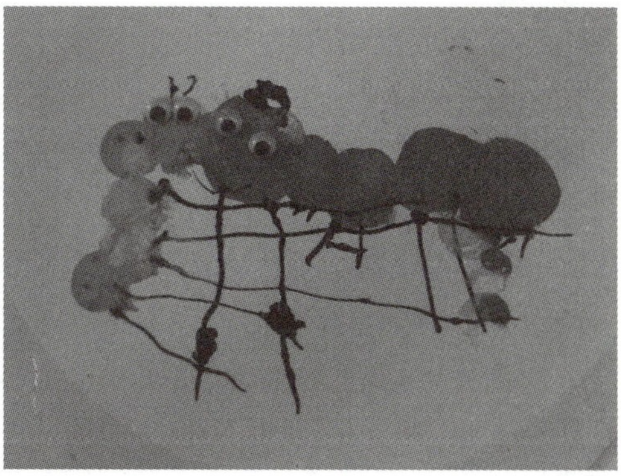

图 13－13 小班幼儿印画作品《毛毛虫妈妈和宝宝》

（3）滴流画。

滴流画是指使用工具将液体颜料滴在画纸上，通过线条的自然流动轨迹呈现出色彩流动的艺术效果的绘画形式。幼儿可以运用排笔、塑料针筒、滴管、滚珠等各种工具在图画纸、纸皮等渗水性差的材料上作画。

除此之外，在幼儿园实践中还有许多其他形式的趣味性绘画，如水拓画、泡泡画、喷洒画、粘贴画等。

（二）幼儿绘画内容的来源

丰富幼儿的知识经验是支持幼儿绘画表现的基础。“凡是幼儿感兴趣的、符合他们年龄及心理特点的内容都可以作为绘画活动的主题。”[①] 幼儿绘画内容的来源主要有：（1）幼儿感兴趣的真实或想象的主题，如恐龙、我最爱的玩具、宇宙飞船等；（2）教师根据美术领域教育目标提出的主题，如有趣的线条、多彩的秋天；（3）主题活动或其他类型活动中产生的绘画内容，如在“我的影子”项目活动中，幼儿根据已有经验进行初次创作，然后在探索影子活动后再次进行创作，教师可以从中观察幼儿对影子的已有经验及其变化过程。

四、幼儿绘画活动设计与指导要点

（一）幼儿绘画活动基本步骤

微课

第一步，导入主题。教师可以采用儿歌、谜语、表演、游戏等多种方式导入活动，以集中幼儿的注意力、激发幼儿参与活动的兴趣。

第二步，引导幼儿感知与体验审美对象。教师引导幼儿了解事物的结构特征，感知事物形状、色彩、空间等要素，把握事物的主题、情节等内容要素，以及审美对象所反映的情感要素等，帮助幼儿积累丰富的审美心理意向。教师应注意：（1）在欣赏客观对象时，要在宽松的氛围下唤醒幼儿对主题的相关经验，如“你见过最特别的树是长什么样的？在哪里看到的？”（2）提供的作品应既具有典型性又不失多样性、既具有审美性又不失真实性。（3）要引导幼儿利用多种感官进行感知、体验。

第三步，引导幼儿进行构思与设计。在充分欣赏作品后，教师不要急于示范，而是先通过问题启发幼儿，使其了解绘画需要的材料、画面内容的构思以及创作的方法和步骤等，而后教师再进行梳理和提升。如果绘画内容的表现存在一定难度，教师可以根据本班幼儿的绘画水平进行重点或局部示范。

第四步，提供材料，提出绘画要求。教师要为幼儿提供有助于表现主题的工具和材料。如果是新的工具材料，需要介绍其特征、使用方法和注意事项。此外，在幼儿绘画前，教师要结合本次活动目标，提出具有可操作性的要求。

第五步，幼儿创作，教师指导。教师要注意创设宽松的心理氛围，引导幼儿围绕绘

---

① 李甦．探索儿童的绘画世界．上海：华东师范大学出版社，2017．

画主题大胆表现自己的想法，积极进行创新。对不同能力水平的幼儿，教师要给予差异性的指导。

第六步，展示幼儿作品，欣赏评议。这个环节是幼儿对自己和同伴的作品进行欣赏和评价的过程，是幼儿相互分享喜悦、相互学习的过程。首先，教师应创造条件，尽可能展示所有幼儿的作品。其次，教师评价应以肯定为主，并引导幼儿自评与同伴互评。再次，评价内容要结合活动目标，且要有一定的开放性；既要看到作品的“图形表现”，又要看到作品的“意义表达”。

（二）幼儿命题画活动设计与指导要点

命题画是教师根据一定的教学要求，为幼儿规定画面主题内容和要求，幼儿根据主题及教师要求进行绘画的一种绘画形式。命题画的主题可以是实在的人和物，也可以是虚拟的故事情节或幼儿的想象、梦境。

1. 物体画活动

物体画的描绘对象主要是单一的物体，侧重于幼儿造型能力的培养。物体画活动设计与指导要点如下：

第一，引导幼儿观察、理解物体的结构特征。幼儿只有在对物体结构特征进行充分观察的基础上，才能进行创作与表达。对于小班幼儿，教师重点在于引起幼儿的兴趣，使幼儿乐于观察；到了中、大班，教师重点在于引导幼儿仔细观察需要描绘的对象。如在大班水粉画活动“认识刺桐花”中，教师通过“这是什么花？花瓣长什么样？花瓣是怎么排列的？”等提问，引导幼儿细致观察，为幼儿后续创作奠定基础（见图 13－14）。

图 13－14　大班水粉画作品《刺桐花》

第二，引导幼儿将观察到的事物再现出来。让幼儿在观察的基础上，通过语言描述、动作模仿、书空、图形拼贴等方式对观察对象进行再现，以深化幼儿对物体的认识和为后续创作奠定基础。语言描述，即幼儿将观察到的事物用语言方式表达出来；动作模仿，即幼儿用动作方式对观察到的对象进行再现；书空，即幼儿用手指等在空中对观察到的对象进行描绘，如观察完泡泡，教师带着幼儿一起在空中画出一个大大的泡泡和一个小小的泡泡；图形拼贴，即幼儿用图形拼贴出观察对象，如在观察小鸟后，教师提供了不同形状的几何图形，让幼儿在拼摆中再现小鸟形象。

第三，引导幼儿选择合适的表现方法。幼儿常用的有涂染法和线描法两种方式。涂染法是指不画物体的轮廓线，而是直接用笔蘸颜料涂画出物体的形状，以表现物体的形象特征的方法（如图 13－15 所示）。线描法是指先用线条勾画出物体的基本部分和主要特征，再涂上颜色的方法。这种方法简练、概括性强，能清晰表现物体的形象特征（如图 13－16 所示）。

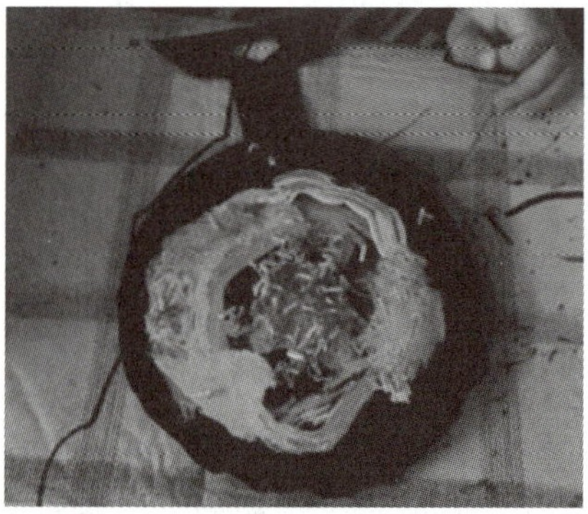

图 13－15　运用涂染法创作的作品

图 13－16　运用线描法创作的作品

第四，通过系列课题，帮助幼儿掌握物体的造型。通过系列课题，帮助幼儿学会从不同角度描绘物体不同的造型特征，便于幼儿在绘画时能根据情节需要来表现物体的形态，使画面更加生动和贴近主题。如主题为“形象设计师”的物体画活动，先让幼儿欣赏各种表情、脸形、发型、装束、姿态等中西不同风格的人物画，引导幼儿在观察的基础上，依次创作《笑得露出牙齿的人》《妈妈的发型真好看》《鞋子博览会》《我是小小服装设计师》《我喜欢的运动项目》等系列作品。

第五，引导幼儿把表现的主题和形象放置在有想象力的背景中，使命题画主题更加突出。不管是小班幼儿，还是中、大班幼儿，都是不满足于单纯对某个物体进行表达的，幼儿描绘的命题画多是有情节的，这些情节有的表现在画面上是“显性的”，有的则是由教师或幼儿的行动表达的，是“隐性的”，如命题画活动“煎鸡蛋”，教师为激发幼儿兴趣，可以说“我们今天帮助妈妈煎鸡蛋”，活动结束后说道：“鸡蛋煎好了，放点调味料（碎纸条）。来闻一闻，好香啊！”

2. 情节画活动

情节画的描绘对象主要是一组物体及其相互关系所反映的一定的情节，侧重于构图能力的培养。情节画活动设计与指导要点如下：

第一，引导幼儿感知物体间的空间关系。情节画表现的画面是多个形象物体及其相互间的关系，因此，引导幼儿感知物体间的空间关系十分必要。感知方法有以下三种：

（1）现实观察，指通过在实际生活中引导幼儿多观察周围环境，帮助幼儿发现物体间的关系，如引导幼儿观察远处的山与近处的山有何区别，在楼上观察楼下人物及景物与平时看到的有何不同。

（2）作品欣赏，指通过引导幼儿欣赏优秀作品中事物空间关系的表现，以帮助幼儿深入理解作品空间关系的方法。如欣赏吴冠中作品《小鸟的天堂》时，可以通过以下问题引导幼儿观察画面色彩的深浅：“近处的树和远处的树看起来有什么不一样？为什么作者有的地方用浓的色彩，有的地方用淡的色彩？它们给你有什么不一样的感觉呢？”

（3）动态演示，指通过设置实际或模拟情境、采用多媒体手段揭示作品主题中形象的空间关系的方法。如大班绘画活动“猫抓老鼠”，幼儿观看动画片后，合作摆出猫和老鼠相斗的紧张画面，以观察两个形象的动作、位置及各部分比例的关系，最后又摆出关节灵活的小猫和老鼠的平面材料，以进一步理解猫抓老鼠情节中各个形象之间的空间关系。

第二，通过各种形式突出主题。主要有以下三种方式：

（1）利用构图突出主题：把主体物画大或放在中心位置，其他物体紧紧围绕主体物来布局。

（2）利用造型突出主题：主体物要细致描绘，其他形象简要处理。

（3）利用色彩突出主题：主要有两种方法，其一，在大面积的主色调中设置小面积的对比色彩，如在大片蓝色的天空中，一轮“暖暖的太阳”所占空间不大却显得耀眼夺目；其二，用色彩来表现人物的情感，通过引起欣赏者与创作者的共鸣来突出主题，如毕加索作品《格尔尼卡》（见图 13－17），整幅作品用黑、灰、白等色彩表现，造型独特，给人以神秘、悲哀的感觉。

第三，帮助幼儿在绘画中体现一定的情节。主要有以下五种方式：

（1）背景上添画形象：在已有背景上添画，多运用于小班。如小班绘画活动“小草快快长”，教师设置了小土堆的背景，让幼儿添画小草形象，不仅能起到情境激励作用，而且能实现构图上的暗示，使得作品更富美感。

（2）物体画上添画背景：适合于小、中班幼儿，即在画完主要形象后，引导幼儿添画背景，使画面更加丰富、饱满。如小班绘画活动“可爱的小鸡”，教师通过“小鸡在哪里？想玩什么游戏呢？”等问题，启发幼儿添画背景。

（3）合成法：把两个或两个以上的基本图形（包括点、线、面、体等）做有意义的联结，从而构成一幅完整的作品的过程。如把废旧的图书、广告纸上的图片剪下来，根据主题进行重新组合，并添加一些内容，使其组成一幅完整的画。[①]

（4）日记画：引导幼儿将生活中发生的愉快的或者难过的事件以绘画的方式再现出来。如图 13－18 所示的中班幼儿日记画，再现了幼儿“学会写 3 了”这件令人高兴的事。

图 13－17　毕加索《格尔尼卡》

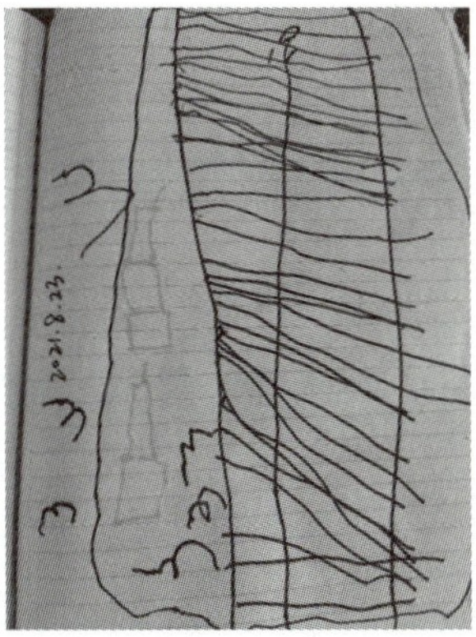

图 13－18　中班幼儿日记画

① 林琳，罗瑾璟．幼儿绘画构图能力的发展及指导．学前教育研究，2005（12）．

（5）故事画、连环画：在学习故事的基础上，按照情节进行绘画，或是想象、续编部分情节进行绘画。画面可以是一幅单独的作品，也可以是连环画。

知识链接 13-1

幼儿意愿画活动设计与指导要点

（三）幼儿装饰画活动设计与指导要点

幼儿装饰画主要是指幼儿运用各种图案花纹（如点、线条、几何形、云纹、水波纹等）和色彩，在各种不同形状的纸、物体（如手绢、雨伞、扇子、瓶子等）上有规律地进行装饰的一种绘画形式（见图 13－19）。装饰画的描绘需要幼儿遵守一定的规则，因此有利于促进幼儿对形式美的感受力和创造能力的发展、幼儿手部动作准确性的发展以及耐心、细致、整洁、有序的良好习惯的养成。

图 13－19　幼儿装饰画《大象》

幼儿装饰画活动设计与指导要点如下：

第一，帮助幼儿理解装饰画的形式美。装饰画是一种需要遵循一定规律的绘画形式，幼儿只有理解这些装饰的原理，才能更好地创作。在学习这些装饰原理时，可以引导幼儿观察与欣赏自然界中的事物所蕴含的装饰美，如人具有的对称性，各种动植物的花纹、线条的重叠交错；也可以引导幼儿欣赏生活中人造物品的装饰美，如青花瓷瓶、手镯、糖果纸桌布、服饰等的装饰图案；还可以引导幼儿欣赏艺术作品装饰画，如草间弥生的《南瓜》等波点装饰作品、蒙德里安以几何图形为绘画基本元素的相关作品等。

第二，引导幼儿循序渐进地学习装饰画。主要包括以下四个方面：

（1）学习方法循序渐进。首先，让幼儿学会欣赏，多看多接触，形成对图案装饰美的感受力，初步认识装饰美的规律。其次，可以采用游戏的方法让幼儿体验图案装饰的法则，如盖章、贴树叶、折叠染纸等，在这些活动的基础上再进行图案装饰画活动。

（2）学习内容循序渐进。学习装饰图案可以从简单的点开始，然后过渡到线、简单的几何图形（如长方形、正方形、三角形等），最后学习一些自然界的花草树木和具有民族特色的花纹（如羊角纹、回纹、云纹等）。

（3）图案纹样的组织形式学习循序渐进。可以从单独的纹样，到二方连续纹样（见图 13－20）、四方连续纹样（见图 13－21），最后学习整个画面的构图，如对称构图与不规则构图。

（4）图案色彩学习循序渐进。可以先学习对比色、同种色、类似色，再学习图案色彩的配置方法。

第三，注重幼儿创造力的培养。装饰画有较强的规律性，这就使得教师在引导幼儿的过程中往往会过分强调表现技法，而忽视创造力的培养。对此，教师可以让幼儿在基本技法学习的基础上自由地进行创造。如在装饰画活动“草间弥生”中，教师引导幼儿

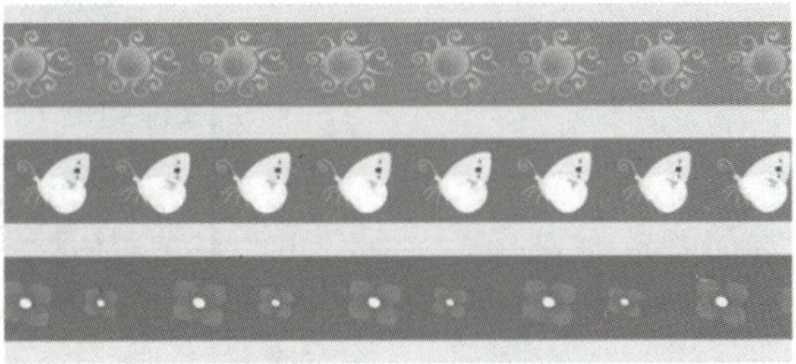

图 13－20 二方连续纹样

图 13－21 四方连续纹样

欣赏草间弥生的若干波点作品后，提供水粉颜料、圆点贴纸、圆点盖章、白色杯子、衣服、伞、礼物盒等多样化的装饰材料，让幼儿自由选择工具，在不同的物体表面进行创造性装饰。

案例分享 13-1

小班绘画活动：颜色宝宝滑滑梯

案例分享 13-2

中班装饰画：设计美丽的花边

任务二 幼儿手工活动设计与指导

一、幼儿手工能力的发展特点

幼儿园手工活动是教师引导幼儿发挥自己的想象力和创造力，直接用双手或操作简单的工具，对具有可塑性的各种形态的物质材料进行加工、改造，创作出占有一定空间的、可视且可触摸的多种艺术形象的一种教育活动。幼儿手工能力的发展虽然存在着个体差异，但在总的发展方向上呈现出一定的规律。

（一）玩耍阶段（2 ～ 3 岁）

微课

这个阶段幼儿喜欢摆弄泥团或黏土，喜欢撕纸和贴纸，但对折纸基本不感兴趣。幼儿的手工活动行为并没有明确的目的或意识，只是纯粹地以玩耍为中心。如幼儿随意地将纸撕成一片一片，一边向上抛，一边兴奋地说："飞起来了！飞起来了！"在此阶段，成人要鼓励幼儿对材料和工具进行探索，同时，为幼儿提供合适的材料，吸引幼儿的注意力和兴趣，让他们在好奇和好玩的心态下开展手工活动，并指导幼儿正确地使用工具和材料。

（二）直觉表现阶段（4～5岁）

此时幼儿开始真正对手工活动感兴趣，由无目的的游戏过渡到有意识的制作和创造。幼儿能利用黏土的可塑性去进行各种尝试，能用纸张折出简单的物体造型，能利用剪刀等工具剪出简单的图形，全神贯注地完成自己的作品。此时，教师主要是帮助幼儿养成良好的手工活动习惯，培养其有序观察、大胆表现等能力，引导其掌握基本的手工技能。

（三）灵活表现阶段（6～7岁）

这一阶段幼儿手腕动作和手眼协调能力增强，手部的动作更加细致；表现的目的性增强，喜欢运用多种材料表现自己的创作意图，并尽量做到让自己满意，同时具有了合作的能力。此时，教师要给予幼儿更多动手和合作的机会，鼓励其耐心地完成作品，肯定他们的创作过程和结果，为其提供分享创作成果的机会，使其理解平等、合作、耐心在手工活动中的重要意义。

二、幼儿手工活动的内容

（一）泥工活动

泥工活动是指幼儿用手和简单工具将泥土制作成各种立体物象的活动。泥土材料柔软，可随意造型，对幼儿的吸引力极大。泥工活动的价值体现在以下几个方面：（1）能锻炼幼儿手部精细动作；（2）学习并运用立体造型方式表现事物，有助于提高幼儿空间知觉和立体造型的能力；（3）能让幼儿创造性地表现自己对客观事物典型特征的理解，有助于发展幼儿的想象力和创造力；（4）能让幼儿了解民间文化艺术，体验泥工活动的快乐。此外，幼儿的手工制作过程也是一个不断发现问题和解决问题的过程，其中包含着丰富的探究机会。①

1. 泥工工具和材料

泥工活动的基本工具有泥工板、竹签、小刀、泥工刀、湿布、轧花工具等。常用的泥工材料有橡皮泥、纸黏土、陶泥、面泥等（见表13－1）。此外，为增强作品的生动性，教师还要指导幼儿使用辅助材料，如利用豆类或其他点状材料做小动物的眼睛，用毛线做人物的头发或者衣物上的装饰。

表13－1　常用的泥工材料

主要材料	橡皮泥	纸黏土	陶泥	面泥
优点	颜色丰富、方便使用	颜色多样、不粘手、柔软性好、可塑性强	良好的可塑性、可烧制	干净、柔软、蒸煮熟后可食用
缺点	冬天易硬、夏天易粘手	遇风变干，风干后碰撞易碎	不能重复利用	夏天易变质
辅助材料	豆子、纽扣、羽毛、火柴棒、牙签、果壳、毛线			

① 杨巍．艺术教育与科学教育融合的可能性探索：以幼儿园手工制作活动为例．学前教育研究，2005（5）.

2. 泥工活动基本技能

（1）团圆：将泥放在两手心的中间，双手用力均匀转动，将手中的泥团成圆球，如元宵的制作（见图 13－22）。

（2）搓长：将泥放在手心，两手前后搓动，将泥搓成长条或圆柱体。如面条、动物腿的制作。在搓长的基础上，还可以延伸出更多的技能，如一头搓尖就变成小辣椒（见图 13－23）、萝卜的形象。

图 13－22　泥工作品《元宵》

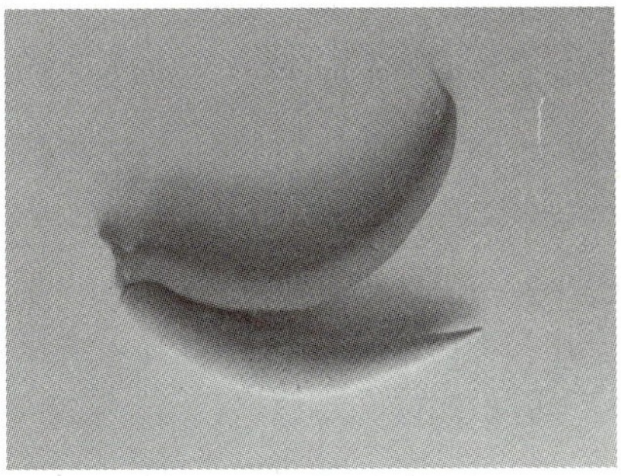

图 13－23　泥工作品《辣椒》

（3）压扁：用手掌或借助工具将长条或团成的圆球压成片状，如煎蛋的制作（见图 13－24）。

（4）捏泥：拇指、食指、中指的指尖相互配合，捏出细节部分，如捏出蜗牛的触角（见图 13－25）等。

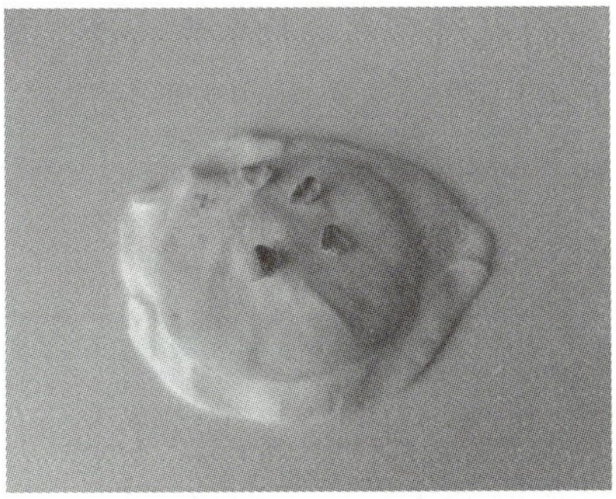

图 13－24　泥工作品《煎蛋》

图 13－25　泥工作品《蜗牛》

（5）拉伸：从一整块泥中，按物体的结构拉伸出各部分，如大象的鼻子、茶壶的壶嘴等。

（6）粘接：包括直接连接和间接连接。前者在接触面积较大时和材料黏性较好时运用，如包饺子；后者在无接触面积或接触面积较小时和材料黏性较差时运用，如糖葫芦的制作（见图 13－26）。

图 13－26　泥工作品《糖葫芦》

（7）分泥：将大块泥按物体比例分

成小块泥。

（8）盘绕：将泥盘绕成一定造型。

（二）纸工活动

纸工活动是指以不同质地的纸为材料，结合撕、剪、折、粘、卷、编等多种简单的技巧制作出各种事物形象的活动。纸工活动主要有以下三类。

1. 折纸

折纸是指利用纸张，采用折、叠、卷、翻、插等手法，辅以剪、接、拼、画等技巧，按照一定的步骤和要求，借助简单的工具和材料，改变、组合、分解纸张原来的形状，以表现事物形象的活动。折纸需要使用比较薄又有韧性的纸张。折纸的基本技能如表 13－2 所示。

表 13－2　折纸的基本技能

名称	具体内容
对边折	将纸张两边对称折叠
对角折	将纸相对的两角对齐折叠
集中一角折	将正方形或长方形相邻的两边沿夹角相向对折
四角向中心折	将正方形的四个角，对准纸的中心点折叠
双正方形折	将正方形对角折成三角形，再反复一次，把两个小三角形分别从中间撑开，折成双正方形
双三角形折	将正方形对角折成三角形，以三角形的底边中心点为准，分别从前、后向三角形的顶点折叠，然后从中间撑开，折成双三角形
双菱形折	先将纸折成双正方形，再依据中线，将开口端的四个边向内折叠，然后向下拉成菱形
组合折	将若干张纸经过相同或不相同的折叠后形成几部分物体形象，再把它们衔接起来，构成更复杂的造型

2. 剪纸

剪纸是指用剪刀将纸或其他材料剪成各种各样的图案，如窗花、花瓶等。剪纸材料主要是纸张，如报纸、蜡光纸等较薄的纸，也可以用金银箔、树叶、布等其他片状材料。基本剪法有目测剪、沿轮廓剪、折叠剪等。

（1）目测剪，即让幼儿用没有痕迹的纸通过目测直接剪出形象的方法。用该方法所剪的形象大多是线条、几何形状和一些轮廓线简单的物体。

（2）沿轮廓剪，即让幼儿按照已画好的轮廓线剪出所需要的物体形象的方法。

（3）折叠剪，即将纸折叠后再剪出纹样的方法。进行折叠剪时，一般采用一张色纸，把有色的面向里对折，每折一次都需把折线压平，一般以折叠 2 ～ 3 次为宜。折叠好后，在纸面上画上图稿，然后按画好的线条剪去要剪的部分即可。

3. 撕纸

撕纸是指通过大拇指和食指、中指的配合控制纸张撕拉的角度，从而撕出某种形状或图案的一种平面艺术。撕纸有利于锻炼幼儿的手指肌肉动作和控制力，发展幼儿的想象力，同时培养细心、专心和耐心的良好品质和行为习惯。撕纸的基本形式有自由撕、按轮廓撕、折叠撕。

（三）其他手工活动

其他手工活动主要是利用其他材料进行的立体造型活动，如各类材料拼贴、纸盒玩具制作、面具制作、风筝制作等。常见的有粘贴活动（粘豆、粘沙、树叶拼贴）、自制玩教具、环境布置等。

1. 粘贴

粘贴是指把现成的实物图形或几何图形或自然物贴在纸张适当位置上，以表现物体形象的造型活动。常见的有以下几种形式：

（1）实物图形粘贴：把从图书、杂志等材料上剪下的实物图形，经过重新组织，拼贴出新造型的活动。

（2）几何图形粘贴：用色纸剪成大小、形状不同的几何图形，拼贴出新造型的活动。

（3）自然物粘贴：把各种植物的叶子或其他废弃物，如蛋壳、瓜子、树叶等，粘在纸张或其他表面上，形成新的图像或拼贴画的造型活动。

2. 自制玩教具

自制玩教具是指利用废旧材料或水果、蔬菜等自然物，通过联想“因材施艺”地进行建构，制作出立体形象的活动。如厚纸（纸盒）制作，即运用卡纸、挂历纸、纸盒等略微硬的纸质材料，通过折、剪、贴、组合等技法制作出三维立体形象。图 13－27 所示为一位大班幼儿利用废旧礼品盒、易拉罐、废弃彩笔、稍硬纸张等材料组合制作的坦克，材料利用巧妙，作品形象且“可玩”。

图 13－27　自制玩教具

3. 环境布置

环境布置是指利用身边的资源动手操作，将制作的成品用于装饰环境或作为环境中的一部分。常见的环境布置内容有：装饰墙面、制作吊饰、制作区角活动材料、制作节日礼品、制作演出道具、制作体育游戏道具等。

三、幼儿手工活动设计与指导要点

微课

（一）幼儿手工活动基本步骤

第一步，导入活动，激发幼儿参与活动的兴趣。教师根据实际情况，利用多种形式导入，如展示范例作品、谜语、儿歌、问题情境、游戏等。

第二步，感知、欣赏创作对象。感知、欣赏创作对象，有利于幼儿丰富对手工创作对象的表象经验，感知其审美特征。教师要注意以下几点：一是提供的作品要具有典型性又不失多样性、具有审美性又不失真实性。二是要引导幼儿多感官进行感知、体验。

第三步，探索制作方法。在充分欣赏作品后，教师不要急于进行示范，要先通过问题启发幼儿观察和思考作品用了哪些材料、怎么制作的（包括方法和步骤），再进行梳理和提升。如果作品需要一些复杂的制作技能，教师可根据幼儿的美术能力水平进行重点或局部的示范。要特别注意的是，教师切忌步步示范，而要引导幼儿学习看示意图尝试自主操作，然后根据幼儿自主操作中出现的普遍问题进行示范讲解。

第四步，介绍材料，提出要求。对材料种类、材料特征的了解影响着幼儿的创作过程和效果。因此，对于幼儿感到陌生的材料，教师应该对材料特征、使用方法和注意事项进行介绍。对于大班幼儿，教师要鼓励他们大胆选择不同材料进行创造性制作。此外，在幼儿操作前，教师要结合活动目标，提出有利于目标达成的操作要求。

第五步，幼儿操作，教师指导。教师要注意创设宽松的心理氛围，引导幼儿将仿制与独创结合起来，鼓励幼儿在掌握基本方法的基础上进行创新。此外，教师还要注意针对能力强与能力弱的幼儿实施差异性指导。

第六步，展示作品，欣赏评议。教师尽可能展示所有幼儿的作品，可用一张网状的织物或铁网、一根有韧性的线或一张桌子将幼儿的作品展示出来，让幼儿感受到被肯定和尊重，创造幼儿相互学习的机会。还可以创设一个与主题贴近的、富有美感的背景，使幼儿作品展示的过程变成主题升华的过程。如在大班剪贴活动“骑楼”中，教师设置了福建泉州中山街的背景，幼儿将作品粘贴在街道两边后，孤立的“骑楼”变成了富有生命力的“中山路”。

欣赏评议时，教师要处理好幼儿创作结果评价与创作过程评价的关系、幼儿自评与他评的关系、技能评价与情感态度评价的关系。倘若时间不足，评价可在其他时间进行。

（二）幼儿泥工活动设计与指导要点

第一，创设幼儿与泥工材料和工具充分接触的机会。要让幼儿通过随意玩泥的方式与泥工材料充分接触，给他们充足的时间接触不同泥工材料，了解泥的柔软性、可变性。

第二，引导幼儿学习泥工的基本技法。基本技法是泥工教学活动的难点，要注意引导幼儿掌握泥工的基本规律。一是从基本几何形体出发，塑造立体形象。如圆形可以被想象成泡泡，圆形上加一些碎纸屑、小泥团或轻轻划几刀就变成了饼干。二是从基本技法出发，塑造立体形象。如团圆的技能可以塑造元宵、球等形象，搓的技能可以塑造面条、动物的腿等形象。

第三，引导幼儿使用辅助材料。为了使塑造的物体更生动形象，教师可以根据制作的内容提供不同的辅助材料。如在苹果、橘子的造型中添加细木棒等辅助材料，把它们变成把儿。辅助材料可以是多种多样的，如小石头、小树叶、小树枝、羽毛、豆子、果壳等自然材料，以及小瓶盖、小吸管等人工材料。

第四，激发幼儿对泥工活动的兴趣。教师应采用灵活多样的练习方法和形式，激发幼儿对泥工活动的兴趣，引导幼儿练习掌握泥塑的表现技能。如练习搓长的技能时，可以搓纸盘上的“面条”，也可以搓斑马身上的“条纹”；可以独立地用于粘贴画，也可以用作充实游戏材料的“香蕉”“油条”等。

第五，妥善处理幼儿泥工作品。教师应将幼儿的泥工作品保存在阴凉通风处，若需要重新使用泥料，应与幼儿商量，不要当着幼儿的面处理掉，以免挫伤他们的积极性。教师也可以将幼儿的泥工作品变成游戏材料或教学活动材料。

（三）幼儿纸工活动设计与指导要点

1. 折纸活动

第一，引导幼儿学习折纸的基本技法。教师要引导幼儿学习一些基本术语，如对边折、对角折等，方便幼儿后续的学习。在活动过程中，教师还要引导幼儿掌握折纸的基本规则，如一定要对齐、抹平，这样折出的物体形象才平整，不会松松垮垮、歪歪扭扭等。

第二，引导幼儿学习看图示折纸。教师要引导幼儿学习看折纸图示，理解符号的意义，为学习自主折纸奠定基础。如虚线表示折线，箭头表示折叠方向，数字表示折叠的步骤。

第三，引导幼儿进行创造性的折纸活动。在幼儿掌握基本的折纸技法后，教师要引导幼儿将折纸与添画、剪纸等活动结合起来。如在折完知了的基础上，引导幼儿添画眼睛、翅膀的花纹等，将知了装饰得更加漂亮、生动。

第四，采用多种形式练习。在幼儿掌握基本的折纸技法后，教师要鼓励幼儿大胆想象与创造，对折纸作品进行加工，或采用多种方式练习，避免枯燥的机械训练，以增强幼儿兴趣，使幼儿创作出具有创意性的折纸作品。如练习四角向中心折的技能时，可以结合折“上衣”、折“花朵”等题材进行，同时引导幼儿用不同形式，如画一画、折一折、变一变，创造出新的形象。

2. 剪（撕）纸活动

第一，为幼儿提供合适的工具和材料。在剪（撕）纸活动中选择安全的剪刀；提供厚薄适宜，幼儿能剪、撕的纸张和其他适宜剪、撕的材料，如树叶、花瓣、羽毛、碎布等自然物和废弃物。

第二，循序渐进地指导幼儿练习。对小班幼儿，提供安全的剪刀，让幼儿尝试使用剪刀；提供各种纸张，让幼儿在撕、揉的过程中了解纸的性质。幼儿练习剪（撕）时，可采用没有任何限制的目测剪（撕）。对中班幼儿，可以让他们学习剪一些简单的图形，逐步学会剪弧线、圆曲线，沿轮廓线剪出物体图形；剪（撕）的轮廓线应由简单到复杂，形象由大到小。对大班幼儿，引导他们学习综合运用剪、撕纸的技能进行主题创作，开始学习折叠剪（撕）的方法。折叠一般以2～3层为宜。折叠后剪（撕）时，要提醒幼儿不能把两边都剪（撕）断，否则无法形成对称的纹样。剪（撕）完要逐层揭开，动作轻柔，

知识链接 13-2

幼儿其他手工活动设计与指导要点

以保持作品的完整。

第三，引导幼儿对剪（撕）坏的形象进行修改。幼儿在操作时常常不能准确地剪（撕）出理想的形象，甚至会剪（撕）断连接部分。对此，教师对幼儿剪（撕）出的形象不必过于苛求，若与所构思的形象有较大出入，可鼓励幼儿对手中的纸形进行想象，通过添画、装饰或修剪变成另外一个形象或画面。

案例分享 13-3

小班泥工活动：
小斑马穿新衣

案例分享 13-4

中班手工活动：
美丽的菊花

案例分享 13-5

大班综合手工制作活动：
美丽的花束

任务三　幼儿美术欣赏活动设计与指导

幼儿与生俱来地拥有艺术欣赏方面的潜能，也有接触艺术、欣赏艺术、评论艺术的需要和权利。幼儿的艺术欣赏能力是在幼儿艺术欣赏潜能的基础上不断发展和显露出来的。而这种能力不断发展和显露的条件则是后天适宜的环境和教育的影响。[①]

微课

一、幼儿美术欣赏能力的发展特点

（一）生理性的直接感知阶段（0 ～ 2 岁）

加德纳认为，2 岁以内的儿童，一般感知能力和审美感知能力还没有分化，还不能把艺术品看成是审美对象，而只是把它看作是生活中的一般客体。刘绪源用“前审美”来概括这个阶段幼儿审美的发展，因为他们“还没有形成情感机制”[②]。这个时期幼儿对色彩、形状等的视觉感受是由其生理机能决定的，是一种本能的、直接的行为反应，但为日后更高层次的美术欣赏活动做好了心理上的准备。

（二）主观的审美感知阶段（2 ～ 7 岁）

2 岁以后，幼儿的美术欣赏不再是一种生理性的、直觉的反应，而开始受到社会认识的制约。幼儿在美术欣赏的感知和理解方面，表现出以下特点：

第一，关注作品内容多于关注形式。这一阶段的幼儿还没有完全形成一种真正意

① 边霞，王任梅. 儿童都是艺术评论家：论儿童欣赏和理解艺术的可能性. 教育研究与实验，2012（6）.
② 刘绪源. 美与幼童. 南京：江苏凤凰少年儿童出版社，2017.

义上的审美态度，而只是以一种求实的态度对待艺术作品。当一件艺术作品呈现在幼儿面前时，他们首先感知到的是作品的内容，很少有意识地注意作品的形式审美特征。无论是抽象作品还是具象作品，幼儿对内容的欣赏都局限于画面上画了些什么，还不能深入地感知并理解美术作品内容蕴含的深刻主题以及所反映的精神内涵。以一位幼儿欣赏《好饿的毛毛虫》绘本为例，2 岁时他会说“这是毛毛虫”“这是太阳”；3 岁左右时他会说“这条毛毛虫摔倒了”。可见，幼儿观察的内容是从简单的、独立的画面，到画面的空间关系。然而，幼儿此时还不能理解绘本画面的构图和风格。

第二，能根据自己的喜好，初步欣赏简单的形式美。幼儿可以理解的形式美比较简单，往往只是造型、色彩、对称等特点。在欣赏作品时，他们往往以主观、直接的方式，依靠个人偏好来进行审美理解。

第三，喜欢熟悉的、令人愉快的、色彩明快的作品。作品内容是否客观、真实地再现了现实世界，作品的色彩是否丰富、鲜艳，是幼儿判断作品好坏的两个最主要的标准。[①] 幼儿更喜欢颜色鲜艳、色彩明快的作品。如果一幅画中出现了幼儿熟悉的内容，往往也会让幼儿更加喜欢。

二、幼儿美术欣赏活动设计与指导要点

微课

（一）幼儿美术欣赏活动基本步骤

1. 整体感受

形成对艺术作品的初步印象，是幼儿进行美术欣赏的第一步。教师可以组织幼儿对作品进行整体感受，自由谈论对作品的第一印象或感觉。如在小班幼儿欣赏作品《百老汇爵士乐》（见图 13－28）时，教师以“画上有什么”“给你什么样的感觉”等启发性问题，引导幼儿观察画面的主要内容，表达对作品的主要感受。

在该环节，教师要注意将幼儿鲜活的个人体验放在优先位置，由此出发来讨论其他问题。幼儿在看到作品的瞬间，可能会伴随着特定的表情、姿态、声音和动作，这是幼儿最原始、最真实的直觉体验，此时教师应该支持、鼓励和激发幼儿的表现欲，给他们一定的时间来表达自己的感受，甚至可以和幼儿一起做出真实的反应，拉近与幼儿的距离。如果此时教师选择制止、阻拦或者训斥儿童，就会挫伤其积极性，妨碍良好情绪体验和审美心境的形成。[②]

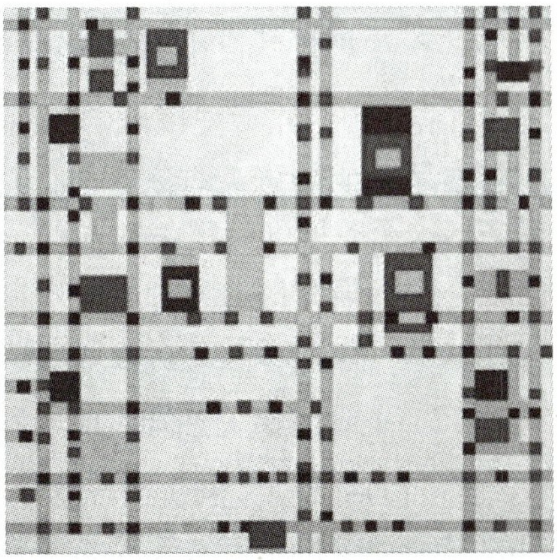

图 13－28　蒙德里安《百老汇爵士乐》

2. 内容形式分析

内容形式分析是指教师引导幼儿对作品进行

① 孔起英. 论儿童的审美情感. 南京师大学报（社会科学版），2004（6）.
② 边霞. 学前儿童美术欣赏教育内容的选择与活动的组织. 学前教育研究，2000（6）.

更为细致、深入的理解、欣赏，包括对作品内容进行更为深入的观察、联想，以及对作品的表现形式（如造型、构图、色彩及其所表现出的对称、均衡、节奏等）进行观察和理解。如在小班幼儿欣赏作品《百老汇爵士乐》时，教师以“画上有哪些形状、哪些颜色？”“听着音乐，你觉得画上一个个小格子像什么？大大小小的格子组合在一起又像什么？”等问题，引导幼儿对画面内容和形式进行更深入的观察和联想。

在该环节教师要注意：（1）教师自身要对作品形式美有一定的理解与欣赏能力，能理解作品的意味。（2）教师要善于利用启发诱导性语言，引导幼儿深入地感知、理解作品。（3）让幼儿利用多种形式、多感官感知和理解作品的形式美和内容美，如幼儿创作、动作模仿、表演等多种形式。

3. 再次整体感受

本环节建立在对作品各要素的深入感受和讨论之上，比第一次整体欣赏更深刻和到位。这一步一般要介绍作品的创作背景，解释作品所蕴含的意义，并剖析创作者个人特有的创作风格；也可以通过让幼儿给作品命名并说出为什么要这样命名来表达对作品的整体感受。

在该环节教师要注意：（1）巧妙运用各种手段，引导幼儿理解作品所蕴含的意义。例如在欣赏莫奈的《睡莲》时，教师轻声问道：“走在这么美丽的池塘边，你们想说什么？想做什么？”然后在美妙的音乐声中，教师有感情地引导幼儿感受画中意境：“让我们放松自己，用身心去感受荷花的清新。去吧，和它们说些悄悄话，听微风吹过荷塘，好像有无数的小精灵在莲花间穿梭……”以此引导幼儿体会美好意境，激发幼儿对大自然的热爱和向往。（2）允许幼儿有自己的理解，甚至不拘泥于创作者原有的创作意图。教师要鼓励幼儿根据自己的理解和体验，大胆发表自己独特的见解。

4. 创作与表达

美术欣赏可以是单纯的欣赏，也可以在欣赏之后安排幼儿进行创作。但欣赏之后的创作与一般的美术创作稍有不同，它鼓励幼儿把欣赏的经验结合进来，学习、借鉴画家的作画方式和表现手法，并结合自己的生活经验和理解来创作；或引导幼儿用自己的绘画语言表达作品所传达的情感。如小班幼儿欣赏《百老汇爵士乐》后，教师提供方形积木、颜料（印画）以及不同颜色、形状的纸张和胶水（粘贴画）等多种材料，供幼儿自由选择和创作，帮助幼儿迁移欣赏经验，强化审美情感体验。

在该环节教师要注意：（1）应尽可能提供多种媒介和富有表现力的工具和材料，供幼儿自由选择和创作。（2）尊重幼儿的创作想法，不强求幼儿“模仿”或“再现”原有艺术作品的手法或风格，更不能以“像不像”作为评价幼儿作品的唯一标准，而要及时肯定幼儿基于个人独特的想法和感受所进行的创作。

（二）不同年龄阶段幼儿美术欣赏活动设计与指导要点

1. 小班

第一，激发幼儿美术欣赏的兴趣。教师可以让小班幼儿走进自然，接触身边美的事物，如散步时欣赏千姿百态的植物、变幻多端的云朵。在各种随机的或专门的美术欣赏活动中，激发幼儿对美术欣赏活动的兴趣。

第二，创造富有美感的环境。在幼儿的生活场所，创设优美的环境，让幼儿受到美的熏陶和感染，使其能经常感受到环境中的美。如室内设计除了满足各种实用功能外，还可拓展隔断、地面、墙面等空间，展示各种图片和幼儿作品，陈列各种名画复制品，或进行时段式的展览，以充分利用空间营造审美环境。

2. 中班

第一，鼓励幼儿用简短的语言大胆表达自己的感受。幼儿表达的过程就是进一步感受和理解作品的过程。教师要创造让幼儿表达和交流的环境，鼓励幼儿用语言、动作等多种形式表达。同时，教师也要有意识地用一些优美的语言感染他们，培养幼儿的艺术感觉。

第二，引导幼儿对作品进行简单的形式分析。教师要引导幼儿从形式美的角度分析美术作品中的线条、色彩、形状、构图等，并用口头语言表达自己的感受和对欣赏对象的简单描述。如欣赏马蒂斯的作品《罗马尼亚风格的罩衫》时，教师可以根据画面内容引导幼儿感受和分析作品中衣服上对称的图案，以及简洁的红、白、蓝三种颜色。

3. 大班

第一，引导幼儿多角度地欣赏美术作品。如可以从美术语言的角度，观察与分析作品的色彩、线条、构图是怎样围绕主题表达作者思想感情的；也可以从文化的角度，将不同历史时期、不同国家同一类题材的美术作品放在一起欣赏。

第二，运用多种手段引导幼儿进行欣赏。教师可以采用视觉、听觉、触觉等手段，加深幼儿对自然美、艺术美的体验。如欣赏凡·高的《向日葵》时，可以让幼儿看一看、闻一闻、摸一摸实物向日葵，再赏一赏艺术大师的作品，并用动作、声音等多种形式表达自己对向日葵的理解。

知识链接 13-3	案例分享 13-6	案例分享 13-7
不同形式的美术欣赏活动指导	《格尔尼卡》片段欣赏	大班欣赏活动：和塞尚一起挑苹果

项目小结

本项目简要介绍了各年龄段幼儿美术能力的发展特点和各类美术活动的设计与指导要点等知识。幼儿园美术活动是幼儿园教育活动的重要组成部分，各类美术活动设计与指导各有其要点。在学习各类美术活动设计与指导的基本方法、策略时，要结合幼儿自身发展特点、生活经验制定适宜的目标和选择适宜的内容，激发幼儿参与的兴趣，尊重幼儿的主观审美感受，使幼儿园美术活动真正发挥其审美功能和一般教育功能。

同步练习

一、简答题

1. 举例说明幼儿绘画能力发展的阶段。
2. 简述幼儿绘画活动的基本步骤。
3. 简述物体画活动设计与指导要点。
4. 简述情节画活动设计与指导要点。
5. 简述幼儿手工活动的基本步骤。
6. 简述幼儿折纸活动设计与指导要点。

二、实践题

1. 以“秋天来了”为主题，自选具体教育活动内容，设计一份中班幼儿绘画活动教案，并进行模拟教学和活动评议。

2. 以“葡萄”为题，为小班幼儿设计一份手工活动方案，并进行模拟教学和活动评议。

3. 以莫奈的《睡莲》为教育活动内容，设计一份大班幼儿美术欣赏活动教案，并进行模拟教学和活动评议。

三、在线测试

项目十四

幼儿园音乐活动设计与指导

学习目标

1. 熟悉幼儿音乐能力的发展特点，能为各年龄段幼儿选择适宜的音乐活动材料并进行分析。

2. 明确幼儿园各类音乐活动设计与指导的要点，能设计幼儿园集体音乐活动和音乐区活动的方案，形成组织与指导音乐活动的基本能力。

3. 增强开展幼儿园集体音乐活动和音乐区活动的兴趣和信心。

思维导图

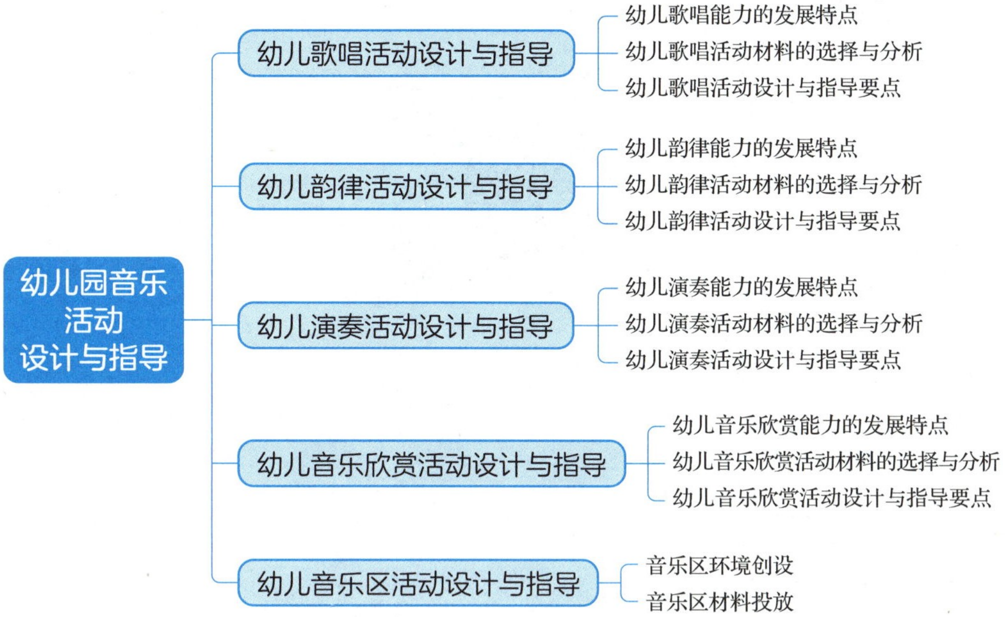

学习建议

查阅幼儿园音乐活动的方案，观看有关歌唱、韵律、演奏、音乐欣赏活动以及音乐区活动的视频，理论联系实践，体会幼儿音乐活动设计与指导的策略。

情景导入

在中班演奏《瑶族舞曲》活动中，幼儿分成三角铁和铃鼓两组随乐进行演奏。演奏时，李老师使用击画节拍的专业指挥手势，但两组幼儿都不清楚自己要何时开始、何时交替进行演奏，只能看着李老师一上一下的动作，敲击手中的乐器。有些幼儿控制不好手中转动的三角铁，导致敲击出的音色混杂、节奏混乱。如果你是李老师，如何指挥孩子的演奏？

任务一 幼儿歌唱活动设计与指导

一、幼儿歌唱能力的发展特点

了解不同年龄阶段幼儿歌唱能力的发展特点是开展歌唱活动的前提，也是有效促进幼儿歌唱能力发展的保障。幼儿歌唱能力一般包括以下六个方面。

（一）听辨、理解、记忆歌词的能力

大部分 3 岁幼儿能较完整地再现短小歌曲的歌词或较长歌词中的某一完整片段，但理解歌词还常常遇到困难，对不理解的词容易发错音，甚至会出现用与自己理解的音近似的词替代或直接“省略”该词的情况。4 ～ 6 岁幼儿对歌词的听辨、理解、记忆能力都有所提高，因此，唱错词或发错音的情况较少发生，但遇到较长或不理解的词时，还是会出错。

（二）把握音域与音准的能力

3 ～ 4 岁幼儿的音域一般为 c1 ～ a1，个别幼儿音域狭窄，只能唱两三个音；4 ～ 6 岁幼儿的音域一般在 c1 ～ c2，存在个别差异，若高音的 do（c2）在强拍上、时值较长或频繁出现，幼儿演唱时仍会觉得吃力并容易出现走音的情况。

音准是幼儿在歌唱活动中最难掌握的技能。若没有伴奏支持，3 岁幼儿独立歌唱时走音的情况较为严重；若有适宜的伴奏及教师的帮助，该年龄段幼儿能以比较准确的音高歌唱。在琴声伴奏的帮助下，4 ～ 6 岁幼儿能基本唱准比较熟悉的歌曲曲调，若没有伴奏或处在比较紧张的状态，部分幼儿歌唱时仍容易走音、走调。

（三）把握节奏的能力

3 ～ 4 岁的幼儿基本能较合拍地演唱由四分音符、八分音符和二分音符节奏所构成的简单歌曲，幼儿演唱速度过慢或过快的歌曲时会有一定的困难。在正确方法的指导下，4 ～ 5 岁的幼儿能逐步唱好带附点节奏和切分节奏的歌曲，5 ～ 6 岁的幼儿还能逐步掌握含弱起和三拍节奏的歌曲，也能较自如地演唱速度稍快或稍慢的歌曲。

（四）呼吸能力

3岁后的幼儿常常会根据自己的气息使用情况换气，唱两三个字就换气或中断词意、句子的情况时常发生，若引导得当，他们能够逐步学会使用较长气息，逐步减少中断的情况。在良好的教育影响下，4～6岁幼儿能学会按乐句换气，并逐步掌握自然且迅速换气、不耸肩等正确的呼吸方法。

（五）独立歌唱与合作协调能力

大多数3岁幼儿更愿意在集体中与同伴一起歌唱，只有少数大胆、开朗的幼儿会愿意独自面对集体歌唱。正常情况下，3岁末期的幼儿演唱歌曲时能基本做到在音量、速度、音色、音高上与集体相一致，还能掌握简单的与教师对唱和分组接唱的演唱形式。

在轻松的氛围下，大多数5岁末期的幼儿会愿意独自面对集体演唱歌曲。在教师的帮助下，4～6岁的幼儿能积累一些合作演唱的技能，还能逐步掌握与个人（小组）对唱或接唱、领唱齐唱、轮唱及简单的二声部合唱等合作性的演唱形式。

（六）表现与创造能力

在良好的教育影响下，3～4岁幼儿能具备初步的声音表现意识，如能用声音的大小来表现下大雨和下小雨两种不同的情景，知道唱“秋天落叶飘落”时要唱得轻一点、柔和一点。3～4岁幼儿还能为简单、短小的歌曲创编新歌词，如唱《我爱我的小动物》时，能用“小猫”“喵喵”替换原歌词中的“小狗”“汪汪”等词。

4～6岁幼儿能逐步具备创造性表现的意识和能力，还积累了一定的创造性歌唱的经验。在演唱不同情绪、风格的歌曲时，幼儿能从对歌词的理解出发，去选择适宜的演唱方式进行声音表现，如大班幼儿演唱《小树叶》时，能尝试用轻柔、连贯、缓慢的声音表现小树叶离开树妈妈时害怕、难过的心情。在教师的启发下，此阶段幼儿还能对歌词、歌曲节奏及表演动作进行创造性的表现，甚至能独立、即兴地唱出相对完整的新词新调。

二、幼儿歌唱活动材料的选择与分析

（一）歌唱活动材料的选择

为幼儿选择歌唱活动材料时，不仅要关注幼儿对美的感受与表现，还应考虑其歌唱能力的发展情况。歌唱活动材料包括歌曲和节奏朗诵，选择时应兼顾歌词、曲调两方面，并考虑歌曲的演唱形式和方法。

1. 歌词的选择

（1）歌词描绘的内容、形象应是幼儿比较熟悉、能理解、感兴趣的，如动植物、自然景物、生活事件等。歌词内容应富于爱、富于美、富于想象，甚至具有一定的教育意义。

（2）歌词的语法结构应简单，歌词句子在结构、长度、节奏等方面应相同或相似，以便于幼儿记忆和学习。

（3）歌词内容和形式应较适合用动作来进行表现，以便幼儿记忆，促进其节奏感的发展和动作表现力的提高。

2. 曲调的选择

（1）音域适宜：根据各年龄段适合的演唱音域进行选择，即 3 ～ 4 岁 c1 ～ a1，4 ～ 5 岁 c1 ～ b1，5 ～ 6 岁 c1 ～ c2。偶尔有个别超出以上音域范围的音，若时值不是很长，且不是停留在强拍上，出现次数也不会太多，幼儿也是可以接受的。

（2）节奏简单：为 3 ～ 4 岁幼儿选择的歌曲节拍以二拍子和四拍子为主，偶尔可选择简单的三拍子歌曲，如《新年好》。歌曲由二分音符、四分音符、八分音符节奏组成且速度适中最为适宜。为 4 ～ 6 岁幼儿选择歌曲时，除了仍以二拍和四拍为主，还可增加三拍或六拍的歌曲，并可适当选择含弱起、附点节奏、切分节奏的歌曲让幼儿学习。可以适当选择比较轻快、活泼、速度稍快的歌曲让 4 ～ 5 岁幼儿演唱，还可选择速度稍慢一点的歌曲或含速度变化的歌曲让 5 ～ 6 岁幼儿学习。

（3）旋律较平稳：幼儿演唱的歌曲旋律起伏不宜过大，跳进不宜过多，更不宜有连续的大音程跳进。4 岁前可选择幼儿较容易掌握的同音反复、三度及以下音程，4 岁后还可为幼儿选择含四度、五度、八度音程的旋律。学前期，应多选择以五声音阶为骨干的旋律。

（4）结构较短小、工整：3 ～ 4 岁幼儿学唱的歌曲以含 2 ～ 4 个乐句为宜，一般长度在 8 小节左右；4 岁前应以唱一段体歌曲为主，乐句长度基本相同，乐句在节奏上也尽量相同或相似。4 ～ 6 岁幼儿学唱的歌曲可含有 6 ～ 8 个乐句，长度可增至 16 ～ 20 个小节；5 ～ 6 岁还可唱简单、短小的两段体或三段体歌曲，也可尝试有间奏或尾奏及一些不工整乐句的歌曲。

（5）词曲关系单纯：为 3 ～ 4 岁幼儿所选歌曲在词曲关系方面应以一字一音为主，4 ～ 5 岁可选择含一字对两音的歌曲，5 ～ 6 岁还可选择少量含一字对多音的歌曲。

3. 歌曲性质与演唱方法的选择

（1）演唱如《找朋友》类活泼、欢快、轻松的歌曲时，应采用较快的速度，适中的力度和弹性，跳跃、短促而不连贯的气息流动方式。

（2）演唱如《柳树姑娘》类抒情、悲伤的歌曲时，应采用较慢的速度、较弱的力度和更连贯、柔和的气息流动方式。

（3）演唱如《小海军》类朝气蓬勃、坚定有力的歌曲时，应采用较快的速度、较强的力度和比跳音唱法稍长、不连贯的气息流动方式。

（4）演唱如《大家来劳动》类沉稳有力的歌曲时，应采用较稳健的速度、较强的力度和相对较绵长、不完全连贯的气息流动方式。

（二）歌唱活动材料的分析

选择好歌唱活动材料后，教师必须从歌词和曲调入手进行分析，体会歌曲所表达的情绪情感，挖掘潜在的教育价值，找出教学重难点，为设计活动做好准备。

（1）应分析歌词内容，包括了解歌词表达的内容、判断歌词中是否有幼儿不理解的词语或句子、探寻歌词中蕴含的教育价值。

（2）应从音域、节奏、旋律、结构和词曲关系五个方面分析歌曲的曲调。

（3）应判断歌曲的性质（风格）和适宜的演唱方法。

（4）综合以上对歌曲的分析，判断适合学唱歌曲的年龄班，确定教学重难点。

下面以歌曲《小黑猪》为例进行分析。

小黑猪

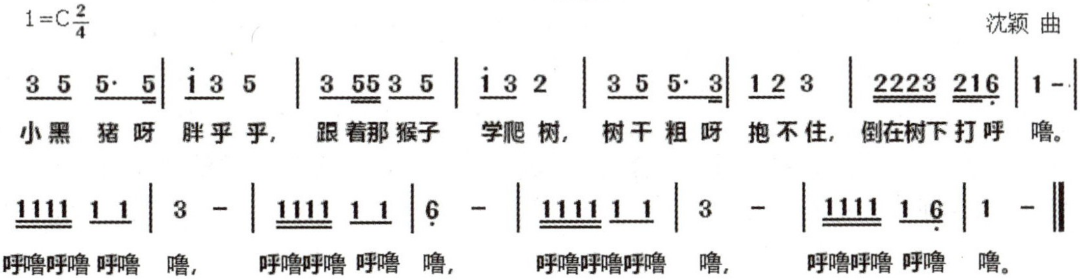

1. 歌词分析

歌词描述了小黑猪学猴子爬树，没有成功却倒在地上打呼噜睡着了的故事，内容生动有趣，副歌部分的呼噜声突出小黑猪憨态可掬的可爱形象。“胖”“爬树”“抱”“打呼噜”等歌词适宜用肢体动作进行表现。歌词中蕴含着不能做懒虫、无论做任何事情都要坚持下去等道理。

2. 曲调分析

歌曲音域为 a1 ～ c2，一段体歌曲，共 16 个小节，8 个乐句。歌曲节奏主要为二分音符、四分音符、八分音符和十六分音符，还包含附点节奏、前八后十六节奏型和前十六后八节奏型。副歌打呼噜乐句出现叠音，第七小节的“打”字为一字对两音，其余均为一字一音。

3. 歌曲性质与演唱方法分析

《小黑猪》是一首活泼、幽默、有趣的儿童歌曲，适宜用跳跃、欢快的声音，适中的力度和较快的速度去演唱。

综合以上分析，可以判断该歌曲更适宜大班幼儿学习，教学的重难点为十六分音符节奏、附点节奏及叠音的演唱。

三、幼儿歌唱活动设计与指导要点

幼儿园音乐教育活动环节的设计应遵循幼儿“感受—表现”的艺术心理过程。因此，幼儿园音乐教育活动应由“感受”与“表现”两大环节构成。具体到幼儿新歌教学活动，主要包括感受歌曲旋律及歌词、学习歌词、学唱与练习歌曲等基本环节。

（一）感受歌曲旋律及歌词

教师有感情地范唱歌曲，让幼儿感受歌曲的旋律以及歌词内容和情感。第一次范唱新歌时，教师“清唱”效果最佳，同时可稍微放慢演唱的速度，咬字吐字要准确、清晰。一般情况下，教师范唱（或幼儿倾听）歌曲 5 遍后，才鼓励幼儿进行跟唱。在幼儿反复倾听歌曲的过程中，教师可结合提问帮助幼儿理解歌词内容和情感。

（二）学习歌词

此环节要完成对歌词的初步记忆任务，对歌词的学习常和倾听歌曲同时进行。教师可以采用节奏朗诵、直观教具辅助、动作辅助等方法，使幼儿轻松、愉快地学习歌词。

若歌词内容较多，并有一定的顺序，教师可以借助图片、图谱等形象直观的教具，即为抽象的歌词赋予一定的具象含义，以帮助幼儿更好地理解、记忆歌词内容和顺序。教师应从每句歌词中的关键字、词出发去设计图片，一般一句歌词一幅图最佳，图片中的造型应生动、形象，更易为幼儿所理解和喜爱。若是制作图谱，可以先做成单张活动式图片，在幼儿反复倾听歌曲的过程中结合提问进行出示，也可引导幼儿进行填充或排序。下面以《三只猴子》举例说明。

歌曲《三只猴子》歌词：

三只猴子在床上跳，有一只猴子头上摔了一个包，妈妈急得大声叫，赶快下来别再跳。

两只猴子在床上跳，有一只猴子头上摔了一个包，妈妈急得大声叫，赶快下来别再跳。

一只猴子在床上跳，它的头上摔了一个包，妈妈急得大声叫，赶快下来别再跳。

你们看床上静悄悄，猴子们不知哪里去了，床上床下都找不到，它们躺在医院不能动了。

图 14－1 是歌曲《三只猴子》歌词图谱。

图 14－1　歌曲《三只猴子》歌词图谱

案例分享 14－1

大班歌唱活动：《三只猴子》

（三）学唱与练习歌曲

为了保证歌曲学习的连贯性和整体性，提倡以整首学唱为主、分句学唱为辅，分句学唱一般用于歌曲中的重、难点乐句及幼儿唱不好的乐句。幼儿学唱时，教师应提供速度、音量适宜的伴奏，其中以带过门的钢琴伴奏为最佳。幼儿刚开始跟唱时，伴奏的速度可以稍慢，音量也可以稍轻，使幼儿能够注意倾听自己和同伴的声音。演唱时，教师不应要求幼儿“大声唱”，而应教给幼儿正确的歌唱姿势与发声方法，引导幼儿用自然的、与歌词情感一致的声音去演唱，以培养其歌唱的审美力。

知识链接 14-1

歌曲学唱与练习的常用方法

练唱歌曲时，除可以继续使用直观教具进行辅助外，教师还可以通过动作辅助、游戏、转换演唱形式以及对歌曲进行创造性表现等有趣的方法，使幼儿在轻松、愉悦的氛围中练习与表现。一般在一次独立的集中教学活动中，练习 5 ～ 6 遍是幼儿注意力维持的上限。

任务二　幼儿韵律活动设计与指导

一、幼儿韵律能力的发展特点

（一）身体动作能力

在良好的教育影响下，3 ～ 4 岁幼儿不仅能学会自如地运用手、臂、躯干、脚做各种单纯动作，如拍手、点头、摆臂、跺脚等，能掌握幅度较大的上肢动作，还能较自如地做走路、小跑步等连续移动动作，并逐步掌握一些简单的上下肢联合动作，如手臂做“小鸟飞”同时脚做小碎步等。

4 ～ 6 岁幼儿可以做较精细的手部、脚部动作，可以较随心所欲地根据需要变化上下肢和躯干的动作幅度及速度，还可以做较复杂的联合动作和连续移动动作，如边绕手腕边垫步、边摘“果子”边做踵趾小跑步等，身体的平衡性和保持重心的能力也进一步提高。

（二）随乐运动能力

3 岁幼儿在随乐运动时身体还不能完全做到合拍，因此，只能由成人选择适宜的音乐速度去适应幼儿的动作节奏。3 岁末期，在教师帮助下，幼儿会产生初步的随乐意识，会努力使自己的动作跟随音乐，尽可能使自己的动作合拍，部分幼儿还能对音乐的段落、句子做出反应。

4 ～ 6 岁幼儿随乐意识和能力都有明显的提高，他们在做动作时能够更敏锐地关注音乐中的各种变化，逐步自如地随音乐的节拍、速度、力度等变化去调节自己的动作，对音乐结构也有了更灵敏的反应。

（三）合作协调能力

3 岁幼儿还不善于运用动作与同伴配合、交流，但在教师的引导下，能很快地学会和同伴共舞，还能逐步学会用眼神、表情、体态等邀请或说服同伴一起跳舞，能初步注意到移动时要避免与他人碰撞。3 岁末期，幼儿还能学会两个人甚至更多人之间的合作表演方式。

在良好的教育影响下，4 ～ 6 岁幼儿不仅可以获得更多合作表演的经验，其合作的意识和能力也都有所提高。幼儿会主动追求与同伴共舞的快乐，能不借助语言就迅速找到跳舞的伙伴，学会以小组合作方式创编动作，还能进行集体动作、合作造型等。在与同伴合作时，幼儿不仅能与组内同伴共享空间，还能照顾到组与组之间的空间和谐。

（四）创造性表现能力

进入幼儿园后，3 岁的幼儿有了更多用身体动作进行创造性表现的机会，可以获得进行创造性表达的积极体验。到了 3 岁末期，幼儿能逐步学会用自己想出来的动作表现熟悉的动植物、玩具、用品、交通工具等事物和劳动、运动等生活事件，能用动作表达情感体验和对音乐的联想、想象。

在良好的教育影响下，4 ～ 6 岁幼儿能使用较丰富的动作语汇，也能掌握较为复杂的表现方式。该阶段幼儿运用动作进行创造性表达的积极性和表现力也越来越强。比如，他们可以根据音乐断顿、游戏的性质和生活经验，自主创编出士兵开枪、格斗、跑步等动作。

二、幼儿韵律活动材料的选择与分析

（一）韵律活动材料的选择

教师应根据不同年龄段幼儿随乐运动能力的发展特点和水平来为其选择动作、音乐、道具等适宜的活动材料。

1. 动作的选择

可以为 3 ～ 4 岁幼儿选择他们感兴趣的简单的模仿动作和熟悉的走步、拍手、点头等基本动作。可以幼儿熟悉的事物作为模仿动作的语汇，还可以引导幼儿学习小碎步、小跑步两种基本舞步。

在动作难度方面，3 ～ 4 岁幼儿可先学习不移动的单纯上肢大肌肉动作，再逐步学习单纯下肢动作，最后再学习简单的上下肢联合动作以及连续移动动作。

为 4 ～ 6 岁幼儿设计动作时，仍应多选择他们感兴趣的模仿动作。随着幼儿对动作形式美兴趣的增强，可以选择蹦跳步、垫步、踵趾小跑步、侧点步、手腕转动（翻花手）等舞蹈动作让中班幼儿学习；大班阶段还可以增加进退步、溜冰步、交替步、跑跳步、跑马步、秧歌十字步、提压腕（硬腕）等舞蹈动作的教学。

微课

4 ～ 6 岁幼儿还可以学习含跑、跳等腾空过程的移动动作以及手腕、手指、肩膀等部位的精细动作。随着幼儿记忆力和反应能力的提高，动作变换可较多在乐句之间进行，偶尔也可在乐句中进行。一般应先从单独做动作入手，再引导幼儿学习与同伴合作完成动作。

2. 音乐的选择

（1）旋律优美，形象鲜明：优美、动听的旋律可以激发幼儿用动作进行表现的欲望，生动有趣、形象鲜明的音乐则有助于幼儿理解并用动作进行表现。在幼儿入园初期可先选择有歌词的歌曲，之后可多选择不同性质、不同风格的音乐。

（2）节奏鲜明，结构较工整：3～4岁幼儿参加的韵律活动，可多选择结构短小工整的音乐，可选一段体或旋律有重复的作品。4～6岁幼儿参加的韵律活动，可以选择对比鲜明的两段体（AB）、有重复的三段体（ABA）甚至是段落短小的多段体音乐作品。

（3）速度适宜：为3岁左右幼儿选择音乐时，应注意先使音乐去跟随幼儿的动作。为3～4岁幼儿选择中速的音乐较为适宜。为4～6岁幼儿选择音乐时，可增加速度稍快或稍慢的音乐；待幼儿控制自己动作的能力增强后，可以选择有突然变化或逐渐变化速度的音乐让幼儿尝试。

3. 道具的选择

在幼儿园韵律活动中，大部分情况下不需要使用道具。若需使用，则应选择具备以下特点的道具：

（1）操作简单，不会妨碍幼儿的动作表现或干扰其注意力。

（2）能增强活动的趣味性与幼儿的动作表现力，引发幼儿对音乐及动作的想象、联想，提升动作美感。

（3）安全卫生、经济实用，有助于幼儿动作的创造性表现。

知识链接 14-2

《墨西哥草帽舞》乐曲的分析

（二）韵律活动材料的分析

设计韵律活动前，首先，教师应挑选适宜的音乐，并对音乐的旋律、节奏、结构、风格、速度、力度等进行分析。其次，从音乐框架、幼儿发展水平和生活经验出发，设计适宜幼儿学习或创编的韵律动作。最后，考虑是否需要制作道具，思考道具如何使用等。

三、幼儿韵律活动设计与指导要点

集体性韵律活动一般包括以下几个基本环节，教师要遵循从易到难、循序渐进、动静交替等原则，合理对以下基本环节进行设计和指导。

（一）整体感受作品

这一环节一般放在活动前半部分进行，可直接引导幼儿观赏示范表演，熟悉音乐（旋律、节奏），感知动作特点，使幼儿对作品有一个初步的、完整的印象，以激发幼儿的学习兴趣。初步感知音乐时，可以鼓励幼儿伴以轻微的、有节奏的体态动作来感受。

（二）学习动作

1. 简单动作整体学

有些韵律活动内容简单，音乐性质鲜明，对年龄较大的幼儿可直接让他们讨论，确定在这种性质的音乐中可以表演什么动作；对年龄较小的幼儿可进行整体教学，即让幼儿在和教师一同练习的过程中，学习基本动作。

2. 复杂动作分解学

首先，要控制一个单独的活动中复杂动作的数量，不宜过多且变化过快。其次，可以从单纯的、不移动的、大肌肉的分解动作入手，帮助幼儿明确每个动作的预备姿势、动作的方向及路线、身体各部位的配合等要点，再进行复合动作的串联学习。也可以采用先坐姿学习上肢动作或下肢动作，再站姿练习动作。最后在队形或自由空间状态下移动练习动作等渐进性空间顺序。

微课

3. 不同角色分开学

若活动中不同角色有不同的表演动作，可引导幼儿分开学习，先学习主要角色的动作，再逐步加入其他角色的动作。如两人合作表演的律动游戏“章鱼和小鱼”中，“章鱼”和“小鱼”的动作有所不同，就应分开学。

（三）创编动作

在韵律活动中，要处理好启发性教和创造性学的关系，鼓励幼儿运用自己的动作语汇进行创造性的表现。活动前，应丰富幼儿相关生活经验，引导幼儿多观察和积累；活动中，可提供视频、图片等直观形象，逐步引导幼儿明确要创编的形象或事件的主要特征，帮助其把握创编的关键要素（如运动的部位、空间、方向、路线等），启发幼儿创编属于自己的表演动作。

（四）学习队形变化或音乐游戏玩法

1. 学习队形变化

幼儿学习集体舞时，队形变化的学习一般为活动的难点所在。首先，应让幼儿了解自己的位置和其他幼儿之间的关系。其次，可以引导幼儿观察教师的示范（可先在小组内进行），明确移动的方向、路线、基本动作等要领。再次，教师可通过动作示范、语言口令提示、哼唱旋律等方式帮助幼儿循序渐进地进行队形变化练习。此外，教师还可以在地上贴记号，或让幼儿佩戴手腕花、彩带等标记物进行学习。

2. 学习音乐游戏玩法

组织动作表演游戏时，教师应帮助幼儿明确音乐结构（包括音乐开头、结尾、各乐段及乐段之间的过渡等）与游戏情节、规则的关系，引导幼儿随着音乐做动作与玩游戏，提醒幼儿遵守游戏规则。简单、短小的音乐游戏，可直接由教师边讲解边示范边带着幼儿一起玩；而音乐较长、结构及情节较复杂的游戏，则必须综合运用完整、分段、重点句练习等方式进行。

需要注意的是，若不是“集体舞”或“动作表演游戏”这两种类型的韵律活动，在幼儿熟悉音乐和动作之后，就可以直接进入“随乐完整练习”的环节。

案例分享 14-2

中班韵律活动：《小小士兵》

（五）随乐完整练习

带领幼儿随乐一遍又一遍地进行完整练习时，教师应观察幼儿的表现，及时向幼儿提出新要求，以此来维持其学习的积极性，提高学习质量；也可以适当结合道具、身体饰物等辅助材料来营造愉快、活泼的气氛；教师还应以自身真挚的情感、优美的舞姿去影响幼儿，关注幼儿运用表情、动作、姿态与教师或同伴合作交流的情况，使活动在富有生机和感染力的氛围中结束。

任务三 幼儿演奏活动设计与指导

一、幼儿演奏能力的发展特点

（一）操作乐器能力

在教师引导下，3 岁幼儿能逐步学会用大肌肉动作来演奏一些打击乐器，如用手拍奏铃鼓、圆舞板、串铃等。该阶段幼儿开始探索同一种乐器的不同演奏方法。4 ～ 6 岁幼儿能逐步学会使用小肌肉动作演奏乐器，如用手腕摇奏铃鼓或串铃、用手指捏奏圆舞板等。该阶段幼儿不仅能更熟练地掌握各种乐器的不同演奏方法，还能根据需要调节、控制演奏的速度和力度，奏出需要的音量和音色。4 ～ 6 岁幼儿喜欢并且会积极探索同一种乐器的不同演奏方法。

（二）随乐能力

刚入园时，幼儿的随乐意识和能力都比较差，还不能合拍地随乐演奏乐器。在良好的教育影响下，到 3 岁末期，大部分幼儿能逐步做到基本合拍地随乐演奏，也开始具备随乐意识。4 ～ 6 岁幼儿不仅能较自如地用简单的节奏随乐齐奏，还能初步学会用两种以上不同节奏型，跟随音乐合奏。演奏时，幼儿会更自觉地倾听音乐，努力使自己的演奏能够与音乐的速度、力度等变化相一致。到 6 岁末期，幼儿还能学会看指挥手势即兴变换节奏。

（三）合作协调

在教师的引导下，3 岁幼儿能逐步学会与同伴同时开始和结束演奏，初步理解简单的指挥手势，努力根据指挥手势做出反应。该阶段幼儿能初步体验到合作演奏的快乐，演奏时能愉快地与同伴相互注视，积极配合。4 ～ 6 岁的幼儿能逐步学会在多声部合奏时主动地关注整体音响效果，处理好自己声部与其他声部之间的关系，努力保持整体音响的协调。在良好的教育影响下，幼儿能积极、准确地对指挥的各种手势做出反应和变化；担任指挥时，能用清晰的手势对演奏者做出指示，并能用脸部表情、体态动作与演奏同伴进行积极的沟通与交流。

（四）创造性地表现

在良好的教育影响下，3 岁幼儿能够为自己熟悉的或个性鲜明的音乐形象选择较合适的乐器和演奏方法，如用轻轻敲碰铃表现“下小雨”，用力拍铃鼓表现“下大雨”。4～6岁幼儿在积累一定演奏经验后，能逐步学会用不同音色的乐器和各种节奏型来为较复杂的乐曲进行配器或为熟悉（或由自己创编）的故事进行伴奏；他们不仅积极参与配器方案的讨论活动，还能运用集体的智慧进行合作性的创编。6岁末期，幼儿还可能学会用即兴指挥的方式来表现自己设计的演奏方案。

二、幼儿演奏活动材料的选择与分析

（一）演奏活动材料的选择

微课

1. 乐器的选择

为幼儿选择乐器时，除考虑乐器音色、大小、质量外，还应从幼儿操作乐器的能力出发，为幼儿选择适宜的乐器和演奏方法（详见表14－1“适合幼儿乐器使用能力”部分）。

2. 音乐的选择

为幼儿选择的演奏音乐，首先应具备节奏清晰、结构工整、旋律优美、形象鲜明等特点。此外，还可以为3～4岁幼儿选择原先学习过的歌曲或韵律活动的音乐，一般应是节奏比较简单、结构短小的一段体音乐；为5～6岁幼儿选择的音乐节奏则可以比较复杂，一、二、三段体曲式结构均可，但要注意乐段间最好有较鲜明的对比，以便于幼儿分辨。

3. 配器的选择

幼儿园演奏活动效果是否理想，是否能够准确地表达歌曲或乐曲的情感，是否能够充分地激发幼儿的演奏欲望，关键在于配器。配器的选择应遵循适宜性、艺术性两条原则。

（1）适宜性原则。适宜性原则是指要适合幼儿各年龄段的乐器使用能力、反应能力，还要有适宜演奏的节奏类型，如表14－1所示。

表14－1　适宜性原则

	适合幼儿乐器使用能力	适合幼儿反应能力	适宜演奏的节奏类型
小班	铃鼓、串铃、圆舞板（均采用拍奏法）；手柄式碰铃、沙球、大鼓	刚开始可以演奏固定的均匀节奏，整个乐段齐奏；宜在乐段之间变换音色	1. 演奏的节奏一般要比音乐的节奏更简单 2. 适宜幼儿演奏的节奏型包括二分音符、四分音符、八分音符节奏，偶尔可出现慢一点的全音符节奏 3. 不宜采用附点节奏、切分节奏等复杂的节奏
中班	可增加木鱼、蛙鸣筒、小钹、小锣、软绳式碰铃、铃鼓（摇奏法）	宜在乐句、乐段之间变换音色	
大班	可增加双响筒、三角铁、圆舞板（捏奏法）、沙球（震奏法）、小钹（擦奏法）	可考虑在乐段、乐句之间甚至在乐句之中变换音色和节奏	

（2）艺术性原则。首先，配器后产生的音响效果应与音乐的情绪、风格保持一致；其次，可考虑从强弱、音色、节奏、力度四个方面的对比出发进行配器；最后，为使幼

儿有规律可循，便于记忆，配器还应具有整体“统一感”，即虽有变化但仍应有一定的规律可循。

（二）演奏活动材料的分析

1. 变通总谱

在目前的幼儿园演奏活动中，普遍采用变通总谱来帮助幼儿整体感知配器方案，熟悉演奏时节奏、音色等的变化。适宜的变通总谱能有效地减轻幼儿的认知负担，增强幼儿感知和表现音乐的兴趣。变通总谱一般包括以下三种：

（1）动作总谱。动作总谱通过使用不同的身体动作（节奏动作、舞蹈动作、模仿动作等）来表现配器的总体布局，即用身体动作表现配器方案中节奏、音色、速度、力度等的变化。如《瑶族舞曲》动作总谱，在该动作总谱中，第一行是歌曲的旋律、节奏，第二行是动作的节奏，第三行是身体节奏动作的类型。教师备课时使用此总谱，幼儿不需要学习看谱，活动中随音乐模仿教师的动作即可。

瑶族舞曲（A段）

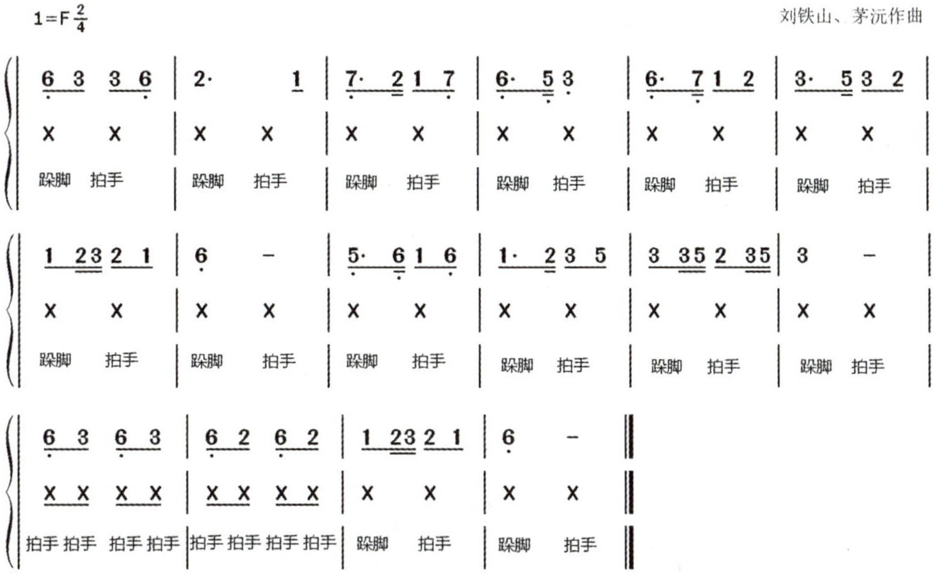

（2）图形总谱。图形总谱用不同的图形来表现配器的总体布局，即用图形表现配器方案中节奏、音色、速度、力度等的变化。如《瑶族舞曲》图形总谱，在该图形总谱中，第一行是歌曲旋律、节奏，第二行是演奏的节奏，第三行是脚丫、手掌图案。一般不同图案代表不同的演奏动作或乐器。教师备课时使用此总谱，活动中幼儿观看的图谱只需要出现图形、图案即可，不用出现乐曲简谱和演奏节奏。

图形总谱中可使用几何图形、乐器形象简图、幼儿感兴趣的具象图形等，但要注意避免复杂化、细致化的设计，也不宜弄成五线谱或简谱的图形解释方案。除了图形的线条、形状有变化外，图形的色彩和大小也可以有所变化，以此帮助幼儿区分不同的节奏和声部。

瑶族舞曲（A段）

刘铁山、茅沅作曲

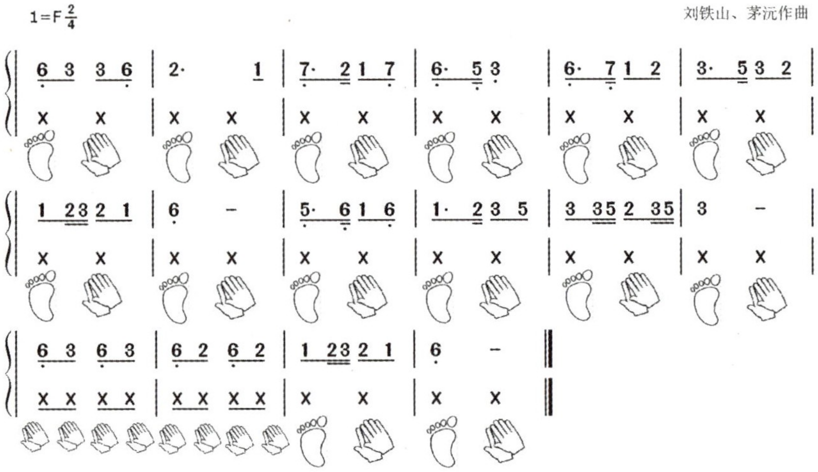

（3）语音总谱。语音总谱用嗓音来表现配器的布局，即用嗓子发出的各种声音来表现配器方案中节奏、音色、速度、力度等的变化。语音总谱中使用的可以是有意义的字、词或句子，也可以是象声词或无意义的音节。选择的语音应该有趣、好记、朗朗上口。如《大马大马告诉我》语音总谱[①]，在该语音总谱中，第一行是歌曲旋律、节奏，第二行是演奏的节奏，第三行是发出的语音。此语音总谱从音乐主题出发，使用马蹄声“哒”朗诵八分音符节奏，用赶马的呼喊声“驾”朗诵四分音符和二分音符节奏，节奏和音色的变化在乐句之中，四个乐句重复使用同一组节奏。活动中，幼儿不用学习看谱，只需跟随教师有节奏地朗诵语音即可。

大马大马告诉我

潘振声 作曲

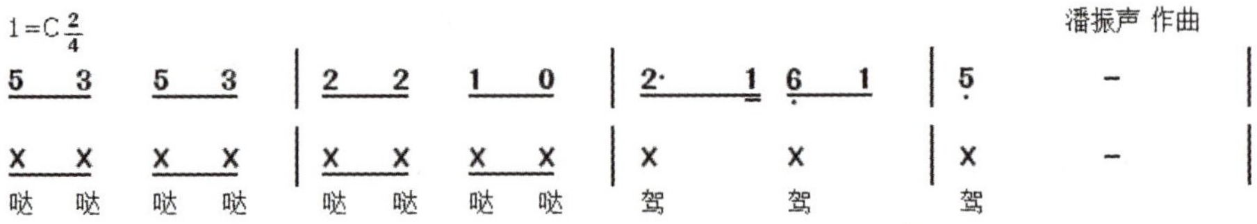

三种变通总谱都没有固定的模式，还可以有多种设计方法。在实际教学中，以上三种变通总谱往往被综合起来使用。单独地使用一种总谱、一种方法的情况在教学中是极少见的。

在幼儿积累一定的节奏、音响语汇及演奏经验后，教师也可引导幼儿为他们熟悉的音乐设计动作、图形或语音，让幼儿亲身参与变通总谱的设计，并引导其将自己的设计转变成实际的演奏方案。

2. 演奏活动材料分析要点

教师在设计演奏活动方案前，首先要分析演奏音乐的主题、性质、节奏、结构等特点，再进行配器设计，最后还应进行试奏和调整。

知识链接 14-3

《拔根芦柴花》音乐分析和配器设计

① “福建省幼儿园教师教育用书”编写委员会．领域活动指导：大班（上册）．福州：福建人民出版社，2018.

三、幼儿演奏活动设计与指导要点

（一）初步感知（熟悉）音乐

此环节可告诉幼儿乐曲（或歌曲）的名称、主要内容，引导幼儿认真欣赏并熟悉音乐，感受音乐的情绪、风格和特点。若选择幼儿熟悉的音乐进行活动，则可从回顾（复习）音乐开始。

（二）认识乐器，学习演奏方法

教师可以向幼儿介绍乐器的名称，先给幼儿机会探索乐器的演奏方法、倾听乐器的音色，再指导幼儿正确持器，使用正确的方法演奏，以保证较好的音响效果。此环节也可在活动前进行。

（三）学习变通总谱，设计配器方案

微课

1. 学习变通总谱

借助动作总谱、图形总谱或语音总谱，引导幼儿感知作品配器的整体布局，对配器方案形成感性认识。

2. 自主设计配器方案，选择乐器

一般以分组形式引导幼儿进行探索，教师观察并对幼儿的表现进行及时反馈，让幼儿了解他们创作出了什么节奏型，进一步指导幼儿选择、创编合适的节奏和动作。最后，让幼儿自己商议并选择乐器进行试奏，倾听音响效果并随机调整。

（四）随乐徒手练习

幼儿用各种简单的节奏动作（如拍手、拍腿）练习各声部的演奏节奏，可看着教师指挥，各声部同时开始；也可从声部练习开始，逐个累加声部。在使用乐器演奏时还会继续练习，因此此环节的练习时间不宜太长，次数不宜太多。

（五）手持乐器随乐演奏

幼儿看指挥，互相倾听、互相配合，共创美好音效。当幼儿分声部演奏时，教师可采用“击打节奏型”或“乐器模仿动作”的方式进行指挥提示。在演奏开始前，教师双手自然打开做“准备”，不要夹紧。指挥时，动作应单纯、清晰，拍点要准确，速度快的地方以手腕关节抖动为主。指挥者眼中要有幼儿，用手势、眼神、体态去引导幼儿，减少语言指示，在声部变化时，指挥者要提前一点将头部和目光转向下一个要演奏的声部给予提示。

案例分享 14-3

大班演奏活动：《大马大马告诉我》

（六）改进或发展练习

为了保持并增强幼儿演奏的热情，教师可通过交换乐器演奏、加入 1 ～ 2 种特色乐器、学习指挥等方式，引导幼儿反复进行演奏练习。演奏时，教师应引导幼儿认真倾听、比较整体音响发生的有趣变化，并鼓励其对这些变化进行描述，适时引导其根据需要进行调整，

体验共创美好音效的成就感。

在设计与指导集体性演奏活动时，上述环节可以进行不同的组合、分解，教师可以根据需要，形成多样化的活动模式。

任务四　幼儿音乐欣赏活动设计与指导

一、幼儿音乐欣赏能力的发展特点

（一）倾听与感知能力

3～4 岁幼儿会自发地倾听不同环境中的各种声音并主动进行分辨、描述，如倾听下雨声时能根据音量大小分辨是大雨还是小雨，倾听动物叫声并会分辨是哪种动物。在音乐活动中，大部分幼儿能按教师的要求努力倾听并仔细分辨各种音响，逐步养成注意倾听教师、同伴歌声和伴奏的习惯。

4～6 岁幼儿倾听的主动性、自觉性和听辨能力都有进一步的发展。4～5 岁幼儿能逐步分辨声音的细微变化，愿意欣赏不同性质、风格的音乐，并能区分音乐中速度、力度、节奏等的变化，还能听出乐段或乐句间的重复和明显变化。如欣赏乐曲《熊跳舞》时，幼儿能听出第一、三段音乐相同，音乐较低沉、缓慢；第二段音乐与另两段不同，音乐更轻快、跳跃。在良好的教育影响下，5～6 岁幼儿听辨能力发展得更好，不仅能感知到音乐中细节的变化，还能听辨出较复杂的曲式结构、音色及情绪风格上的细微区别。如欣赏乐曲《狮王进行曲》时，能分辨出最后一段变奏音乐与前面的细微区别。

（二）理解与想象能力

在良好的教育影响下，3～4 岁幼儿能逐步理解自己熟悉的歌曲的歌词内容与思想，学会借助想象、联想来理解性质鲜明的音乐情绪，但对音乐基本表现手段的理解则有一定的困难。如在欣赏歌曲《小燕子》优美、连贯的第一段时，幼儿能较好地理解歌词，并在音乐中想象小燕子轻柔飞舞的情境。

在教师的帮助下，4～6 岁幼儿不仅能理解歌词内容稍复杂的歌曲，还能借助已有的生活和音乐经验，基本理解形象鲜明的乐曲所刻画的艺术形象，能根据音乐中速度、力度、音区、旋律的变化展开与音乐内容相关的联想。如 5～6 岁幼儿欣赏乐曲《打字机》时，能想象自己是一名“打字员”，随音乐中快速的节奏做“打字”的动作。

（三）创造性表现能力

3～4 岁幼儿最常用动作进行创造性表现，即用身体动作来表达自己对音乐的感受，并初步意识到应尽量与别人做的不同。大部分 3～4 岁幼儿尚不能灵活地用语言表达自己对作品的感受，常以简单的类比性描述语言来表达自己的想法，如听到低沉、缓慢的音乐时，他们会说“这是熊在走路，像妖怪来了”，等等。此阶段让幼儿运用绘画的方式进行表现还有困难，但若提供有关图片，他们能将其与所听音乐进行匹配并说明选择的原因。

4～6岁幼儿基本上能灵活地用多样的手段进行创造性的表现，他们的表现更积极、主动，也更细致、更具艺术的审美情趣。如在欣赏乐曲《幽默曲》时，幼儿不仅能用动作表现种子发芽、长出枝干和叶子的场景，还能用吹画的形式在音乐伴奏下再现种子逐步成长的过程。

二、幼儿音乐欣赏活动材料的选择与分析

（一）音乐欣赏活动材料的选择

开展音乐欣赏活动，可以使幼儿接触到更多的优秀音乐作品，但并非所有优秀的音乐作品都适合在集中教学活动中让幼儿进行欣赏。活动前，教师应对音乐作品进行筛选、处理和分析。

1. 音乐作品的选择和处理

微课

（1）音乐作品的类型和来源。

首先，从总体上看，选择的音乐作品应具有较强的艺术性，能给予幼儿审美的享受；其次，要考虑幼儿感知、理解音乐的实际能力水平；再次，作品在内容、题材、形式、风格上应尽量丰富、多样。幼儿园音乐欣赏活动的作品主要有歌曲和器乐曲两种类型。此外，优秀的舞蹈或戏曲作品，若贴近幼儿生活经验和理解水平，也可以作为幼儿欣赏的材料。

选择歌曲时，要考虑歌曲的内容、形象、情绪应该是能为幼儿所喜爱和愿意接受的，歌词应是幼儿能够理解的。可以选择中、大班将要学唱的歌曲作为小班的欣赏曲目，可以选择少儿歌曲作为中、大班的欣赏材料。如大班学唱的歌曲《小燕子》，可以在小班组织幼儿进行欣赏。

器乐曲可以选择以下几种：由歌曲改编的器乐曲，如由蒙古民歌改编的管弦乐曲《森吉德玛》；专门为儿童创作的简单器乐曲，如德彪西作曲的《雪花飞舞》；专门为儿童创作的音乐童话片段，如史真荣创作的音乐童话交响乐《龟兔赛跑》中“兔子”“乌龟”的主题片段；中国或外国著名的音乐作品或其片段，如小提琴协奏曲《梁山伯与祝英台》中的《化蝶》主题曲，圣－桑创作的《动物狂欢节》组曲中的《狮王进行曲》《水族馆》等。

（2）音乐作品的长短与性质。

幼儿欣赏的音乐作品时长应控制在1～3分钟，超过3分钟的音乐在集中幼儿注意力方面有难度，欣赏作品时长在2分钟内是最常见的，效果也是最好的。

用于幼儿园集体音乐欣赏活动的音乐作品，其基调主要有欢快活泼与中速行进，也可以选择一些抒情、优美、徐缓或雄壮、有力的音乐作品来供幼儿欣赏。从风格上看，摇篮曲、进行曲、舞曲三种风格较为适宜。

（3）对音乐作品的处理。

适宜幼儿欣赏的音乐作品一般是结构简单、工整，长度适中的。受时长限制，幼儿园音乐欣赏活动作品的曲式以一段体、二段体、三段体为主，如果是回旋曲或五段体、

六段体，除非段落非常短小，否则就需要经过一定的节选、压缩或改编。具体方法如下：

1）可截取作品中相对独立的片段。截取的片段应结构完整、有结束感，形象鲜明，长度也比较适中。如贝多芬《第九交响曲》第四乐章中的《欢乐颂》。

2）压缩结构，即删减作品中某些重复或不适合的部分，而保留相对独立、工整的部分。一般压缩后的音乐作品结构变得简单、清晰，长度变得适中，也就比较容易为幼儿所接受了。如聂耳作曲的《金蛇狂舞》，其原结构是“‖：引子 +A + B + A ：‖+ B + A’”，可将其压缩成一个单纯的带有引子的单三部曲式“引子 + A + B + A”结构的新作品。

2. 欣赏辅助材料的选择

在引导幼儿欣赏音乐作品时，恰当使用一些辅助材料能帮助幼儿更好地感受和理解音乐作品。在选择和使用辅助材料时，教师一定要保证辅助材料与音乐在节奏、旋律、结构、内容和情感等方面保持一致。

（1）动作材料。

设计的动作应从音乐出发，与音乐保持一致。动作不宜太难，选择大多数幼儿能自然做出的动作为最佳。欣赏时，也可让幼儿自己独立选择动作。

如在大班欣赏乐曲《打字机》活动中，欣赏音乐 A 段时，教师可引导幼儿边听音乐边用双手随音乐的节奏做快速“打字”的动作，以此帮助幼儿感受乐曲欢快、活泼的情绪和快速的节奏，体验打字员工作的忙碌、技术的娴熟和心情的愉悦；引导幼儿听到乐句结尾“叮”的响声时拍手，以此帮助幼儿感知乐句的结束。在欣赏音乐 B 段时，先启发幼儿创编修理打字机的动作，再引导幼儿根据教师的语言提示，按乐句进行表现，帮助其感知音乐结构。

（2）视觉材料。

视觉材料的线条、构图、造型、形象、内容、情绪应与音乐的内容、性质、结构等一致，教师还应按音乐的变化操作视觉材料。如欣赏乐曲《化蝶》时，教师可以操作道具“蝴蝶”，根据音乐旋律的起伏和乐句的变化使其在图谱上“飞舞”（见图 14－2），以此帮助幼儿感知乐曲的性质和结构。有时也可让幼儿独立创作视觉艺术作品来表达他们对音乐的感受。

图 14－2　《化蝶》图谱上“飞舞”的蝴蝶

（3）语言材料。

教师可选择与音乐一致的儿歌、故事、散文、诗歌等文学作品作为语言材料，在讲述或朗诵作品时，语音的力度、节奏及语调的起伏也应与音乐相匹配。如乐曲《金蛇狂舞》B 段为中国音乐曲式中典型的对答乐句结构，且乐句“越说越短”、情绪越来越高昂。因此，教师可引导幼儿朗诵与 B 段音乐结构、情绪一致的儿歌《闹新春》，引导幼儿按乐句、力度、情绪的变化进行朗诵。最后，在欣赏音乐

知识链接 14-4

《狮王进行曲》
作品分析

时，教师也应给予幼儿更多用语言表达自己想法、感受和情感的机会。

（二）音乐欣赏活动材料的分析

在设计和组织音乐欣赏活动前，教师可查阅资料，了解音乐作品的内容、形象、表演形式等基本内容；在充分倾听音乐的基础上，分析、判断音乐作品的主要情绪、结构及基本表现手段等，挖掘可供幼儿欣赏的内容，确定欣赏重难点。

微课

三、幼儿音乐欣赏活动设计与指导要点

（一）初步欣赏

一般以完整欣赏作品为主，使幼儿获得一个初步的、完整的印象，并了解作品的主要内容和情绪情感，激发其兴趣。

知识链接 14-5
幼儿音乐欣赏活动设计思路

（二）重复、深入欣赏

首先，在每次欣赏前，教师可对幼儿提出具体的欣赏要求。

其次，教师应帮助幼儿打开各种感知觉通道，引导其借助动作、语言、视觉等辅助材料进行深入的欣赏。同时，还应鼓励幼儿用自己喜欢的方式去表达自己对音乐的理解。

最后，结构简单、清晰，不太注重感知、体验细节的音乐作品可侧重完整欣赏；结构复杂，较注重感知、体验细节的音乐作品则可先分段欣赏，再进行完整欣赏。

案例分享 14-4
大班音乐欣赏活动：《狮王进行曲》

（三）随乐表达、表现

幼儿表现自己想法的方式是比较自由的，教师应尽量予以支持，鼓励其借助自己喜欢的语言、动作、绘画、游戏等各种方式进行表达、表现。教师也可提供一些范例以启发幼儿的思路。

以上几个基本环节可以根据实际情况，细化为更加细致的教学步骤；同时要注意，在一次活动中，欣赏和表达、表现常会有机结合或交替出现。

任务五 幼儿音乐区活动设计与指导

一、音乐区环境创设

音乐区是指在一定空间范围内，教师根据幼儿的兴趣、经验等投放与音乐相关的活动材料，引导和支持幼儿自主选择活动内容与材料，以个别或小组的形式进行音乐感受、探索与表现，发展音乐能力的游戏区域空间。

（一）布置原则

通常可以将音乐区设置在活动室的角落，尽可能远离幼儿经常活动的核心区，避免与安静的区域为邻。音乐区内活动空间宜宽敞，摆放方便幼儿取放乐器、道具、话筒等材料的置物架，墙面上张贴可激发幼儿学习与探索兴趣的音乐类图谱、图片。

（二）区中布局

根据功能不同，可进一步将音乐区细化为欣赏区、演奏区、表演区。

（1）欣赏区：选择适合幼儿感受与欣赏的音乐作品，提供画笔、纸、操作图片等材料，支持幼儿在充分感受音乐的基础上，选择自己喜欢的方式（如画、说、舞等）创造性地表达自己对音乐的个性化理解与想象。

（2）演奏区：选择适宜幼儿演奏的音乐或故事（情境），提供乐器或生活物品、节奏图谱或卡片等材料，让幼儿在敲敲、打打、玩玩中与材料进行积极互动，自主探索使用乐器进行创造性表现。

（3）表演区：选择相对固定的位置搭建小舞台或小剧场，提供律动、舞蹈或歌曲的音乐伴奏，以及表演道具、服饰、图片等材料，支持幼儿运用嗓音、动作、表情等多种方式自主地进行表现与创作。

微课

二、音乐区材料投放

（一）音乐与播放器

从幼儿的兴趣与发展水平出发，选择不同风格、题材的优秀音乐作品。可以是各类集体音乐活动中幼儿已经学习、欣赏过或即将学习、接触的音乐作品，也可以是日常生活中幼儿熟悉、喜欢的音乐作品。同时，选择便于幼儿操作的播放器，让幼儿能根据自己的兴趣和游戏需要播放、循环、暂停音乐，可事先教会幼儿播放器的使用方法。

知识链接 14-6

音乐区活动设计与指导要点

（二）乐器类材料

既可以投放一些幼儿易操作的沙锤、圆舞板、铃鼓等小型打击乐器，也可以与幼儿一起收集干净、卫生的废旧物品，如饼干盒、矿泉水瓶等，引导幼儿发挥想象力自己动手制作演奏乐器。尽量按乐器的音色特点分类摆放。

案例分享 14-5

大班音乐区活动：《采茶扑蝶》

（三）直观性游戏材料

可以提供提示歌词、韵律动作、队形变化、演奏节奏的图片或影像资料，还可以提供表演用的节目单等直观、形象的游戏材料。既可以选择教师制作的图片、图谱、节目单等材料，也可以提供如节奏卡、部分歌词图片等半成品及纸笔材料，引导幼儿在游戏过程中自主进行创作、完善、展示和使用。

（四）道具、服饰等装扮材料

可准备纱巾、彩条（布）、绸带、扇子等道具材料，供幼儿在表演时自主搭配、装饰，及创造性地运用到表演中。可提供幼儿易自主装扮的头饰、配饰、服装，或提供彩色塑料带、羽毛、贴纸等半成品材料，给予幼儿“以物代物”、自主创意的空间。

项目小结

本项目简要介绍了各年龄段幼儿音乐能力的发展特点和各类音乐活动设计与指导的要点等知识。音乐活动是幼儿园教育活动的重要组成部分，教师应从幼儿年龄特点、生活经验出发，设计与开展适宜的、多样化的音乐教育活动，让幼儿真正享受到音乐带来的快乐，获得审美、情感、社交、运动等需要的满足，让音乐丰富幼儿的生活和心灵，最终促进幼儿身心的全面、和谐发展。

同步练习

一、简答题

1. 简述幼儿歌唱、韵律、演奏、音乐欣赏活动的设计与指导要点。
2. 简述如何进行幼儿园音乐区环境创设。

二、实践题

1. 以歌曲《蝴蝶花》为教育内容，设计一份歌唱活动或韵律活动教案，进行模拟教学和活动后的评价反思。

2. 以乐曲《金蛇狂舞》为教育内容，设计一份演奏活动或音乐欣赏活动教案，进行模拟教学和活动后的评价反思。

三、在线测试

扫码自测

参考文献

1．李季湄，冯晓霞．《3～6岁儿童学习与发展指南》解读．北京：人民教育出版社，2013．

2．饶淑园．幼儿心理健康教育与指导．北京：高等教育出版社，2015．

3．潘庆戎，赵小华．幼儿园教育活动设计与指导：健康．南京：河海大学出版社，2006．

4．余珍有．幼儿园语言领域教育精要：关键经验与活动指导．北京：教育科学出版社，2015．

5．颜晓燕．学前儿童语言教育与活动指导．北京：教育科学出版社，2020．

6．周兢，程晓樵．幼儿园语言教育活动设计与组织．北京：人民教育出版社，1996．

7．李洪亮．幼儿社会教育．西安：陕西师范大学出版社，2020．

8．刘晶波．幼儿园社会领域教育精要：关键经验与活动指导．北京：教育科学出版社，2020．

9．徐慧．幼儿社会教育活动设计与指导．北京：北京师范大学出版社，2016．

10．张明红．幼儿社会教育与活动指导．上海：华东师范大学出版社，2020．

11．张明红．关于早期阅读的几点思索．学前教育研究，2000（4）．

12．祝士媛，唐淑．幼儿教育百科辞典．上海：上海教育出版社，1989．

13．张晓红，徐治国．幼儿艺术（美术）教育与活动指导．南京：江苏凤凰教育出版社，2013．

14．林琳，罗瑾璟．幼儿绘画构图能力的发展和指导．调查与研究，2005（12）．

15．陆雅青．艺术治疗：绘画诠释：从美术进入孩子的心灵世界．重庆：重庆大学出版社，2009．

16．李甦．探索儿童的绘画世界．上海：华东师范大学出版社，2017．

17．杨巍．艺术教育与科学教育融合的可能性探索：以幼儿园手工制作活动为例．学前教育研究，2005（5）．

18．边霞，王仁梅．儿童都是艺术评论家：论儿童欣赏和理解艺术的可能性．教育研究与实验，2012（6）．

19．刘绪源．美与幼童．南京：江苏凤凰少年儿童出版社，2017（10）．

20．孔起英．论儿童的审美情感．南京师大学报（社会科学版），2004（6）．